지식인의 배반
La trahison des clercs

Copyright ⓒ 노서경 2013

지식인의 배반

쥘리앙 방다 지음 | 노서경 옮김

1판 1쇄 찍음 2013년 3월 22일

펴낸곳 | 이제이북스 펴낸이 | 전응주
출판등록일 | 2001년 6월 26일 등록번호 | 제10-2178호
주소 | 121-883 서울 마포구 합정동 198-49 한이빌딩 502호
대표 전화 | 333-7126 팩시밀리 | 333-3675
이메일 ejbooks@korea.com
트위터 @ejb_pub
페이스북 facebook.com/ejb.pub

ISBN 978-89-5644-114-6 (03300)

지식인의 배반
La Trahison des clercs

쥘리앙 방다 지음
노서경 옮김

차례

작품 해설 ... 7
옮긴이 노트 ... 22

쥘리앙 방다의 1946년 판 서문 ... 23
  A. 지식인들이 '질서'를 명분으로 직분을 배반하다. / 그들의 반민주주의론의 의미
  B. 세계의 진화에 일치한다는 명분 / 변증법적 유물론 / '역동'이라는 종교
  C. 새로운 방식의 지식인의 배반: '현실 참여', '사랑', '신성함을 지닌 작가', 선과 악의 '상대주의'라는 명분으로 / 결론

1946년 판 서문의 노트 ... 85
1946년 판 부록: 지식인의 직분에 따르는 가치들 ... 89

초판 머리말 ... 98

I. 정치 정념의 현대적 완성. 정치의 시대 ... 99
  보편성, 일관성, 동질성. 정확성 속에서, 지속성, 압축성을 지니고 다른 정념들을 압도하는 속에 정념에 대한 의식을 지니다. 언론의 역할.
  정념에 대한 의식을 지니다. 어떤 정념들의 진전. 민족 정념의 개별 사례. 그것은 이해관계보다 자만심에 근거하게 되었다. 그로부터 일어나는 전쟁 가능성의 증대. 이 전쟁은 오늘날 문화전쟁이다. 이 사실의 새로움. 민족과 그들의 '해묵은 열망'. 현대적 애국심의 신비함. 민족주의를 확대하는 정념들, 이해관계에 근거한 애국심의 진전. 정치 이데올로기의 진전. 요약: 정치의 시대

II. 이러한 운동의 의미. 정치 정념의 성질 ... 117
  그것들은 현실주의적이다. 그것은 신적인 현실주의이다. 점점 더 깊어지는 그 의식

III. 지식인. 지식인의 배반 ... 123
  1. 지식인들이 정치 정념을 받아들이다. ... 125
    우리의 입장을 정확히 하기. — 현대 지식인들의 광적인 애국심. 교회 인사들의 경우. 현대 지식인들의 외국인혐오증. 독일 지식인들이 시작했다. 지식인들은 기꺼이 현실주의적이었다. 지식인들은 민족을 신격화 한다. 그들은 정신을 민족화 한다. 바레스와 르낭의 대립. 지식인은 땅에 붙박으려 한다. 그렇지만 나는 한 가지 정치적 태도만 비난할 뿐이다.
  2. 그들은 지식인의 활동에 정치 정념이 끼어들게 한다. ... 141
    정치꾼 시인들. 정치꾼 소설가들. 정치꾼 역사가들. 정치꾼 비평가들. 정치꾼 형이상학자들

3. 지식인들이 그들의 교리로 정치 정념 놀이를 한다.   148
   A. 그들은 특수한 것에 대한 집착을 찬양하고 보편적 감정을 지탄한다.   149
   인도주의, 인문주의, 국제주의, 세계주의. 민족 특수주의의 설교 완성. 교회 인사들의 경우. 크리스트 교리의 왜곡. 교황청의 경우. 계급들에 보내는 똑같은 설교. 교회의 이름으로. 특수한 모럴 설교, 민족의 진실 설교, 부르주아의 설교, 노동자의 진실 설교. 특수한 것에 대한 형이상학을 숭배하다, 시간 속에서의 그 발전.
   B. 그들은 현실적인 것에 대한 집착을 찬양하고 정신적인 것에 대한 애정을 비방한다.   165
   국가는 강해야 하고 정의로우면 비웃는다. 소크라테스와 바레스. 이 가르침의 도덕적 필요. 플라톤, 마키아벨리, 모라스. 정치인들의 경우, 교회의 현대적 현실주의, 계급, 당을 향해 설파되는 마키아벨리주의. 이 가르침의 다른 형태, 관습법 찬양, 경험에 근거한 정치를 찬양. 실증주의적 낭만주의, 비관론적 낭만주의. 군집성의 지성 찬양, 다수의 권리 찬양, 실용주의 설교. 이 가르침 중에도 주목할 만한 모습들. 전사적 본능의 찬양, 이 가르침의 게르만주의, 스포츠 찬양, 용기의, 명예의, 찬양. 교회인사들에 의한 찬양. 세르티앙주와 라비주리, 냉혹함에 대한 찬양, 냉혹함의, 경멸의 낭만주의. 간혹힘에 대한, 성공에 대한 찬양. 학인(學人) 대신 무인을 찬양. 현대의 행동 철학 숭배, 본능 지상 문학 숭배. 지성이 실용적이라야 존중을 받다. 신은 실용적이다. 성직자들의 이러한 변모의 원인, 그들이 시민이 되었다. 그들이 자기 민족들을 사랑한다. 다른 원인들: 출세에 대한 관심, 불안해하는 부르주아지에 영합하려는 의지, 현대 지식인은 무리를 이끌지 않고 따라간다, 작가가 하나의 부르주아가 되었다. 심리적 원인들: 낭만주의의 완성, 고전문화의 쇠퇴, 감각에 대한 갈증, 확실성의 요구, 1848년의 상투성에 대한 분노.

IV. 개관, 예측   217
   현실주의의 완전한 승리. 오직 현실주의적인 인류의 미래. 초국적 법정의 미약한 중요성. 과학만능의 평화론. 다른 유해한 평화론. 지식인은 스스로 비실질적인 것을 선언해야 한다. 이 현실주의는 일시적인가? 문명이 인간류에 의하지 않기를. 과거로부터 미래를 추론하는 것의 부당성. 이 추론은 오히려 비관주의로 이끈다. 현실주의는 인간류의 법칙인가? 인간류에 의해 획득된 재산. 인간류는 그 재산을 잃을 것이다. 다른 전망의 가능성.

노트   235

쥘리앙 방다의 저술 목록   271
인명 해설   273

작품 해설

쥘리앙 방다의 오래된 질문. 당신은 배반하고 있는가? 아닌가?

1927년 파리에서 처음 간행된 이 책,《지식인의 배반(La Trahison des Clercs)》은 하나의 살아 있는 고전으로, 사회과학 주요 텍스트를 수록한 캐나다 퀘벡 대학교 웹사이트(auteurs classiques)에 원문이 실려 있다.[1] 초판이 나오자 곧 여러 나라 말로 번역되고 논전을 일으키면서 2003년 판까지 여러 차례 재간행 되었는데, 여기 옮긴 글은 1927년 그라세 출판사의 초판본 전체와 1946년 판에 실린 저자 자신의 서문이다.

저자 쥘리앙 방다는 1867년 파리의 세속화된 유대인 가정에서 태어나 기업인 아버지 아래 유복한 환경에서 자랐다. 문학에 재능이 있었고 음악에도 뛰어났는데 처음에는 수학에 심취하여 이공계 명문인 에콜 폴리테크니크(École Polytechnique)에 지원했다. 이 학교의 입학에 실패한 다음에도 기술 제조업 학교로 이름 있는 파리의 에콜 상트랄(École Centrale)에 들어가 수학을 전공하려 했다. 그러나 문학에 대한 선망으로 이 학교를 중도에 그만두고 소르본 대학교 역사학부로 옮겼다 하며, 이후 생애 내내 문인으로서 언론인으로서 글을 썼다.《프랑스 지식인 사전》에서 방다처럼 오랫동안 현실에 참여한 작가는 없을 것이라고 했듯이 그는 1956년 89세로 사망하기 몇 해 전에도 작품을 썼다.[2] 집필 기간이 길 뿐만 아니라

---

1 les classiques des sciences sociales, L'université du Québec à Chicoutimi, les classiques, http://classiques.uqac.ca/

2 Jacques Julliard, Michel Winock(sous la direction de), *Dictionnaire des intellectuels français* (Éditions du Seuil, 1996), "Benda(Julien)", (Christophe Prochasson), 134~135쪽.

철학과 정치 평론, 문학과 예술 비평, 그리고 소설에 이르기까지 여러 분야의 글을 써서 그의 저술 목록은 2부작 자서전을 비롯하여[3] 길고 짧은 단행본을 전부 합하면 50권에 이르고 프랑스 주요 일간지에 기고한 기사는 300편 또는 그보다 훨씬 다수인 것으로 집계된다.[4] 그는 1909년 발간 이후 프랑스 식자층을 사로잡은 《NRF》에 기고했으며 로맹 롤랑과 친구들이 1923년에 창간한 《외롭(Europe)》지에도 글을 실었다. 그러나 방다의 모든 저술이 살아남은 것은 아니라 할 수 있고, 쥘리앙 방다 하면 떠오르는 것은 1927년에 발간된 이 책 《지식인의 배반》[5]이다.

책 제목이 이미 명시하듯 이 책은 지식인들이 배반하고 있다는 것을 주장하려 하고 그 때문에 당시에 이미 큰 물의를 일으켰다. 배반이라면 배반자로 낙인찍힌 이들이 있으리란 것은 책을 펴기도 전에 짐작할 수 있고, 아무도 배반자로 불려서 유쾌할 리는 없었던 것이다. 이런 주장을 편 방다의 기본 입장은 어쩌면 상식적이고 어쩌면 완고하다. '이성-논리-과학'이 지식인의 시작이자 끝이며 이 원칙을 벗어나면 절대 안 된다는 것이었다. 그러나 이성이란 방다의 개인적이거나 독보적인 영역은 아니었다. 19세기에나 20세기 초에나 이성은 프랑스 정치의 발판이자 전 사회가 도달하려는 목표였다. 이성은 분명 셈을 세는 법과 결부되었지만, 나와 우리들의 정신을 갈고 닦는 행위인 것도 사실이었다. 그의 본격적인 글쓰기는 다른 많

---

[3] 자서전에 해당하는 두 작품은 《어느 성직자의 젊은 날(La Jeunesse d'un clerc)》(1936)과 《이 시대의 수도 성직자(Un régulier dans le siècle)》(1938)이다. 'Clerc'를 책의 제목이나 본문에서 거의 지식인으로 옮겼지만, 이 자서전의 제목은 예외적으로 성직자로 두기로 한다.

[4] 기독교(크리스트교) 민주파, 《로브(L'Aube)》와 남부 민주주의 신문 《데페슈 드 미디(Dépêche de Midi, 원래 제호는 Dépêche de Toulouse)》에 주로 많이 썼고 1935~36년의 인민전선기에는 공산당의 《방드르디(Vendredi)》에도 기고했으며 동시에 중도보수파 《르탕(Le Temps)》에도 글을 실었다.

[5] 이 해제에서는 이 책의 제목을 간단히 《…배반》으로도 표기한다.

은 작가들처럼 1898년 드레퓌스 사건의 영향 아래 시작되는데(1900년에 발표한 첫 작품 《비잔티움에서의 대화》) 이 사건은 무고한 어느 유대인 포병대위를 계속 유죄로 하느냐, 아니면 무죄로 선포하느냐 하는 사안을 훨씬 넘어섰다. 군 기밀 누설죄로 군사 법정에서 무기징역을 선고받은 드레퓌스의 재심 여부는 공화파와 왕당파의 오랜 정치 투쟁의 결론이기도 했지만 무엇보다도 19세기를 털고 어떤 20세기로 가느냐 하는 갈림길을 의미했다. 따라서 자신들의 정치 생명, 즉 다음 세대에 '우리가' 어떻게 기여하느냐를 놓고 의회와 당, 또 신문의 논객들이 사건의 분석과 논평에 달려들었다. 파리 생제르맹 거리의 대학생들은 사건을 계기로 인습적 사고에 물든 기성세대가 제발이지 쇄신하기를 바라 마지않았다. 그런데 사법적 결과로는 재심파가 이기지만 재심파와 재심 반대파, 양측의 세력 균형은 팽팽할 뿐이었다. 재심파는 군과 교회의 압력이 물러가고 사법적 정의가 정착되어야 한다고 믿었다. 그렇지 않은 한 재심파의 민주주의 프로젝트는 언제든 무산될 가능성이 있었다. 반면 재심 반대파는 민주주의라는 명분 아래 이렇듯 국가의 권위보다 개인의 가치를 상위에 두는 체제로는 민족이 힘을 잃을까 걱정이었다. 재심 반대 진영으로 결집한 우파는 오래 지켜온 이 땅, 흙, 피, 전통을 소중히 여기지 않고 원자화된 개인들이 주인이라 한다면 나라는 어떻게 될 것이냐는 비관에서 벗어나기 어려웠다. 이 흥미로운 대립의 와중에서 《…배반》에서 보듯 방다의 입장은 재심파였으며, 재심파란 바꿔 말하면 20세기의 민주파였다.

방다는 드레퓌스 사건 이후 잠시 샤를 페기(Charles Péguy)의 좌파적 잡지 《카이에 드 라 캥젠》에 참여했다.[6] 순결한 민족혼을 제창하고 1차 대전이 일어나자 곧 전쟁에 나가 산화하는 시인 페기는 드레퓌스 사건 당시에는 열렬한 재심파였지만 곧 재심을 주도한 공화파의 개혁이 미적지근하다고 보고 크게 반발하며 민족주의로 선회한다. 그러나 페기의 그 꼿꼿하고 순결한 문학은 좌우를 막론하고 1910년대의 젊은이들에 충격을 주었으며, 특히 프랑스 가톨릭은 그에게서 새로운 영감을 받게 된다. 하지만 방다는 이러한 감정적 혹은 낭만적 사조를 받아들이지 않았으며, 1918년《벨페고르(Belphégor)》의 간행으로 낭만주의적 미학론에 반대했다.[7] 사실 그는 이성적이지 않은 것으로 보이는 철학에 지나칠 정도의 반감을 보였는데, 이 태도는 1910년에 출판된《베르그송주의 또는 유동성의 철학》으로 이미 분명하게 표명되었다. 방다는 일반인들도 심취했을 정도로 인기가 있던 철학의 거장 베르그송을 상대로 그의 직관에 반대하는 논리를 세우기에 부심했다. 이 책《…배반》에서도 일관해서 흐르는 것은 직관, 정념에 대한 반론이다.

이 책은 그런 철학적 단행본이지만 1924년부터 1927년 사이에《NRF》에 기고한 평론이라 유난히 시대가 살아 있다고 보인다. 그 때문에 우리는《…배반》을 앞에 두고 당시 유럽 일반의 지적 풍경을 살피지 않을 수 없다. 비단 프랑스가 아니라 유럽이라 하는 이유는, 1920년대 유럽 문화는 1차 세계대전(1914~1918) 이전과 다르게 하나처럼 돌아갔고 특히 지식층이 이를 의식했기 때문이다. 물론 독일과 프랑스, 영국, 러시아, 이탈리아가 모두 가담한 전면전은 무엇보다 사람들에게 대규모의 파괴와 살상을 목도하게 하였다. 아직 공중 폭격이 등장하기 전으로 유럽 대도시

---

6 《카이에 드 라 캥젠(Cahiers de la quinzaine)》은 1900년 1월 5일 호부터 1914년 7월 7일 호까지 간행되었다.
7 벨페고르라는 이름은 고대에 기원하는 악마의 하나로 인간이 발명을 하도록 유인한다고 알려져 있다.

작품 해설

들이 2차 세계대전(1939~1945)처럼 무너지지는 않았지만, 인명 피해는 30년 전쟁(1618~1648) 이후 최대 규모에 이르렀다. 프랑스에서만 사망자 139만 명에 부상자 426만 명이 발생했으며, 19~22세의 프랑스 남자 가운데 30% 이상이 사라졌다. 하지만 파괴는 전쟁이 맡았으므로 다시 그 폐허 위에 세울 것을 그리는 일은 인간의 몫이었을까. 1차 대전의 참상은 사유와 지성, 감각의 혁신을 불러오게 되었다. 초현실주의, 미래파, 민족주의, 파시즘, 공산주의가 경쟁적으로 긴장과 희망의 언어를 풀어 놓았다. 여기에는 전쟁 중에 전개된 1917년 러시아 혁명이 지대한 영향을 미쳤다. 러시아 혁명은 특히 초창기에는 권력과 생산만을 혁명의 목표로 설정하지 않았다. 금전과 자본의 원리가 아닌 다른 원리의 사회를 추구했다. 러시아 시인 마야코프스키(Vladimir Mayakovsky)는 1930년이면 자살로 생을 끝내지만, 1925년에는 새로운 시에 대한 포부로 환희에 차 있었다.[8] 또한 1926년, 1928년이면 감옥에 갇힌 그람시가 3천 페이지의 《옥중수고》를 쓰고 있었고 독일에서는 바우하우스(Bauhaus) 운동이 한창이었다. 전위적 이념과 사상은 국경을 몰라, 1920년대의 기류는 멀리 상트페테르부르크로부터 베를린, 제네바를 거쳐 파리는 물론 남쪽 마드리드와 밀라노로 흘렀다. 그런데 쇄신의 가능성에 전율한 것은 작가와 화가만이 아니었으며, 정치인과 노조원과 당원들이 다함께 이 물결에 휩싸였다. 생산, 공장, 자동화, 계획, 테일러주의, 노조, 당, 지도자, 민족, 계급, 행동, 대중이 사람들의 기대와 분개심을 동시에 자아냈다.

당연히 이들 개념과 어휘는 방다의 이 책에 모두 등장한다. 누구나 시

---

[8] 혁명기 러시아의 문학과 예술에 대해서는, Centre Georges Pompidou, *Arts et poésies russes, 1900-1930* (Paris, Troels Andersen, 1979) 참조.

대의 포로이듯이 강직한 방다도 이들 언어에 포위되었다. 그러나 이 책의 논지는 1920년대, 그 시대에 어울리게끔 자유분방하지 않다. 시대적 창의성에 부응한 작품이라고 하기 어렵다. 방다는 "유행을 따르는 철학과 정치라면" 아마 쳐다보지도 않은 것 같다. 사실 초현실주의, 실존주의 같은 조류에는 반감마저 가졌다. 다시 말하지만, 《지식인의 배반》을 일관하는 논지는 역동이 아니라 이성, 실천이 아니라 원칙이다. 방다를 아낀 에티앙블(Etiemble)이 1976년판 서문에서 한마디로 추린다.[9] "방다는 인간에게는 보편 이성이 있다는 것을 일깨웠다." 하지만 이성이란 1920년대에 이미 진부해도 어지간히 진부한 것이었다. 에티앙블도 그 점을 의식하지 않았을 리가 없다. 그래서 이렇게 덧붙인다. "그의 이성에 대한 신념은 진부하지 않았다." 그러면, 진부했으리라 싶은 것을 진부하지 않다고 한다면 방다의 사상은 애초부터 억지이거나 자체 모순인 것인가. 그러나 이 책 《…배반》은 저 스스로 해법을 마련해 두었다. 반역은 지식인에게 부과된 일종의 임무 같은 것이지만, 새 것의 탐구만이 아니라 오래된 원칙을 지켜야겠다는 것도 반역의 방법론이었다. 때문에 그 원칙을 망가뜨리는 듯한 배반의 현장에서 먼저 해야 하는 것은 이것이 배반이라고 직언하는 일이었다.

쥘리앙 방다는 이 때문에 언제나 심한 논전을 벌였고, 그래서 상당히 외톨이였던 것 같다. 사실 에티앙블은 그가 외톨이였던 정도가 아니라 모욕과 냉소를 받았다고 술회한다. 당시 《라루스 대백과사전》에 《…배반》이 "지식인에 반대하는 소책자"라고만 적혔다고도 원망(?)한다.[10] 1976년 판 《…배반》에 서문을 써 달라고 한 방다 부인의 청을 받아들인 노벨상 수

---

9 René Étiemble(1909~2002), 작가, 언어학자.
10 Etiemble, Préface, *La trahison des clercs*(Paris, Grasset, 2003).

상 의학자 앙드레 르보프(André Lwoff)도 방다에 대한 이런 평가를 의식했다. 어쨌든 방다는 정통이라 할 프랑스 철학의 계열에 드는 것 같지는 않다. 그렇게 볼 수 있다면, 그렇게 된 하나의 원인은 아마 그가 고등사범(ENS) 출신이 아니라는 데 있었을 것이다. 파리 고등사범은 작은 캠퍼스에 소수가 다니는 학교이지만 프랑스 정치와 지성의 산실이었다. 베르그송, 베르그송과 철학과 동급생인 사회주의자 장 조레스, 사회학의 에밀 뒤르켐, 인민전선의 수반이 되는 레옹 블룸, 그 다음 세대로는 대독 저항자 피에르 브로솔레트(Pierre Brossolette), 또 물론 사르트르와 아롱도 줄줄이 고등사범 출신이다. 방다는 이 지식인의 대열에 끼지 못했다. 하지만 변두리에 서게 되면 얻는 것도 크다. 이미 1934년 영어권의 평론가가 지적하듯이 방다는 독립적이었다. 그렇게 홀로 벌이는 싸움이라 그랬는지 방다는 공격의 대상을 가리지 않았다.[11] 집단이든 개인이든, 이념이든 체제든, 좌우 양편을 모두 공격하는 '무모한' 열정을 지녔다. 단순화한다면 그의 테제는 좌든 우든 사람들이 현실과 이익, 물질 앞에서 무릎을 꿇어서는 안 된다는, 그래서는 세상이 혼탁해지리라는, 그것은 배반이 아니냐는 것뿐이었다.

　방다는 멀쩡한 시대에 그런 공격의 날을 갈았을까. 아니, 그의 시대는, 어떤 눈으로 보기에는 멀쩡하지 않았다. 사회가 썩고 있다는 위기의식이 좌우의 구분 없이 식자층을 불안하게 만들었다. (부르주아) 문명의 퇴락(Décadence)이 가시지 않는 근심이었다. 두 가지 사례를 들어 그 같은 시대감각을 볼 수 있다. 하나는 프랑스 우파의 대부로 간주되었으며 문학과 사상 어느 면에서나 중요한 샤를 모라스(Charles Maurras)의 판단이다. 모

11　Wilber Frohock, "Julien Benda, Independent", *Books Abroad*, 8:1 (Jan., 1934), 13쪽.

라스는 그의 정치사상을 집약한 논설집에서 프랑스는 4천만 명의 개인으로 흩어지면 위험하다고 경고하고, 민족은 개인을 서로 끌어당기게 하는 하나의 큰 유기체라고 설명했다.[12] 시대가 개인주의의 전제(專制) 아래 놓였고 이로부터 질서 대신 무질서가 유래하며 자유는 너무도 신임을 받고 있다는 비판이었다. 부르주아 사회에 대한 우려는 이와는 전혀 다른 방향에서도 나타났다. 프랑스의 이름 있는 잡지가 되는 가톨릭 잡지《에스프리(Esprit)》가 1932년 10월에 창간되었는데, 이 잡지는 창간 1주년 기념호를 '돈'(Argent) 특집으로 채웠다. 그리고 〈괴물 같은 돈의 증식〉, 〈돈과 종교〉, 〈돈과 사생활〉, 〈작가와 돈〉, 〈예술과 돈〉, 〈돈과 민주주의〉, 〈돈과 의약품〉, 〈돈과 변호사들〉, 〈돈과 노동〉, 〈돈과 스포츠〉라는 제목의 논설을 실었다. 엠마뉘엘 무니에(Emmanuel Mounier), 조르주 이자르(Georges Izard) 같은 《에스프리》 창간인들은 어느 분야, 어느 직업이든 금전만능에 사로잡혀 소명 의식과 책임감은 사라지고 금전에 대한 저항은 무력해졌다고 보았다.[13] 20대의 이들은 현재 프랑스 민주주의에는 전례 없는 부패가 퍼졌으며 그 원인은 목적만 이루면 무슨 수단이든 좋다는 자본주의 기업에 있다고 진단하였다. 이들 종교인에 따르면 거대 금융인들이 자신들의 이익을 위해 정부 인사들에 접근하고 국민의 대표들에게 그물망을 쳐 놓았으며 또한 여론을 주도하는 언론의 지원까지 받아내고 있었다.[14]

부르주아 사회가 금전 잔치를 벌이고 있다는 이 같은 발언이 비판을 위한 비판이 아니고 사실을 투시했을 뿐이라면, 지식인이 물질과 이해관

---

12 Charles Maurras, *Mes idées politiques* texte établi par Pierre Chardon (Paris, Éditions Albatros, 1937).

13 무니에는 인격주의(personnalisme)의 창달로 온 세계의 교육계와 종교계에 영향을 미쳤으며, 이자르는《에스프리》창간 후 정치인, 법조인으로 활약했다.

14 《에스프리》(1933. 10.)

계로부터 초연하기를 갈망한 방다의 입장이 특이하고 까다롭게 보이지 않는다. 오히려 이렇게 엄중한 지식인의 전형은 그가 창안하거나 독보적으로 실행한 것은 아니리라 믿어진다. 사실 입장을 떠나 태도로만 본다면 방다 같은 (프랑스) 지식인이 19세기뿐 아니라 그의 시대에도 드물지 않았다. 그러한 예로는 《…배반》에서 두드려 맞지만, 방다보다 20년 연상인 조르주 소렐(Georges Sorel)이 곧 떠오른다. 소렐은 혁명 사상으로 프랑스 노동 운동가들을 지지하고 기존 의회주의에 대한 성토로 노동 이론을 제공한 독특한 사상가였다. 그런데 소렐의 신랄한 체제 비판이 허황되게 들리지 않았던 것은 그의 태도와 삶이 그의 언설과 어긋나지 않았기 때문이다. 파리 교외의 불로뉴에서 소렐은 일체의 영화(榮華)를 모르는 고독한 사색인으로 삶을 일관했다. 소렐뿐 아니라 혁명적 노동운동에 헌신한 이들은 흐트러지지 않는 삶의 자세 자체로 인상적이었다. 윤리는 실천을 동반하였던 것일까. "작가들이 많기도 하고 빼어난, 눈부신 시대 … 풍요롭고 다채로운 그때에 쥘리앙 방다는 엄밀한 이성을 가르치고 설파했다"는 과학자 르보프의 소개는 그래서 하나의 궤적 위에 놓인다.[15]

그렇다면 방다가 말하는 과학적 사고, 즉 이성은 사실 무슨 말이며 또 무엇을 위한 것일까. '이성'이란 어쩌면 실감하기 어려운 문어이다. 우리말 구어체에 가깝게 표현하면 이치를 따진다는 말이 될 것이다. 사물의 이치를 따지면서 생각을 가다듬는 것, 그것은 이 책의 주요한 열쇳말인 정의와 연관된다. 자유와 결부된다. 방다는 정의와 이치를 떼어놓지 않았다. 그리고 방다에 따르면 정의, 자유는 다른 것이 아니라 민주주의의 요체이다. 그가 논증하려는 것은 이성의 문제와 민주주의의 문제가 단단히 묶여

---

15 André Lwoff, Introduction(서론), *La trahison des clercs* (Paris, Grasset, 2003).

있다는 것이다. 그런데 그가 이 논증에 이 책을 바친 것은 정의, 자유, 민주주의의 파괴가 겁나기 때문이었다. 이 책의 1946년 판 서문은 그 파괴를 막겠다는 저자의 의지를, 더 나아가 프랑스 (또는 서유럽에서) 민주주의의 길이 험난한 도정이었다는 것을 새삼 알려주는 하나의 문건이다.

그가 서문이라기에는 상당히 긴 80쪽의 격렬한 글을 쓰게 된 것은 2차 세계대전 동안 프랑스의 정치적 상황에서 연유했다. 방다는 비시 정부 체제에 지식인들이 가담한 행위를 눈감지 않고 비난했으며, 자신의 비판을 논증하기 위해 이 서문을 쓰고 샤를 모라스의 그 사상은 단순한 우익 민족주의와 다르다는 입장을 개진해 갔다. 1944년 8월 파리 해방 후부터 1946년까지 사이에는 아직 비시 체제가 세워진 정치·경제적 경위, 무엇보다 군사적 방어력이 무너진 제3공화정의 문제를 냉정하게 따질 여유가 없었다. 완전히 물러간 줄 알았던 자국민에 대한 고문과 폭력 행위가 비시 아래 저질러졌으며 그것도 체제의 저항자들을 대상으로, 더욱이 외세의 압력으로 가중되었으므로 공화정과 비시 사이의 깊은 정치철학적 갈등은 문제가 되지 않았다. 그러나 방다는 자유프랑스군이 개선군으로 입성한 정치적 동향이나 레지스탕스의 노고에 대한 여론의 지지를 염두에 두고 우익 민족주의를 비난한 것은 아니다. 그는 이른바 좌파 성향에 속하는 지식인이 아니었다. 전후 공산주의 잡지에 글을 쓰기는 했지만 그는 이른바 마르크스주의-공산당에 동조한 좌파가 아니다. 1946년 서문의 구성이 그가 좌파도 우파도 아니었다는 것을 분명하게 보여 준다. 그가 반론을 편 것은 우익의 질서 이념, 우익의 반민주주의론이며 동시에 변증법적 유물론, 공산주의 이데올로기이다. 그는 이 두 가지 형태의 지식인의 이념과 행동을 비판하는 데 그치지 않고 배반(Trahison)이라는 범주로 규정한다.

작품 해설

나아가 마지막으로 방다가 비판하고 배반의 범주에 넣는 것은 1944~45년 당시 한창 새로웠던 현실 참여(Engagement)이다. 그러나 좌우를 모두 비판하고 좌우 어느 한 편에 속하지 않는다는 것이 회색 지대를 말하지는 않았다. 다시 말하지만, 그의 비판은 전혀 다른 원칙에 근거했다. 그러나 그 때문에 민족주의로 가지는 않았다.

그는 민족주의는 이성이 아니라 정념(情念)이라고 파악하고 독일 민족주의, 프랑스 민족주의에 끌리지 않으려 한다. 그리고 언어와 예술, 문학, 철학, 문명, '문화'로 나타나고 있는 애국심은 역사상 매우 새로운 형태라고 강조한다. 그러나 문제는 정녕 간단치 않았다. 그는 이 모습이 1813년 독일에서 시작한 것으로, 다른 민중들에 맞서려는 민중적 의지가 발동하고 그로써 나날이 애국심이 깊어진 것은 독일의 작품이라는 것이다. 그러나 1813년 독일은 나폴레옹 군대에 맞선 라이프치히 항전으로 대규모의 전사자를 기록하던 때이다. 프랑스의 혁명 군대는 독일 봉건제의 폐지를 선도하기도 했지만 아직 통일국가를 갖지 못한 독일 땅을 유린하던 때이다. 그러므로 우리는 방다에게 반문하지 않을 수 없다. 프랑스의 침공 앞에서 독일이 왜 민족의식으로 무장하면 안 되는 것이었는지. 또 다른 대목에서도 이 책은 독일과 프랑스의 사상가들을 이렇게 대비시킨다. "이미 레싱, 슐레겔, 피히테, 괴레스 같은 이들이 가슴속으로 '독일적인 모든 것'은 격정적으로 찬양하고 그렇지 않은 모든 것은 멸시하는 체계를 세우고 있을 때, 프랑스 지식인들은 외국 문화에 대한 전적인 공정성으로(낭만주의자들의 세계주의를 생각하면) 고무되었고 또 오랫동안 그런 상태에 머물러 있었다."[16] 민족주의의 분출을 심히 우려하면서 독일인과 프랑스인을

---

16 《지식인의 배반》, 134쪽.

게르만과 라틴계의 대비로까지 발전시키는 이 민족 감정의 이유는 무엇일까. '민족 감정은 이렇게도 깊이 내재되었던 것일까?', '그것이 1920년대의 특수한 분위기에 그쳤을까?', 이러한 편파성은 이 책에 간혹 나오는 이슬람에 대한 언급에서도 다시 확인될 뿐이다.[17]

가치의 보편성, 이성의 엄밀함을 주장하는 방다에게 이런 편파성이 뚜렷이 보이지만 그는 민족주의와 동시에 국가주의에 대해 반대하였다. 방다는 국가주의가 권력이 벌이는 짓이라면 무엇이든 받아들이게 하고 모든 비판은 신성모독으로 몰아가고 반대 세력은 무력화시킨다고 지적한다. 이로써 권력과 대중 사이에 정신질환적 관계가 수없이 나타났다는 것도 놓치지 않는다. 민족주의와 국가주의의 명분으로 벌어진 무서운 전쟁을 겪은 세대로서 결국 방다는 무엇보다 평화를 염원했다. 민주주의 체제는 평화 위에 세워지는 것이고 평화는 민주주의로써 가능하다는 것을 특히 1946년 서문에서 힘주어 말한다. 그러나 그가 평화도 자본주의, 민주주의도 자본주의에만 귀속시킨 것은 아니다. 이 책은 직접 자본주의를 논하는 글이 아니지만, 그는 이 점에서는 자본주의 안에서의 민주주의만 상정하지 않았던 것 같다. 그러나 그의 평화론은 조국의 수호와 평화의 수립을 혼동하지 않고, 이 점에서 다른 많은 평화론자들이 유약하다고 공격한다. 그렇다면 민족주의, 국가주의, 또 국가주의를 부를 위험이 큰 이데올로기를 물리칠 수 있는 방어벽으로 방다가 굳게 믿는 과학적 사고, 즉 이성은 사실 무엇을 위한 것일까. 그것은 방다에게 직접적으로는 전쟁, 더 넓게는 사회에 만연하기 쉬운 군사주의를 거부하는 전략이자 도구였다. 이 책의

---

17 그러나 방다는 1946년 유럽 공동의 문화를 수립하기 위한 방책으로 역사 교육의 개선, 유럽 언어 교육 등을 제안한 바 있다.

〈Ⅳ. 개관, 예측〉에서 통렬하게 그려지지만, 그가 소원한 것은 군사주의 아닌 인문주의, 획일적이지 않은 인본주의에 입각한 민주주의였다. 그는 이성 아닌 정념에 의한 행동의 노도가 결국 정의, 자유, 민주주의를 해친다고 보았고 이 모두의 연결 논리를 설명하려 했다.[18] 이 책은 그런 점에서 프랑스 (또는 서유럽에서) 민주주의 체제에 대한 반대 논리와 반대 세력이 강성했다는 하나의 반증이기도 하다. 그런데 다시 말하지만 이러한 이성에 대한 신뢰는 내면적으로는 프랑스 공화국 체제와 연관되었다. 방다가 특별히 프랑스 공화주의를 옹호한 것은 아닌 것 같지만 그는 1935년 6월 파시즘에 반대하여 작가들이 집합한 파리의 문화 수호 집회에서는 마이크를 잡았다. 그의 근심은 인간들이 초연한 태도는 버리고 욕망에만 몰입할 때 자유는 사라지고, 그러면 인간의 선함은 종막을 고하리라는 것이었다. 인본주의 아닌 파시즘에 대한 우려는 이 책의 말미에서 이렇게까지 표현되었다. "그때부터 하나의 거대한 군대, 하나의 거대한 공장에 통합되어 영웅주의와 규율, 발명밖에는 모르고, 자유롭고 초연한 모든 행위는 고갈시키고 선함은 현실 세계 너머로 치워 버리고 자신과 욕망만이 신(神)일 때 인류는 드디어 위대해지리라. 그 위대함은 다시 말해 인류를 에워싼 물질을 진정 막강하게 장악하고 그 권능과 웅대함을 진정 즐거워하는 위대함이다."[19]

《…배반》은 그렇게 자유와 정의를 희구하지만 역사책이 아니라 철학 서적이다. 사실 책의 묘미는 역사적 상황에 대한 해석도 아니고 일반적인 정치 평론은 더욱 아니며 오직 철학적 논증이라는 점이다. 1927년 초판의

---

18 방다는 1942년 《민주주의의 크나큰 시련(La grande épreuve des démocraties)》(New York, Édition de la maison française, 1942)을 저술했다.
19 《지식인의 배반》, 233쪽.

세밀한 설명은 논리의 정립을 위해 벽돌 한 장씩을 단단히 접착하고 있는, 나사못을 돌려 박고 있는 하나의 공정(工程)과 같다.

따라서 이 책은 옮긴이 나름의 소묘와 달리 철학적으로 분석되고 비판을 받을 여지가 많다. 이런 약점을 알면서도 철학도가 아닌 이가 이 책을 옮기게 된 사정을 한마디 덧붙일까 한다. 모자란 번역을 하게 된 변명은 아니다. 이 책의 우리말 번역본은 1977년《지식인의 반역》이란 제목으로 당시 한국일보 문화부 기자였던 백우영 씨가 신문사를 나와 차린 백제출판사에서 간행되었다. 번역은 현재의 옮긴이가 맡았는데, 백 선배는 당시 출판사를 차렸던 많은 신문기자들처럼 이 책을 '지금 번역해야 한다'고 믿었다. 그 때문에 "제 힘으로는 번역할 수 없는 어려운 책"이라는 옮긴이의 호소는 통하지 않았다. 옮긴이는 만약 그때 그렇게도 이 책이 어려웠고 그래서 잘못하지 않았더라면 이번에 이 번역을 다시 붙잡지는 않았을 것이다. 마땅히 철학을 공부하는 분이 새로 맡을 일이었다.

여전히 어렵기만 한 번역을 마치면서 여전히 설명하기 어려운 몇 가지 여운이 남는다. 먼저 저자 방다의 목적은 어디까지나 논쟁 그 자체였다는 것이 새삼스럽다. 하나의 완성된 사상 체계를 그리겠다는 포부 같은 것은 없고 험한 소리를 불사하며 싸우기만 한 — 말로 논리로 — 그 태도, 이 책을 살아남게 한 것은 바로 그것이었으리라 싶다. 그러면서도 그는 믿고 기댈 구석이 있었다. 방다가 보편 가치, 이성, 정의를 신뢰하고 우리를 설득시킬 수 있으리라 의심치 않았던 것은 그것이 헬레니즘으로 거슬러 오른다는, 고전이 언제나 그렇게 가르쳤다는 자신감 때문이었다. 그는 로마의 키케로와 16세기의 종교인들과 몽테뉴와 몽테스키외와 볼테르는 물론 스피노자와 말브랑슈와 다시 또 플라톤과 너무 가깝다.

작품 해설

하지만 배반이든 아니든 그런 비판을 듣고 자성을 하고 그럴 당사자 지식인이 지금 존재하기나 하며 누가 그런 층을 의식하기나 하는가. 지식인이든 프롤레타리아든 부르주아든 그런 개념 자체가 사라진 유령이 아닐까. 만인 고등교육의 시대에 지적 도구와 매체는 누구에게나 범람할 정도인데…. 하지만 그래서 문제가, 삶과 인식 사이의 이 거리감, 현장과 철학 사이의 이 공허함이 주는 문제가 해결을 향해 가고 있는지는 누구라도 의문일 것이다.

어쨌든 좌와 우가 배반의 기준이 아니라 지식인 본연의 원칙이 있다는 것, 분명 지식인이면서, 다시 말해 그렇다고 스스로 생각하거나 인정받으면서 현실과 이해관계에 눈이 먼 것은 변명의 여지가 없다는 것, 그러나 사실은 지식인 사이에서 이성과 원칙이 지켜지기가 쉽지 않다는 것, 하지만 그것이 지켜지지 않으면 우리 모두의 자유와 정의가 손상당한다는 것. 그 때문에 배반이라 할 정도로 엄중하게 따져 묻지 않을 수 없다는 것, 나와 우리들, 당신들에게. 쥘리앙 방다는 이 책 내내 그 말을 하고 있는 것 같다.

옮긴이 노트

- 이 책의 제목이며 본문에 등장하는 'Clerc'는 오랫동안 교회를 매개로 지식을 설파한 층으로, 도서의 필사 및 보존과 문자의 계발로 정신적 자산을 살린 층을 의미할 텐데, 지식인으로 옮길 수밖에 없었다.

- 이 책 전체의 주제인 '이성'과 '정념'은 프랑스어 'Raison'과 'Passion'이다. 전자는 이성으로 통일하는 데 거의 문제가 없어 보였다. 하지만 'Passion'의 경우는, 흔히는 '열정'으로 번역하더라도 여기서는 '정념'을 택하기로 하였다.

- 'Antidémocratisme'은 '민주주의 반대론' 또는 '반민주주의론'으로 표기하였다.

- 'Christianisme'와 'Chrétien'은 '크리스트교', '크리스트교인'으로 표기하였다.

- 'Cité'는 지리적 공간적 의미의 도시와 다른 정치 공동체로서의 도시임을 전하기 어려워서 번역하지 않고 '시테'로 표기했다.

- 'Dynamisme'과 'Statisme'은 물리학에서나 철학에서나 같은 말로 나타나는 편이 좋을 것이지만 'Statisme'을 '정태성'으로 일관한 데 비해 'Dynamisme'의 역어로 동태성이 적합하지 않은 듯 보여 문맥에 따라 '역동'과 '행동'을 섞어서 사용하였다.

- 'Équivoque'는 'Ambigu'와 구분하여, '이중성'으로 처리했다.

- 'Materialisme'은 '물질주의'로 하고 싶었으나, 관행상 '유물론'으로 두었다.

- 'Personne'는 'Individu'와 구분하기 위해 대체로 '개인의 인격'이라고 풀어 썼다.

- 'Pratique'도 '실질', '실제', '실용', '실천'을 형용사화 하여 사용했다.

- 'Réalisme'은 '현실주의'로 옮겼지만 문맥에 따라 '사실주의'를 채택한 곳도 있다.

- 'Romantisme'은 '낭만주의'로 두었다.

- 번호가 붙은 각주는 방다의 원문에 있는 각주이며, 옮긴이 주는 '*'로 표시했다.

- 이 책의 본문과 노트 및 각주에 나오는 철학자와 사상가, 역사가들에 대해 책의 말미에 간결하게 소개했으며, 역사적 사건은 옮긴이 주를 붙여 설명했다.

쥘리앙 방다의 1946년 판 서문

첫 판 간행 후 오늘 재판을 내기까지 20년간, 아껴 온 나의 명제 — 정의와 이성 같은 영원하며 초월적인 가치들을 지켜야 할 사람들, 내가 지식인이라 부르는 이들이 실질적 이익을 위해 직분을 배반했다는 — 의 진정성은 조금도 달라지지 않았고 오히려 한층 살아 있는 것으로 보인다. 많은 사람이 나에게 이 책의 재간행을 요구한 것이 그 점을 말해 준다. 그렇지만 그때 지식인들이 그들 직분을 배반하여 얻으려 했던 대상은 무엇보다 민족이었으며, 그것은 프랑스에서는 누구보다도 바레스, 모라스와 함께 했다. (2차 대전이 끝난) 오늘 와서 보면, 명백하게 조국을 배반하는 데 — '협력 행위'에 — 지식인들이 빠져들었던 동기는 그와는 매우 다르며 이 일은 프랑스에서도 일어났다. 이 새로운 유형의 현상이 보이는 주요한 양상을 지적하고자 한다.

A. 지식인들이 '질서'를 명분으로 직분을 배반하다.
  / 그들의 반민주주의론의 의미

하나는 질서를 명분으로 하는 동원이다. 이 동원은 지난 20년 동안 프랑스 지식인들 사이에서 가중된 민주주의 반대 공격으로 나타났다. 민주주의는 그들에 의해 무질서의 상징이 되었다. 2월 6일 봉기[*], 히틀러의 파

[*]1934년 파리 시내에서 일어난 좌우파의 물리적 대치를 말함

시즘에 대한 찬양, 에스파냐의 프랑코 체제에 대한 찬양이 반민주주의 교리의 상징이다. 뮌헨 사건의 와중에서 독일의 도발에 대한 자기 나라의 저항이 기존 체제를 공고하게 만들 위험이 있다는 이유로 반대한 것도 마찬가지로 반민주적이었다.[1] 그것은 꼴 보기 싫은 (민주)체제를 유지하기보다 프랑스가 패배하는 편이 낫다는 고백이었다.[2] 전쟁이 시작된 후에는 히틀러의 승리가 민주주의의 파괴를 부르리라는 희망을 숨기기 어려웠고 정말 그런 일이 일어나자 기쁨이 터져 나왔다.(모라스의 〈신의 기습(divine surprise)〉을 보라.* 결국 그들 당파는 모두 함께 그 어느 때보다 더 강렬하고 또 상당히 솔직하게 질서의 이름으로 민주주의 반대 캠페인을 벌이고 있다.(《레포크(L'Epoque)》,《로로르(L'Aurore)》,《파롤 프랑세즈(Paroles Françaises)》를 보라.)

그러한 입장은 지식인의 가치에 대한 명백한 변절이다. 민주주의는 원칙의 성립이며, 그 원칙은 무엇보다도 정의와 인격과 진실을 확실하게 존중하는 가치관이다. 그러나 지금 공격자들이 노리는 것은 바로 이 원칙이지, 어떤 이들이 주장하듯 원칙이 잘못 적용되었다는 것이 아니다.[3] 모든 자유혼(自由魂)은 인권선언과 1776년 미국 독립선언서에 새겨진 정치적 이상을 빼어난 지식인의 이상으로 인정할 것이다. 한편 우리는 민

---

1 노트 1을 보라.
2 이 점에 관해서는 1938~1939년 사이의 《봉기자(L'Insurgé)》,《콩바(Combat)》,《주쉬파르투(Je Suis Partout)》 같은 일간지 모음을 보라. 거기서 우리는 아래와 같은 선언을 볼 수 있다. "프랑스 민주주의의 승리는 문명의 커다란 퇴보를 가리킨다.", "만약 전쟁이 프랑스의 더러운 체제의 붕괴를 부르지 못한다면, 즉시 항복해야 한다.", "프랑스를 위해서 내가 바라는 것은 오직 하나, 짧고 파괴적인 전쟁뿐이다.", "나는 히틀러를 존경한다. … 바로 그가 역사의 면전에서 민주주의를 해체하는 영광을 얻었다."(《주쉬파르투》, 1944. 7. 28.)
3 28쪽을 보라.

* 1941년 2월 9일 자 《프티 마르세예(Petit Marseillais)》에 실린 모라스 논설의 제목. 페탱 장군을 다룬 글이다.

주주의가 바로 그 개인의 자유에 권리를 부여하고 그것 때문에 혼란의 요소를 내포하고 있다는 것을 부인할 수 없다. 몽테스키외는 "어느 나라에서 당신이 어떤 갈등의 소음도 감지할 수 없다면 그곳에는 자유가 없다고 확신할 수 있다."라고, 또 "자유로운 정부란 언제나 소란스러운 정부"[4]라고 한다. 반대로 '질서' 성향의 국가는 바로 그렇기 때문에 개인의 권리에 동의하지 않는다. 그것은 기껏해야 일정한 계급의 개인에게나 주어지며, 그런 국가는 누구는 지휘하고 다른 사람들은 복종한다는 것 밖에 모른다. 그런 국가의 이상은 강해지는 것이지 정의로워지는 것이 아니다. 로마의 재정관은 공공건물마다 이렇게 새겨놓았다. "나의 야심은 단 하나이다. 나의 인민이 강하고 번영하며, 위대하고 자유로워지는 것이다."[5] 정의에 관해서는 한마디도 하지 않는다. 따라서 질서는 정의라면 일체 반대하여 사회 계급이 움직이지 못하기를 원한다. 하층 계급들이 상층으로 올라오면 국가는 무질서해지게 되어 있다. 그것이 '계급 불변성'의 도그마로서, 모라스가 그리는 세계의 소중한 원칙이고 알렉시스 카렐 박사는 그것을 과학적으로 설명했다. 카렐은 《인간, 그 미지인(l'Homme cet inconnu)》에서 프롤레타리아 계급은 명백하게 그런 지위를 갖도록 되었다고 공포한다. 수백 년간 이어진 영양 결핍의 결과로, 치유될 길이 없었기 때문이라는 것이다. 질서 성향의 국가는 진실을 갖고 어떻게 할지를 모른다. 그런 국가의 법학자들 중에서 진실의 가치를 지지하는 말은 한 줄도 찾을 수 없을 것이다. 메스트르, 보날, 부르제, 그 누구도, 그리

---

4 《로마인의 위대함과 몰락(Grandeur et décadence des Romains)》, VIII.

5 이 마지막 말은 《이탈리아 백과사전(Encyclopedia italiana)》에 〈파시즘〉 항목을 기술한 법조인에 의해 해명되어야 한다. 우리가 거기서 읽을 수 있는 것은, 시민은 자유를 향유하지만 단지 '전체 속에서, 전체에 의해서'다. 마치 어느 병사에게 하는 말과 같다. 자기 의사로는 손도 움직이지 못하고, 소속 군대가 원하는 대로만 따라 하는 때를 말한다.

고 그들의 상속자들도 마찬가지이다. 그들이 급히 필요로 하는 것은, 정신의 계발과 비판 감각의 발전에 반대하고 '집단적' 사유를 강요하는 것이다. 비시 정부의 표현에 따르면 그것은 사고를 하지 않는 것이고, 우리의 많은 지식인들의 모델이 그것이었다. 《나의 투쟁》의 집정관은 "무익한 짐 덩이로 젊은이들의 머리를 채우는 것은 바람직하지 않다."라고 포고했다. 무슨 이유로 체육시험이 대학입학 자격시험의 50%를 차지해야 하며, 무엇 때문에 독일 학생들은 45분 동안 쉬지 않고 수영하지 못하면 3학년에서 4학년으로 진급할 수 없는가?[6] 우리의 많은 질서인들이 애석해하는 비시의 교육 장관 아벨 보나르는 같은 의미에서 이런 처방을 내렸다.[7] 아이들에게는 조금 가르치고, 교사들이 아이들에게 점수를 줄 때는 지적인 능력과 신체적인 능력을 같은 비중으로 고려해야 한다. 《악시옹 프랑세즈》의 철학자들은 무엇보다 지적 능력이라면 높이 평가한다고 주장했지만, 그것이 사회질서를 지키는 한계 내에 머물기를 바랐다.[8] 게다가 그들은 질서 이념이 폭력 이념과 연결되어 있다는 것을 본능적으로 깨달았던 것 같다. 정의, 자유, 과학, 예술, 자비, 평화의 조각상은 세우면서 질서의 조각상은 절대 세우지 않는다는 것은 웅변적이다. 마찬가지로 '질서 유지'에 측은한 심정이란 없다. 질서 유지, 그 한마디가 그들에게는 기병대의 총, 방어력이 없는 사람들에게 날아드는 총탄, 아이와 여자들의 시체이다. "질서가 회복되었다"는 소식이 어떤 비극을 전하는지 누구나 느낀다.

---

6 A. 드 메우스(A. de Meeüs), 《오늘의 독일 설명(Explication de l'Allemagne actuelle)》, 마레샬(Maréchal), 97쪽.
7 1942년 통첩 참조.
8 이 책 180쪽 참조.

1946년 판 서문

질서는 근본적으로 실용 가치이다. 질서를 경외하는 지식인은 곧 자기 직분을 배신한 것이다.

질서 이념은 전쟁 이념, 민중의 빈곤 이념과 결부되어 있다.
지식인과 국제연맹

질서 성향의 국가란 말 자체가 강해지려고만 하지 정의롭고자 하지는 않는 국가를 뜻함은 이미 말했다. 여기에 전쟁이란 행위가 그것을 요구함을 덧붙이기로 하자. 그 때문에 그런 국가를 촉구하는 이들은 끊임없이 국가가 위협받고 있다고 외치고, 그 때문에 40년 동안 《악시옹 프랑세즈》는 이렇게 선언했다. "적이 우리 문 앞에 당도했다. 복종의 시간이며 사회 개혁의 때가 아니다." 독일의 전제정부는 제3제국이 '포위당했다'는 깃발을 계속해서 흔들었다. 전쟁 종식을 위한 기구인 국제연맹에 대해 치안 민병대들이 적대적이었던 것도 같은 이유에서다. 그건 그들이 조금이라도 전쟁 취미가 있어서가 아니었고, 아이들이 죽어가고 도무지 내키지 않는 임무가 백배로 늘어난다는 것을 몰라서도 아니었다. 전쟁을 말하는 것은 민중의 눈앞에 전쟁의 환상을 실감 나게 항상 보존하여 민중이 늘 복종하도록 하기 위한 것이다. 그들의 사상은 아마 이렇게 요약되리라. "민중은 더 이상 신을 겁내지 않는다. 그들은 전쟁을 겁내야 한다. 겁낼 것이 아무것도 없으면 그들을 장악할 수 없고, 그렇게 되면 질서는 끝난다."

그보다 더 흔하게 질서파의 협박장은 인민의 행복이라는 모던한 구실을 내세운다. 전쟁의 종식을 바라는 것이 그런 면이다. 이로써 그들은 가톨릭 체계 안에서 강력한 지지 거점을 찾아낼 수 있었다. 가톨릭 체계는 신학적인 이유에서, 이 낮은 지상에서 행복해지려는 소망을 비난하기 때문이다. 하지만 언제나 그랬던 것은 아니니, 민주주의 시대가 도래 하고 나서 교회가 열을 내며 그런 비난을 하는 것을 보면 기묘하다. (교회가 민주주의를 특히 비판하는 건 민주주의가 원죄를 무시한다는 점에 있다.[9]) 이런 뜻을 지닌 가톨릭 문헌을 찾을 수는 있다. 하지만 그 민주주의의 도래 이전에 현재의 주장에 상응하는 문헌이 없다. 예를 들어, 전쟁은 신의 의지이며 따라서 평화를 구하는 것은 불경하다는 조제프 드 메스트르(Joseph de Maistre)의 주장이 보쉬에(Bossuet)나 페늘롱에서는 보이지 않음을 부인하지 못하리라. 이러한 부정적인 태도는 민주주의의 출현이 행복해지겠다는 대중의 주장과 연결되어 있기 때문이다. 메스트르는 이 주장이 대중을 불복종으로 이끈다고 본다.[10] 나폴레옹은 "빈곤은 병사를 키우는 훌륭한 학교다."라고 말했다. 사회 일각에서는 곧잘 빈곤이 훌륭한 시민을 기르는 학교라고 말한다.

대부분의 프랑스 지식인이 국제연맹에 반대하는 것은 역사가를 혼란스럽게 하는 일 가운데 하나이다. 역사가의 머리 속에는 라블레, 몽테뉴, 페늘롱, 말브랑슈, 몽테스키외, 디드로, 볼테르, 미슐레, 르낭 같은 이들이 이런 종류의 제도에 지지를 보낸 것이 떠오른다. 50년 전에 파탄을 일으킨 이들 조합의 전통이 이 혼란을 잘 보여 준다. 파탄의 주된 원인 가운데

---

9 보수파였던 다니엘 알레비가 맹렬하게 비난했다. 알레비의 《위원회 공화국(La République des Comités)》참조.

10 드 메스트르에 따르면 민주주의는 신의 선한 징벌이다. 혁명과 함께 신은 "재생을 위해 벌을 내렸다." 패전 후 페텡 원수와 그의 추종자에게서도 같은 신앙을 볼 수 있다. "우리들의 피와 눈물로 우리 잘못을 속죄할 시간이 왔다."(샤누완 텔리에 드 퐁슈빌, 《라크루아(La Croix)》, 1940. 6. 27) 이들은 "우리의 패배가 헛된 승리보다 더 풍요롭기를" 바란다.(마르셀 가빌리, 비시에서 발행, 《라크루아》 특집호, 1940. 7. 10.)

하나는 부르주아지를 사로잡은 공포였다. 부르주아지는 자기들이 승리를 거의 다 차지했음에도 자유정신의 진보에 당면하여 공포에 사로잡혔던 것이다.

되짚어 보면 질서 성향의 국가는 전쟁의 요구에 충실했던 것이며, 마찬가지로 그런 국가가 전쟁을 부른다고 말할 수도 있다. 질서만 아는 국가는 무장한 국가이고, 그러면 전쟁은 잠재되어 있다가 마지막에 필연인 듯 터지게 된다. 우리는 바로 그것을 전체주의 이탈리아와 히틀러의 제국에서 보았다. 질서와 전쟁의 밀접한 연관성은 이중의 의미를 갖는다.

반민주주의자의 하나의 이중성
폐기의 한 마디에 대한 반박

여기서 문제가 되는 지식인들은, 자신들은 '부패한' 민주주의를 공격할 뿐이라고 곧잘 항의했다. 이들은 지난 반세기 동안 '깨끗하고 명예로운' 민주주의에는 충실하다는 뜻을 여러 차례 표명했다. 그런 민주주의는 없다. 가장 순수한 민주주의는 공민적인 평등의 원리 때문에 저들이 원하는 서열 사회를 명백하게 부정한다. 우리는 그들이 브리송과 카르노(Carnot) 같은 이들의 흠 없는 민주주의를 파나마 사건이나 스타비스키 사건*처럼 비난하는 것도 보았다. 게다가 메스트르에서 모라스까지, 보수주의의 대사제들은 민주주의가 현실적으로 어떻든 상관 말고 원리를 심판해야한다

---

*프랑스 고위인사들과 접촉이 있는 것으로 알려졌고 경찰의 조사를 여러 차례 받았음에도 고소되지 않았던 기업인 스타비스키의 금융 추문 사건. 사건이 1934년 1월 마침내 국민적 관심사로 부상하고 정계를 뒤흔들었다.

는 주장을 숨기지 않았다. 이에 관해서는 단순한 바람에 성공한 하나의 구절을 수정하면 좋겠다. 그 말은, 모든 교리는 신비해 보이면 아름답지만, 실제 정치가 되면 추하다는 것이다.[11] 나는 민주주의의 교리가 신비하면 대단히 도덕적이지만, 현실 정치에서 도무지 그렇지 않다는 것을 인정한다. 하지만 나는 질서의 교리가 현실 정치에서 아름답지 못할 뿐더러 신비하면 더 그렇지 못하다고 믿는다. 민주주의는 신비하면 아름답고 현실 정치에서 추하지만, 질서는 양쪽 모두에서 추하다.

'미학적' 가치인 질서

나는 질서가 실용 가치라고 했다. 몇몇 질서의 사제들은, 이에 맹렬히 항의하고 또 미학을 내세워 질서는 오히려 초연한 가치라고 선언할 것이다. 사실 절대 왕정을 모범으로 삼는 질서 국가란 그들에게는 성당과 같다. 전체를 관장하는 숭고한 주제에 맞추어 모든 부분이 상호 연계된 것이 성당이다. 이 개념을 신봉한다는 것은 수많은 사람들이 모두 지하 감옥에 영원히 웅크리고 앉아 세련된 감각에 아부하겠다는 의미이다. 그것은 미학 감정이 또는 미학 감정이 있다고 주장하는 것이 도덕 감각과는 얼마나 괴리를 일으키는지를 다시금 보여 준다.[12] 그들은 기꺼이 그렇다는 것을 자부한다. 민주주의는 오히려 미학 감각에 무척 이로운 이념 위에 서

---

11 페기, 《우리의 젊은 날(Notre Jeunesse)》
12 〈도덕에 의해 꺾인 프랑스〉, 이것이 티에르 모니에가 뮌헨 협정 다음 날 발표한 논설의 제목이다. 협정에 반대하여 프랑스인들은 정의의 이름으로 체코슬로바키아인들이 목 졸린 것을 탄식했다. 그렇지만 필자는 정의의 관념인 고매함이 아니라 실천 정신으로 도덕을 비꼬았다.

1946년 판 서문

있다. 균형의 이념이 그것이며, 그건 질서 이념보다 훨씬 복잡하다. 보기 드물게 진화된 인류만이 이에 감동을 받는다.[13]

질서 이념에 관한 이중성

 질서 이념은 흔히 이중성의 표적이다. 그것을 이용하는 이들만이 그런 것이 아니다. 선의를 지닌 정직한 정신이 그것을 받아들이는 것처럼 보이는 때에도 그렇다. 정직한 정신을 지닌 어떤 사람이[14] 질서 이념에 대해, 그것은 그리스인들로부터 물려받은 것이라고 우리에게 들려주고, 정의는 정념이지만 질서는 규칙이라고 어느 정도는 올바르게 덧붙인다. 호메로스의 아들들이 생각했던 질서 이념은 우주, 특히 무생물인 우주의 조화임을 상기하자. 코스모스, 즉 세계 이념이란 어지러운 것에 대립되는 정돈된 것을 의미하는 말이다. 고대 그리스 철학자들에게 신이 맡은 최고의 역할이자 신의 명예는, 우주를 창조한 것이 아니라 거기에 질서, 즉 지(知)의 인식을 끌어들인 것이다. 이 평온하며 이지적인 관조와 정념의 상태 사이에는 아무 연관성이 없다. 사실 관조는 정념에 대립한다. 정념의 상태는 특정한 상위 계급들이 그것으로 하층 계급을 장악하고 유지하고자 하는 것이다. 전혀 균형이 잡히지 않은 수단으로라도. 그 계급들은 그 정념을 질서 감각이라 명명한다. 여기서 문제가 되는 역사가는 우리와 같이 이렇게 생각하리라 믿는다. 《티마이오스》의 저자는 어떤 카스트들이 자신들을 떨게

---

13 이 점은 노트 2를 보라.
14 앙드레 지그프리드, 《두 세계 평론(Revue des Deux Mondes)》(1941. 9.)

했던 민중적 봉기 후 '질서를 회복하는' 백색 테러가 자신의 질서 이념임을 알아보지 못했다.

공산주의 핑계

민주주의에 반대하는 질서의 벗들은 날마다 공격을 벌이면서 공산주의의 승리를 막기 위해서라고 한다. 그들에 따르면 공산주의는 문명의 조종(弔鐘)을 울릴 것이다.[15] 그건 흔히 구실일 뿐이다. 무엇보다 에스파냐 공화국에 반대하는 프랑코 장군의 반란에 그들이 가담하는 것이 그렇다. 공화국의 코르테스(에스파냐 의회)에는 공산주의자들이 단 몇 명뿐이었고, 그중 한 명도 내각의 일원이 아니었으며, 이 공화국은 소련과 외교 관계가 전무했다. 우리의 질서파 거장이 말했듯이, 민주주의는 사물의 힘에 따라 '공산주의의 대기실'[16]이 된다고 주장할 수 있을 것이다. 하지만 그들은 민주주의가 분수를 지킬지라도 증오하고도 남을 일이라고 본다. 그들은 150년 전부터 그것을 살해하기에 힘쓰고 민주주의의 확장 위협을 방관하지 않았다. 게다가 질서를 내세워 그들이 공산주의를 저주하는 것은 재미있다. 지난 전쟁에서 소비에트 국가에 승리를 안겨준 것이 질서가 아니란 듯하다! 하지만 그들이 원하는 것은 그런 것이 아니다.

---

15   노트 1, 티에르 모니에의 선언을 보라.
16   피에르 라발, 1942년 2월 미국 기자와 가진 인터뷰.

1946년 판 서문

민주적 평등론에 관한 이중성

 질서의 사도들은 흔히 이성, 더구나 과학 정신을 구현하는 것이 자기들이라고 주장하는데, 그것은 사람 사이에 존재하는 현실적 차이를 존중하는 것이 자신들이기 때문이라는 이유에서다. 민주주의는 이 현실을 낭만적인 평등주의를 가지고 냉소적으로 유린한다. 민주적 평등주의는 그야말로 완전히 잘못된 개념으로 이 체제의 적들이 그 잘못을 알고 병기로 사용한다. 그러나 많은 민주주의자들이 순진하게 그 주장을 받아들여 상대의 분노 앞에서 반박하지 못하는 것, 이것을 분명히 지적해야 한다. 이는 민주주의는 법 앞에서의 시민의 평등일 뿐이며 공직에 나가는 권리일 뿐임을 무시하는 것이다. 나머지는 영국 철학자 그랜트 알렌의 말로 정의할 수 있을 터이다. "모든 인간은 자유롭고 불평등하게 태어나며, 사회주의의 목적은 그 천부의 불평등을 유지하면서 거기서 가능한 최선의 몫을 끌어내는 것이다." 혹은 프랑스 민주주의자 루이 블랑의 선언에 따르면, 진정한 평등, 그것은 '비율'이며, 모든 인간이 가진 "불평등한 능력을 골고루 발전"시키는 것이다. 두 개의 언명은 모두 볼테르에서 나왔다. "우리는 모두 똑같이 사람이다. 하지만 사회의 성원으로서는 같지 않다."[17] 게다가 확실히, 민주주의는 아직 — 그것이 가능이나 한지? — 자연적 불평등으로 시테(Cité)에서 엘리트층을 우월하게 대접할 기준을 발견하지 못했다. 불평등을 인정하는 것은 여전하며 사실 때문만이 아니라 원리상 그렇다. 반면 질서론자들은 자연적 불평등을 출생과 재산에 근거한 인위적 불평등으로 바꿔 놓

---

17 《행정론(Pensées sur l'administration)》

왔다. 그들은 이로써 정의와 이성을 깨끗이 파괴하는 이들로 나타났다.[18]

역사라는 종교

출생에 근거한 질서의 아류들은 특히나 자기들이 이성의 수호자라고 주장하는데 이 질서에는 '그 이성을 위한 역사'가 있기 때문이다. 그건 이성이 사실에 의해 결정된다는 공언이지만, 사실이란 연륜을 갖고 있다. 이 학파에 따르면, 사실에 씌워 있는 봉인을 벗겨 버리면 프랑스 대혁명이, 그보다 더 러시아 혁명이 (또한 다른 여러 대의들이) 이성에 부합하지 않는다. 이러한 입장이 강력하게 자기 방어를 해내고 순수 '실증주의자'로 자처하지만, 그 안에 종교적 요소를 내포하고 있다는 것은 충분히 주목받지 않았다. 이 입장은 사회질서의 상위 가치를 '사물의 성질' 곧 세상의 기원에 맡긴다. '신의 뜻'과 다를 바 없는 이념이다. 그런 입장에서는 인간 의지로 창조된 것에는 경멸을 보낼 뿐이고 결국 그런 입장은 질서의 대사제 한 사람이 원하는 대로 인정해버린다. 하지만 다른 말로 하면 인권선언을 신권선언으로 대체하는 것이다.[19]

시에예스는 프랑스 혁명기의 제헌의회에서 외쳤다. "저들은 우리에게 고

---

18 질서론자들을 의미한다. 두드러지게 질서 위에 수립된 체제에서 국가의 고위직 일부가 출신도 재산도 없는 이들에게 맡겨졌다. (생시몽이 화를 내는 것을 보라.) 그럼에도 체제의 위협을 느끼자 그들은 상속 문제에 대해 무척 완고하게 나왔다. 17세기에 폐기되었던, 사관생도의 4분의 3이 귀족 차지라는 요구가 루이 16세 치세에 복구되고 루이 18세 아래 더 강화되었다. 메스트르와 모라스에 의한 신분론이 루이 14세까지 거슬러 오른다는 느낌을 자주 갖게 된다. 적대자의 진보를 고려하면 매우 당연하다.(이 점에 관해서는 본인의 연구인 〈엘리트 문제(La question de l'élite)〉,《상론詳論(Précision)》, 갈리마르, 1937, 191쪽을 보라.)

19 보날,《초기 입법 서론(Discours préliminaire à la législation primitive)》

귀한 출생은 정복을 통해 정복자 편으로 넘어왔다고 했습니다. 자, 이제 공을 이쪽으로 넘겨야 합니다. 이번에는 제3신분이 정복자가 되어 고귀해질 것입니다." 그는 이 정복은 우리 눈앞에서 벌어졌고 상대편이 하듯 심야에 일어나지 않았으며 그런 정복은 제3신분을 포함하여 대부분의 동료 시민들에게 권위가 없었다는 것을 잊고 있었다. 제1제정의 귀족들이 모두 종교인이었건만 중요하게 대접받지 않은 것을 보라.

민주주의자가 민주주의의 원리가 지닌 진정한 성질에 무지하다.
이러한 무지의 결과 / 민주주의자가 적수에게 가할 수 있는 타격

자연과 역사라는 종교는 민주파의 적수가 흔히 민주주의자들에게 "당신들의 원리는 이미 파문을 당했다. 그 원리들은 그것을 위한 자연, 역사, 경험이 없기 때문이다."라고 하면서 내던지는 것이다. 여기서 우리는 피고라면 흔히 보이는 크나큰 약점 중 하나를 다시 본다. 자기들 원리의 진정한 성격을 모르고 낯선 영토에 들어오면 이미 지고 들어가는 것이지만 자기 영토를 사수하면 결코 지지 않을 뿐 아니라, 상대를 난감한 지경으로 몰아넣을 수 있다. 민주파는 민주주의의 원리가 자연과 역사에 맞지 않는다는 혐의를 뒤집어쓰고 어떻게 대응하고 있는가? 그들은 맞지 않는 것이 아니라 맞는다는 것을 증명해야 한다고 믿는다. 민주주의자는 이로부터 벗어날 길을 찾아야 한다. 민주주의의 원리는 자연과 역사에 도무지 맞지 않는다. 자연과 역사에서는 약자의 권리를 존중하고 정의 앞에서 사사로운 이익을 견제하는 것을 볼 수 없기 때문이다. 뭐라고 응수해야 하는 것

인가? 민주주의의 원리는 의식의 명령이며, 자연에 복종하는 것이 아니라 오히려 자연을 바꾸고 민주주의의 원리에 자연을 통합해 내는 것이라고 답해야 한다. 그들은 그 일을 성취하기 시작했고 — 인권선언의 개념이 오늘날 인류의 일부에게는 천부의 것이다. — 그것을 계속해 나가려고 한다. 하지만 만약 민주주의자들이 민주주의의 원칙이 자연과 역사에 부합한다는 것을 기어코 증명하고자 한다면, 자연과 역사를 존중하고 민주주의자들의 대항 가치 체계를 허용해야 하는데 그것이 무엇인지 꿰뚫어 볼 줄 알아야 한다.

앞서 말했듯이, 민주주의자는 이 원칙에 충실하기만 하면 적수를 무척이나 곤란한 지경에 빠뜨릴 것이다. 이들 적수는 도덕적 명령이라면 일체 경멸해야 한다는, 그것이 법이라는 이들이다. 하지만 도덕적 명령을 경멸하는 그들의 법을 막상 군중 앞에 모조리 드러내면, 그들은 심히 곤란해질 것이다.[20] "헌장이라니? 그건 인구와 풍속과 종교, 지정학적 위치, 정치적 관계, 부, 특정 민족의 장단점을 고려하여 적합한 법을 찾는 그런 문제 해결책이 아닌가." 그런 강령에는 정의나 의식은 강제적이란 것에 대해서는 한 마디도 없다. 그들 도그마의 이런 특징을 강조하면 한 무리의 사람들, 특히 이 깃발 아래 가담했던 신실한 크리스트교인들이 등을 돌릴 것이다. 내가 신실한 크리스트교인이라고 말하는 것은 이유가 있다. 다른 이들은 모든 도덕을 비웃는다는 그 선언에 자부심도 갖고 대놓고 잘 적응하며 언뜻 보아서는 하나도 변한 것 같지 않다. 나는 단지 악시옹 프랑세즈의 크리스트교 무리만 염두에 두는 것이 아니다. 폭력을 숭배하는 라인 강 너머의 지식인들, 같은 태도를 보였던 에스파냐의 지식인들, 에티오피아 사태*가 벌

---

20 드 메스트르,《프랑스에 대한 성찰(Considérations sur la France)》, Ⅶ장.

1946년 판 서문

어졌을 때의 추기경단을 말하고자 한다. 그 유명한 회의에서 이들은 로마의 아틸라를 기리는 저격병 대령들조차도 부러워했을 만세를 불렀다.

질서의 사도들이 이제 설 자리가 없음을 경고할 방법은 많이 있다. 그들에게 치명적일 도편추방령을 부과할 수도 있고, 그들 경전의 기본 조항을 들춰내도 된다. 백 년도 되지 않은 일이지만 선대의 보수주의자들이 프랑스 의회의 연단에서 이렇게 외쳤다. "성직자가 전권을 장악하고 학교에 영향을 미쳐야 한다. 올바른 철학을 설파할 수 있는 자는 성직자들이며, 그것은 인간은 고통받기 위해 이 세상에 있다는 철학이다."[21] 더 있다. "안락함이 누구에게나 좋은 것은 아니다."[22] 어떤 이는 공민권을 부여하면서 "신의 섭리대로 인간 사이에 세워져야 할 불평등에 따르기를" 원했다.[23] 그리고 선거권은 "시민이 될 만한 재산을 둔 프랑스인에게 부여하기를" 원했다. 지금은 그들 중 누구도 그런 공언을 할 수 없다는 것은 다들 인정하리라.[24] 아주 최근에 시끄러웠던 '현장 파업'에서 정부 수반 레옹 블룸이 하원 연단에 서서 우파를 돌아보며 이렇게 통지했다. "여러분 중 누구라도 제가 노동자를 향해 발포 명령을 내려야 한다고 생각한다면, 그들은 들고 일어날 것입니다." 우파 의석에서 아무도 일어나지 않았다. 우파 모두 레옹

---

21 티에르가 팔루 법**을 옹호하면서(1851).
22 세뇨보스, 《1848년 혁명의 역사(Histoire de la Révolution de 1848)》, 150쪽에서 인용.
23 기조, 《왕정복고기 프랑스의 통치에 대해(Du Gouvernement de la France sous la Restauration)》
24 그렇지만 1910년에도 그들 중 많은 사람은 **밭고랑 운동**(Sillon)의 크리스트교 민주파를 비난하는 교황 비오 10세에 박수를 보냈다. 왜냐하면 "미천한 자세로 의무를 다하고 크리스트교적 인내를 지상에서 수행하는 이들을 찬양하는 것"이 교회의 본질임을 그들이 잊었기 때문이다.

*아프리카 대륙에 마지막으로 남았던 독립국 중 하나인 에티오피아에 대해 제국주의에 늦게 참가한 이탈리아가 침략 전쟁을 벌인 것을 말함.
**Lois Falloux, 프랑스혁명 이래 공교육 정책과 교회의 교육 권한이 맞선 가운데 1850년 다시금 교회의 권리를 회복시키기 위해 팔루 장관이 발의한 교육법

블룸처럼 생각했기 때문이다. '질서'가 그것을 원한 것이다. 오늘날 무력을 조장하는 이들이 뼛속 깊은 욕망을 공개적으로 발설하지 않는다는 것은 정의 이념이 크게 이겼다는 징표이다. 말의 문제이지만 모든 것이 거기서 출발하며, 이 이념의 신봉자들이 이를 깨달았으면 한다.

민주주의와 예술

민주주의자들의 자체 방어력이 서툴고 민주파는 피해를 당해도 미숙하게만 대처하는 사례는 또 있다. 상대는 민주주의의 원리가 "예술에 봉사하지 못한다"고 회심의 일격을 가해 민주주의자를 혼란에 빠뜨린다. 민주주의자는 그에 대해 민주주의의 원리가 예술에 봉사한다는 것을 증명하려 애쓴다. 그러다가 봉사하지 않는다는 것 때문에(이 말이 예술을 방해한다는 뜻은 아니다) 지고 만다. 그건 그의 논지가 지극히 허약하기 때문이다.[25] 민주주의 아래에서 위대한 예술가가 나왔다고 나팔을 불어도 그것으로는 아무것도 증명할 수 없다. 문제는 그들의 걸작이 이 체제의 필연적인 결과인지를 아는 것이다. (더구나 라신과 몰리에르의 작품이 군주제의 영향을 받았는지 증명하는 일이 남는다.) 민주체제가 "작품의 자유를 허용한다"고 들이대도 설득할 수 없다. 작품이란 자유로워도 얼마든지 무가치

---

25 이것은 특히 조레스에 의해 지지받았다. 민주주의, 왕정주의, 사회주의, 공산주의, 모든 교리는 대중에게 말한다는 점에서 공통점을 갖는다. 모두들 자기들이 덕성을 가졌다고 하면서 이것을 택하면 저것은 인정하지 않는다. 나는 이렇게 선언하는 교리를 찾는다. "이 점이 우리의 명제의 약점이다."(나는 철학에서도, 적어도 현대 철학에서는 그것을 찾는다.) 사람들은 만약 그런 고백을 하는 날에는 손님은 다 날아가리라고 믿게 한다. 손님은 차이를 모르고 가장 모순적일지라도 그 안에 좋은 것은 모두 들어있기를 바라는 것이다. 그러니 그건 순전히 실용적인 태도이고 지식인은 적어도 투철한 정신의 소유자라면 그에 경멸을 보낼 뿐이다.

할 수 있다. 진짜 대답은, 민주주의의 원칙은 예술에 봉사하지 않아도 예술과 다름없이 고상한 다른 가치들, 도덕적·지적 가치들을 발전시키려 한다는 것이다. 하지만 여기서 얼마나 많은 사람들, 가장 깨인 사람들이 여전히 유아기에 있는지가 드러난다. 정의와 이성이라는 이상을 지닌 체계는 그 자체로 충분히 위대하므로 아름다움을 덧붙이지 않아도 된다는 사실, 그것을 깨닫자면 그들은 앞으로 한참 더 분발해야 할 것 같다. 우리는 이렇게 자문해 볼 만하다. 사람들은 대부분 "예술을 모른다."라는 소리를 들으면 최대의 모욕으로 여기면서 거짓말쟁이나 사기꾼, 도둑놈 취급을 받는 것은 괜찮아 하지 않는가? 적어도 많은 프랑스 지식인들이 받아들인 가치의 서열이 그것이다. 이들은 최근, 배신자로 밝혀진 자들의 면책을 요구했다.[26] 이유는 그들이 '재능이 있기' 때문이다. 그 면모를 《비잔틴 프랑스》*이 역사가기 잊어버렸던가 보다.

'문명'에 관한 이중성

민주주의자들은 적수들로부터 민주주의의 원리가 예술에 봉사하지 않으므로 "문명에 해를 끼친다"는 통고를 받는다. 여기서도 민주주의자들은 답할 줄 모른다. 문명에는 아주 다른 두 종류의 문명이 있다. 예술적·지적 문명(두 가지 속성이 항상 붙어 있는 것은 아니다)이 한 편에 있고, 도덕적·정치적 문명이 다른 편에 있다. 전자는 예술 작품과 저작들의 번성

---

26 베로(Béraud), 브라지야크(Brasillach)
*2차 대전 후 1945년에 발표된 방다의 저술

으로 나타나고, 후자는 법률로 사람 사이의 도덕적 관계를 정돈하는 것이다. 특히 전자를 대표하는 역사적 상징은 예술의 이탈리아이고 후자는 앵글로색슨의 세계이다. 그러나 두 문명은 공존할 수 있다. 영국인들에게 경탄할 시와 훌륭한 건축, 회화가 있는 것이 이를 증명한다. 두 문명은 보란 듯이 배타적일 수도 있다. 르네상스의 이탈리아는 도덕이라고는 몰랐던 것 같다. 미켈란젤로가 걸작을 생산하고 있는 동안, 세자르 보르지아는 궁정 여인들을 즐겁게 하려고 나무에 사람을 묶어 놓고 활을 겨누었다.[27] "문명에 봉사하지 않는다."라고 비난을 받는 체계는 애매한 말에 속지 말고 이렇게 답하기 바란다. 예술 문명에 속하지 않아도 높은 수준의 도덕 문명을 표현하는, 그런 체계가 있다고. 그 가치는 최소한 동일할 것이다. 내가 생각하는 것은 특히나 아메리카인들이다. 우리가 당신들은 예술 문명이 결핍되었다고 비난하면, 그들이 선선히 고개를 숙이는 것에 나는 자주 놀랐다. 유럽이 자신의 '진보' 고지에서 경멸의 눈길로 그들을 훑어보는데 그들은 자기들 나라에 정치 문명이 있고 아마 그런 유럽보다 더 나무랄 데 없다고 대꾸하지 않는다.

개인 인격의 폐지에 대한 지식인들의 또 다른 가담

우리는 지식인의 직분은 개인 인격(personne)의 자유를 뭇 가치의 정상에 두는 것이라고 인정한다. 자유는 개인의 불가결한 조건이며(칸트), 또

---

27 라파엘로 시대의 이탈리아 풍속의 야만성에 관해서는 텐, 《이탈리아 여행(Voyage en Italie)》 I, 205쪽 및 이하를 보라. 또 다른 예는 중국일 것이다. 중국은 예술 면에서는 참으로 경탄스럽지만, 풍속을 보면 매우 후진적이었다.

1946년 판 서문

는 더 나아가 양심의 범주에 들고(르누비에), 양심이란 말은 '인격'과 마찬가지가 되기 때문이다. 그렇다면 수많은 현대 지식인들이 세 가지 태도로 이를 배반하고 있는 것을 지적하겠다.

그러한 태도는 아래와 같다.

1. '거대' 국가라고 부르는 것을 찬양하는 태도이다. 거대 국가란 분할 불가능한 실재 — '전체주의'[28] 국가 — 이다. 당연히 거기서는 개인 관념, 하물며 개인의 권리 관념은 사라지고, 그런 국가의 영혼은 나치 공공건물마다 보이는 금언 그대로이다. 너는 아무것도 아니다. 너의 민족이 전부다.(Du ist nein, dein Volk ist alles.) 그런 국가혼은 또 개인마다 신성한, 고유한 개인들이 모인 국가를 경멸한다. 지난 20년간 많은 프랑스 지식인들이 소리 높여 히틀러와 무솔리니의 파시즘을 지지하면서 이런 입장을 껴안았다. 왕권신수설의 왕정에서도 그런 입장을 볼 수 없었던 나라에서는 꽤나 기이한 노릇이다. 보쉬에는 신민의 맹목적인 복종을 요구했지만, 개인은 존재하지 않는다는 말은 한 일이 없다. 어느 역사가는 루이 14세의 정부는 동양 같은 왕정이 아니라 미국의 정부와 흡사하다고 말했다.[29] 상대편의 보수파가 무슨 주장을 펴든 간에 장 자크 루소는 제물을 바치는 국가를 설교하지 않았다. 《사회계약론》에서 그가 찬양한 '일반의지'는 개인 의지들을 합친 것이다. 그것은 전체주의 국가의 사도 유형인 헤겔에 의해 거칠게 오도되었다. 《악시옹 프랑세즈》의 독단적 이론가들조차 항상 개인의 권리를 존중하는 반론을 폈다. 오귀스트 콩트가 그들의 스승으로 공언된

---

28 노트 3을 보라.
29 페르낭 그르나르, 《아시아의 위대함과 몰락(Grandeur et Décadence de l'Asie)》, II장.

것은 순전히 작전이었는데, 콩트의 시민은 의무만 있을 뿐 권리는 없다. 개인 부정 국가의 진짜 프랑스 이론가들은 — 이 나라의 반역 지식인들의 진정한 아버지 — (멘 드 비랑이 비난한) 보날과 《실증주의 교리문답》의 저자다.[30] 한편 개인의 자유를 제거하면 국가는 훨씬 강해진다는 것은 분명하다. 그러나 지식인의 직분이 국가를 강하게 하는 것인지는 여전히 문제다.

2. 가족을 하나의 총괄 조직으로, 즉 개인의 부정으로 보고 찬양하는 것이다. '조국, 가족, 노동' 등은 비시 정부의 개혁자들이 주장한 것이었고 그 교리는 그들이 나간 다음에도 죽지 않았다. 참으로 알 수 없는 것은, 그 박사들이 가족 정신이란 개인의 이기주의에 대립하며 암암리에 국가가 요구하는 희생이 내포된 듯 제시하는 것이다. 국가 이익에 정반대되는 가족 이기주의는 존재하지 않는 것 같다. 세습 재산을 축내지 않기 위해 국가를 속이며, 죽음으로부터 자녀들을 지키기 위해 자녀들을 숨기는 사람은 고도의 가족 감정을 드러내는 것이 아닌가? 개인 이기주의보다 가족 이기주의가 더 단단한 철갑이다. 가족 이기주의는 사회 통념으로부터 인준을 받은 것이고, 개인 이기주의는 불명예를 부른다. 게다가 정통 질서파는 그것을 잘 알고 있다. 나치즘은 자녀들이 가족이 아니라 자신에 속하기를 바랐다. 어느 지도자는 "우리가 요람에서 아기를 데려왔다."라고 선언했다. 그는 질서파답게 이렇게 덧붙인다. "그리고 우리는 그가 관에 뉘일 때에야 그를 놓아줄 것이다."[31]

---

30 뒤르켐의 입장이다. 이 입장은 국가를 개인의 기능과는 다른 고유한 기능을 갖는 특수한 존재로 상정하지만 그 때문에 개인의 실존과 편의를 아무것도 아닌 것으로 만들지 않는다. 특히 《사회분업론(Division du travail social)》 서문을 보라.

31 모랭이 인용한 레(Ley) 박사의 《독일의 영년(L'an zéro de l'Allemagne)》, 64쪽. 가족 감정이 민족 감정의 세포라는 사상의 탁월한 이론가는 폴 부르제이다. 이 명제에 대한 반박

1946년 판 서문

3. 조합주의에 대한 동조. 파시스트 이탈리아와 히틀러의 제3제국을 모델로 페탱 원수가 세우려 한 정부. 이 정부는 노동자들이 오직 전통과 관습, 즉 하던 대로 하는 것만 따르도록, 다시 말해 자기 안의 이성과 자유를 행사하지 못하도록 하였다. 그러면 국가의 힘은 커진다. 그러나 그렇게 힘을 키우는 것이 지식인의 이상인지 그 점이 항상 의문이다. 아마도 우리 질서파는 그들의 위대한 선조 가운데 한 사람이 투표권이 조합에만 부여되기를 바란 것을 알면 좋아할 것이다. 선거권은 "못되기만 한 개인이 아니라 선하기만 한 조합에 주어야 한다."[32] 이 역시 이제는 더 이상 드러내 말하지 않지만 여전히 골수에 박혀 있는 그들의 명제이다.

지식인들과 에티오피아 전쟁

10년 전 우리는 지식인들이 힘센 민족에 의해 다른 민족이 짓밟히는 것에 박수치는 것을 보았다. 그것은 개인을 경멸하는 것이나 다름없는 경멸이었는데, 그들은 그러는 이유로 강자가 곧 문명을 의미하고 따라서 짓밟는 것이 질서라고 하였다. (에티오피아 전쟁 당시 프랑스 지식인들의 선언을 보라. 또한 티에르 모니에의 논설기사들을.) 도덕적·지적 우수성을 갖춘 민족들은 그런 것이 결핍된 민족들에게 그 우수성을 침투시켜야 한다는 데 모두들 수긍하였는데, 그것이 바로 선교사들의 일이었다. 하지만

을 리보(Ribot), 《감정의 심리학(Psychologie des Sentiments)》, 2부, Ⅷ장에서 보게 된다.

32 보날, 앞의 인용. 이 모든 점에 관해 우리의 연구 "조합주의론"을 보라. 로베르 프랑시스, 티에르 모니에, 장 마상스의 《내일 프랑스(Demain la France)》, 책은 《상론》(1937), 171쪽 및 그 이하를 보라. 그리고 필자의 저술, 《민주주의의 크나큰 시련(La Grande Epreuve des démocraties)》(르 사지테르, 1945), 37쪽 및 그 이하를 보라.

우리 지식인들은 은혜를 입은 자가 은혜를 잃은 자의 재산을 탈취하고 그를 노예로 만드는 것을 양해하였다. 아마 심지어는 그렇기커녕 마치 짐승에게 문명을 전할 뜻은 조금도 없으면서 짐승을 부리는 것과 같다. (히틀러주의가 프랑스를 독일화 할 생각은 추호도 없이 프랑스를 노예화 하는 것처럼.) 이웃에 있는 민족이 1870년에는 그런 명분으로, 1940년에는 훈련을 받아, 자신들의 권리를 침범했는데, 그 프랑스인들이 '우수 민족들'의 권리에 동의하는 것을 보다니 참으로 기이한 노릇이다. 특히나 세속에 대항하고 물리적인 힘 앞에서 굽히지 않으며 성직의 가치를 존중해야 하는 계급이 여기서 다시 자신의 직분을 배반하게 되었다. 교황청은 이탈리아 왕을 에티오피아 황제로 인정했다.

이 지식인들의 테제 가운데 하나는[33] 약자는 강자의 먹이가 되어야 한다는 것, 그것이 세상의 법칙이라는 것, 이에 반대하도록 이끄는 이들은 평화를 교란한다는 것이었다. 그들은 제네바 협정을 비난하는 편이었다. 당신들이 아니라면 막강한 이탈리아가 힘없는 에티오피아를 조용히 흡수했을 것이고 전쟁도 일어나지 않았을 터였다는 것이다. 그들은 이렇게 덧붙이고 싶었을 것이다. 만약 상어가 소리 없이 잔챙이를 먹어 치우고 잔챙이가 요구하는 정의의 법정을 닫아 버린다면 우리는 봉투와 스타비스키 같은 사건을 겪지 않고 한결 조용히 지낼 것이다. 이 도덕론자들은 1914년 전쟁의 진정한 책임자들은 오스트리아에 먹히도록 가만히 있어야 한다고 세르비아를 설득시킬 줄 몰랐던 협상국들임을 생각해야 한다.

더 심각한 일은 강자에 의해 약자가 짓밟히는 것이 국제연합, 즉 국제 사법의 원칙에 완전히 적대하지는 않는 이들로부터 승인은 아니더라도 적

---

33 당시의 《악시옹 프랑세즈》, 특히 J. 뱅빌의 논설들을 보라.

어도 면죄부를 받는다는 것이다.[34] 그들의 테제는 언제나 다소 솔직한데, 이 기구들이 만주사변과 이탈리아-터키 분쟁에서 두 번 연거푸 국제기구다운 조치들을 취하지 못했으니 다시 그런 사태가 일어나지 말라는 법이 없다는 것이다. 또한, 그들은 전쟁의 위험이 따를지라도 국제 규정을 적용해야 한다고 인정했다. 그러나 '노예 상인들'[35]에게는 아니었다. 그 '노예 상인들' 자체는 우리의 관심사가 아니며 — 예전의 키 작은 유대인 대위에게 그랬듯이 — 그들의 목적만 중요하다. 국가라면 경찰이 뭇 시민을 보호해야 하고 설령 소중한 가치가 없는 시민까지도 그래야 하는 것을 정의가 원치 않는다는 듯하다. 또는 신생국가에서 전임자들을 배부르게 한 먹이잡기를 금하는 것이 정당치 않다는 듯하다. 그때까지 국제 관계의 습속이었던 정글의 습속이 사라지는 것을 바라면 안 된다는 듯하다. 그러나 정의에 대한 이들의 몰이해가 그리 삼농석인가? 이들은 진심으로 정의를 농락한다고 그것을 단호히 공언한 것도 아니다.

지식인과 평화론

나는 에티오피아 사태 때 제재 반대론자들이 휘두른 명분에 관해(뮌헨 사태에서 반복되는데) 말했는데, 그건 침략국에 반대하는 파르티잔 활동을 고사시키는 것이었다. 그런 태도는 전쟁 이념의 수락을 의미하기 때

---

34 당시의 《르 탕》, 《르 피가로》, 특히 블라디미르 도르메송의 글을 보라.
35 우리는 뮌헨 항복 다음 날 같은 운동을 다시 보았다. 수많은 프랑스인이 자신 있게 소리쳤다. "아! 우리가 1914년에 그렇게 일간이였다니. 우리는 유럽의 저쪽 끝 야만인들을 위해 싸우지 않았어야 했다!" 이 '현실주의'는 당시의 조제프 프뤼동 같은 이들만 휘두른 것이 아니다. 정신적이라고 하는 이들이 이를 휘둘렀고 그 효력을 목격했다.

문이었다. 이는 파시즘을 곤란하게 하지 않으려는 이들(게다가 위선적이게도 그들은 소련과의 전쟁을 부르는 위험한 정책을 인정했고 전쟁을 환호했다)에 의해서만 받아들여지지 않았다. 파시스트 체제에 깊고도 깊은 적대감을 품고 정의 개념을 진정으로 염려하는 이들이 그런 주장을 받아들였으며, 특히 그중에 크리스트교인들이 많았다. 그것은 평화를 최상의 가치로 삼고 무력을 사용하는 것은 애초에 단죄하기를 바라는 도덕인 — 지식인 — 의 주장이다. 우리는 어떤 면에서든 그런 주장을 거부하며, 무력이 오직 정의에 봉사하고 일시적으로만 필요하며, 그 자체로는 가치가 아님을 잊지 않는다면, 지식인이 무력의 사용을 수용하는 때에도 자신의 역할에 충실하다고 본다. 이러한 관념의 지식인은 교회 고위인사로부터 놀랍도록 표현되었는데, 캔터베리 대주교가 그런 분이다. 사람들은 비난했지만, 그는 에티오피아 사태 때 그의 사제직에 비추어 평화를 위협하는 제재를 희망하고 "나의 이상은 평화가 아니라, 정의"라고 답했다. 그때 그는 자기 주님의 말을 반복했을 뿐이다. "나는 평화를 주러 온 것이 아니라, 전쟁을 주러왔노라."[36] (악인에 대한 전쟁이다.) 어느 크리스트교 신문의[37] 편집자들은 그 위기와 뮌헨 사태에서 같은 선언을 했다. 그들은 우리는 크리스트교인이므로 결과가 어떠하든 부정의에 맞설 것이라고 선언했다. 그들은 또 크리스트교 신학이 정의의 왕에게 검을 휘두를 권리를 주며, 천사들

---

36 마태복음 10장 34절, 누가복음 12장 10절. 어느 위대한 크리스트교인의 이 말을 인용하자. "자비를 행하기 전에 언제나 정의롭게 해야 한다."(말브랑슈,《도덕(Morale)》, II, 7)
37 《로브》. 이 신문의 현재 편집자 중 한 사람인 모리스 슈만은 고국에 돌아온 후 악인들의 징벌에 대해 법정에서 자비롭게 되어 버렸다. 지난 4년간 런던 강연을 통해 정의의 가치관에 그처럼 헌신해 왔던 것은 개의치 않은 것이다. 가슴에서 일어나는 일은 이성이 다 알지 못한다. 가슴의 일뿐 아니라 정치적 고찰도 그러하다.*

*슈만은 1940년부터 드골의 런던 자유프랑스군 본부에서 대변인직을 맡아 1944년 5월까지 런던 라디오를 통해 1000번 이상 '명예와 조국' 프로 방송을 했다.

은 순결하지만 때로는 무기를 들고 있다는 것을 많은 신앙인들이 잊고 있다고 언급했다.[38]

평화라는 명제에 대해 많은 지식인들이 논증은 거치지 않고 감상적으로만 대한다.[39] 이 역시 그들의 직분을 배반하는 방식이다. 그들의 직분을 지키려면 심정이 아니라 이성으로 확신해야 한다.(이 책의 77쪽을 보라.)

지식인과 조직 이념

마지막으로 같은 범주 안에 있는 또 하나의 이념을 언급하겠는데, 그것은 이 시대의 모든 지식인에 의해 적어도 묵시적으로는 숭배를 받고 있고 — 많은 이들이 참으로 심각하세노 의심도 없이 — 이것이 이로써 지식인들의 배반을 가리킨다. 내가 말하는 것은 조직 이념이다. 이 이념은 파시스트, 공산주의, 왕당파 박사들에 의해, 그리고 민주주의자들에 의해서도 최상의 가치가 되었는데, 민주주의자들은 여기서도 민주주의의 원리에 입각하여 지지하려다가 미리 저버렸다. 민주주의의 원리는 조직 이념의 부정이기 때문이다. 조직은 사실, 개인적 자유의 폐지에 토대를 둔다. 조직의

---

38 다른 크리스트교인들은 공산주의에 양보하더라도 프랑스 공동체를 구하는 것이 자신들의 드높은 의무라고 믿는 듯하다. 그들이 공산주의의 기본이 무신론임을 모르는 것이 아니다.(자크 마돌,《시테 안의 크리스트교도들(Les Chrétiens dans la Cité)》) 우리는 크리스트교인의 의무는 크리스트교에 고유한 영원한 가치를 기리는 것이라고 본다. 민족이라 불리는 순전히 실천적 우발적인 재산을 구하는 것이라고 보지 않는다.

39 가끔 논거를 제공하지만 빈약한, 알랭의 예를 들 수 있다. "전쟁은 아무 것도 타결하지 않는다." 마치 프랑스가 두 번이나 독일의 노예가 되는 것을 전쟁으로 막지 않았다는 듯이. 지금 앵글로-색슨에 대해 하는 것 같은 이 말장난의 아마추어들을 나는 중요하게 생각지 않는다.
어떤 대가를 치르든 평화를 지지한다는 유치한 주장을 극명하게 보여주는 사례는 앙드레 지드(《일기(Journal)》, 1321쪽 및 이하)이다. 이 점을 검토한 것으로는 필자의 《비잔틴 프랑스》를 보라. 또한 같은 문제에 대한 P. 발레리의 감상주의도 보라.(253쪽)

발명자가 똑바로 말하듯,⁴⁰ (이것은 부인할 수 없어 보인다) 자유는 전적으로 부정적인 가치라서 우리는 그것으로 아무것도 건설할 수 없다. 다른 동료는 옆에도 못 가도록 솔직하게, 어느 대가가 이렇게 쓰고 있다. "우리가 진정한 국가를 실제로 조직한 날에는 개인의 자유라고 하는 교리는 지푸라기만큼도 중요하지 않을 것이다."⁴¹ 조직 이념은 개인의 자유 때문에 흩어지는 에너지를 끌어모아 그것을 전체에 종속시켜, 가능한 최대의 생산량을 거두는 것을 목적으로 한다. 전체가 국가라면 국가적 동력의 총화, 지구라면 물질적 생산성의 총화가 된다. 조직은 본질상 성직 가치와 엄격히 반대되는 실용 가치이다. 고대에는 전혀 알지 못했던 교리로, 더할 나위 없이 야만적인 현대의 발견물이다. 조직 이념이 자기 직분에 누구보다 충실하다고 믿는 지식인들에 의해 받아들여지는 것은 이들 카스트가 자신들의 존재 이유를 어느 정도로 망각했는지 보여 준다.

B. 세계의 진화에 일치한다는 명분 / 변증법적 유물론 / '역동'이라는 종교

지난 20여 년 동안 지식인들의 또 다른 배반은 계속된 세계적 변화, 특히 경제적 변화에 대한 많은 사람의 입장이다. 이 입장은 이성적으로 즉 자기들과 무관하게 이 변화를 보고 그로써 합리적인 원리에 따른 법칙을 추구하기를 거부한다. 대신 세계에 대한 모든 정신적 관점을 떠나 세계와

---

40 오귀스트 콩트, 《생산자(Producteur)》(1825). 민주주의와 조직 사상에 대해서는 필자의 저술, 《민주주의의 크나큰 시련》, 185쪽을 보라.
41 《나의 투쟁》(프랑스어 번역본), 91쪽.

의 일치를 원한다. 그리고 맞아들였거나 모순되며 그 때문에 매우 정당한, 자기의 필요에 따른 비합리적 의식의 효과로 변화 — '생성' — 를 밟아간다. 그것이 변증법적 유물론의 명제이며 다른 무엇보다도 앙리 르페브르 씨가 1933년 10월《프랑스 신 평론(Nouvelle Revue Française)》에 발표한 소논문 〈변증법이란 무엇인가?(Qu'est-ce que la dialectique?)〉에 제시되었다. 《프랑스 백과전서(Encyclopédie Française)》 I권[42]에 실린 아벨 레의 중요한 연구도 있다.

　이 입장은, 그들이 주장하는 새로운 형식 이성, '현대적 이성주의'[43]가 아니라 이성의 부정이다. 이성은 사물과 동일화가 아니고 합리적 어휘로 이루어진 사물에 관한 전망이기 때문이다. 그것은 신비주의적 입장이다. 우리는 더구나 그것이 많은 신봉자들이 방어하듯이, 창조적 진화의 입장임을 특기하고자 한다. 이들은 생물 형태의 진화를 이해하고자 이지적인 관점과 단절한다. 그리고 순수한 '생명의 성장', 순수한 창조 활동인 진화와 합치하여 순수성이 훼손될 반성태(反省態)는 일체 배제한다. 세상의 진화에 일치하고자 하는 의지 — 명백히 경제적 진화 — 는 순수한 본능적 동력이며, 그 방법은 하나의 원리라고 말할 수도 있을 것이다. 그러나 그것은 사고의 원리가 아니라 행동의 원리이다. 행동은 사고와 정확히 대립하기 때문이다. 그러므로 적어도 반성적 사고는 방법상으로 실용적이며, 그리고 혁명의 질서에서는 최상의 가치이다. 전심전력으로 정치 체계, 정확히 말해 경제 체

42　최근에는 르네 모블랑의 논설(《별(Les Etoiles)》, 1946. 8. 13.)로.
43　이것이 《라 팡세(La Pensée)》의 부제이다. 편집자 중 한 사람인 조르주 코니오는 이 잡지 4호에서 동료인 로제 가로디에 대해 이렇게 평했다. "변증법적 유물론이 프랑스의 가장 고매한 전통인 합리주의, 그리고 유물론적 전통의 연속이란 것을 프랑스 지식인들에게 아주 설득력 있게 보여주었다." 이 사상가들에게는 분명 합리주의와 유물론, 두 가지의 지위가 서로 연관되어 있다.

계의 세속적 승리를 원하는 이들에게는 그런 방법이 아주 합법적이다. 반면 실용과는 담쌓은 사유를 기리는 직분에는 그것은 명백한 배반이다.

하지만 이 지식인들은 더 능숙하다. 그들이 바라는 것은 역사 발전과의 이 신비한 결합이 동시에 생성 이념이 되는 것이다. 그들 중 누군가가 목소리를 높인다. "자신의 정치 이념을 역사 발전에 통합시키지 않는 자, 아니면 오히려 이성적 분석 탓에 역사로부터 정치 이념을 끄집어내지 않는 자는 역사나 정치의 외곽에 있다."[44] 위의 '아니면 오히려'라는 말은 역사 발전과의 교감 — 이성적 분석으로! — 과 그 이념의 표현을 동일시하는 것을 보여준다. 우리는 이 철학 교수에게 스피노자의 말을 환기시키고자 한다. "원이 있다는 것과 원이라는 관념은 다른 것이다. 원이라는 관념에는 중심도 둘레도 없다." 혹은 그에게 이렇게 말할 수 있다. "역사 발전은 하나의 사물이다. 그것의 발전이란 관념은 그것과 다른 것이다. 그 관념이 발전은 아니다." 아니면 이렇게도 말할 수 있다. "역동성은 하나의 사물이다. 그것과 그것에서 나온 역동 관념은 다른 것이다. 그 관념은 공식이 되고, 소통할 수 있다. 다시 말해, 우리가 그것을 표명하면 자신과 같이 있다. 그러므로 그것은 정태성이다." 그중의 한 동료는 같은 의미를 이렇게 공언했다. "이 세계는 모순에 의해 찢겨 있기 때문에 변증법만이 (모순을 인정하므로) 세계 전체를 볼 수 있도록 한다. 그리고 세계의 의미와 방향을 발견할 수 있게 한다."[45] 바꿔 말하면, 세계가 모순이기 때문에 세계라는 관념도 모순

---

44 장 라크루아, 《에스프리》(1946. 3.), 354쪽. 이 박사들은 생성에의 통합은 지적 요소를 확실히 포함한다는 것에 항의할 것이다. 경제적 변화는 마치 애벌레가 마침내 나비로 탈바꿈하듯이 그리로 가려는 목표가 있어야 한다고. 그러나 그런 주장은 순전히 실용적이고 오직 본능적인 지성이다. 베르그송식의 지속처럼 맹목적인 생산성이다. 저자 스스로 합리적 분석의 산물이라고 부른, 생성의 **관점**과는 아무 관계가 없다.

45 앙리 르페브르, 위의 인용.

1946년 판 서문

이어야 한다. 어떤 사물의 관념은 사물과 동일한 성질을 가지고 있어야 한다. 파랑의 관념은 파랑이어야 한다. 이에 대해서도 우리는 다시 우리의 논자에게 말한다. "모순은 하나의 사물이다. 그러나 모순 관념은 그와 다른 것으로 하나의 모순이 아니다." 하지만 사색가라는 사람들이 믿을 수 없는 혼동을 일으키는 것은 주목하자. 만약 그러한 혼동이 의도적인 것이 아니라면 중대한 지적 태만이고 의도적이라면 (나는 그렇다고 믿는 편인데) 너무나 큰 기만임을 말해 준다.

신비하게 역사 발전에 통합되는 것과 그에 대한 관념 형성을 우리가 가리는 데 대해 많은 '변증론자'들이 반론을 펼 것이다. "그런 구분에는 동의한다. 그러나 우리는 이 신비한 통합으로 시작하여 우리 주제에 대해 진정 가치 있는 지적 관점을 내놓을 것이다." 이 문제도 이치를 가려보자. 이 신비로운 상태가 성질의 변화를 일으키지 않고 지적 인식이 되리라는 것인가? 다시 이성주의자들의 새로운 스승인 베르그송의 말처럼, '자신의 연장'으로, '팽창'으로, '이완'으로? 아니면, 본질과 절연하고 새로 결합한 다음에는 전혀 다른 활동인 지성, 반성적 사유에 호소한다는 뜻인가? 나는 단연코 두 번째 명제를 택하겠다. 나는 정념을 근거로 관념이 발생하면 그 관념은 정념의 연장이 아니라고 생각한다. 심리학을 보면 나의 추론이 타당하다. "지적 능력은 제1사건이다. 이성으로부터 여러 가지를 추론하려는 시도는 전부 실패했다."라고 들라크루아가 결론을 내린다. 나는 독자들에게 이 사례를 가리키고 싶다. 레스피네스 양이 이렇게 쓴 적이 있다. "대부분의 여자들이 요구하는 것은 사랑이 아니다. 다른 여자들보다 내가 더 마음에 든다고 하기를 요구한다." 몸이 단 줄리가 이런 통찰력 있는 시선을 가지려면, 질투라는 정념부터 겪었어야 했다는 것은 알겠다. 하지만 그에 더

하여 그 여자에게는 정념과는 전혀 다른 종류의 능력이 있어야 했다. 자신의 정념을 반성하고 일반 관념을 다룰 수 있는 능력이다. 그렇게 번민에 잠긴 젊은 여성은 자기의 번민을 한없이 '팽창'시키더라도 일반 관념 같은 것은 찾을 수 없다. 그처럼 나는[46] 마르크스가 심오한 시선으로 가부장제, 봉건제, 자본주의 체제와 그 사이의 이행을 말할 수 있던 것은, 그가 그 현실의 내부에서 그 삶을 살려내며 출발하였기 때문이라고 인정하지만 확언하건대, 무엇보다 마르크스는 거기에서 벗어날 줄 알았고 이치에 맞는 사유를 밖으로부터 그 현실에 적용시킬 줄 알았기 때문이다. 그 사유는 세상 사람이 이성이라고 부르는 것이었다. 봉건 체제에서 자본주의 체제로의 이행을 실제로 치러 낸 것은 마르크스보다는 15세기 사람들이었지만, 그들은 그때 아무것도 알아보지 못했다. 그들은 그 시대를 겪는 것밖에는 몰랐기 때문이다. 더 나아가 마르크스는 이 모든 체계 사이에 연관성을 정립하였다. 그런데 연관성의 정립이란 특히나 지적인 유형의 활동이며 현재 밖에는 모르는 생명의 활동에서는 자취도 없다.

  누구나 알고 있고 흔히는 아주 섬세한 이성주의를 적용하지 않고 변증법적 유물론의 방법론을 적용하여 이런 결과가 나왔다는 것을 누가 나에게 한 가지라도 알려주면 좋겠다.

  그런데 이런 방법론을 휘날리는 이들이 무슨 동기에서 그러는가를 생각해보면 답은 명백하다. 그건 투쟁하는 사람들이 갖는 동기이다. 그들은 민중에게 "우리들의 행동은 진실하다. 역사적 변화와 일치한다. 이를 택하라."라고 말한다. 그 때문에 그들 중 누군가의 이런 외침은 뜻이 분명하다. "피

---

46 하나 더 있다. 많은 사람이 정신 상태에 관해 깊이 있는 관점을 내놓았는데 **겪어** 보려고 한 바는 없는 것 같다. 광인론은 광인들에 의해 작성되지 않았다.

할 수 없는 방식으로 사회의 발전을 결정하는 길을 일부러 선택하라. 이것이 우리 정책의 현실주의를 말해 준다."⁴⁷ '피할 수 없는', 이 말에 주목하자. 그것은 역사의 발전은 인간의 의지와는 상관없이 이루어진다는 뜻이다. 다른 이들이 신이 하는 일이라고 말할 때만큼이나 신비주의적인 입장이다.⁴⁸

교리에 내재한 이성에 대한 또 다른 부인

변증법적 유물론은 변화를 상정하면서 또 다른 방식으로 이성을 부정한다. 즉 변화를 고정돼 있으며 게다가 무한히 이웃한 입지들의 연속이 아니라 고정을 모르는 '끊임없는 유동'으로 상정한다. 그들의 깃발을 사용하자면, 그것은 '정태성'을 말끔히 벗어난 순수한 '행동성'이나. 많이들 부정하겠지만, 이는 베르그송 명제의 반복이다. 그 명제는 정지한 것들이 (서로 아무리 가까이 있더라도), 정지의 연속과는 반대인 운동을 껴안기를 설교한다. 사실은 그건 전혀 다른 것이며 이러한 태도는 부랴부랴 이성을 버린다는 공언이다. 이성의 고유성은, 최소한 이성이 사물을 다루는 동안은, 그 사물을 고정하는 것이기 때문이다. 반면 본질상 자신의 정체성을 일체 배척하는 순수 생성은 신비한 가담의 대상이 될 수는 있지만, 이성적인 활동의 대상은 아니다.⁴⁹ 게다가 우리의 '변증론자'들은 무언가 말을 할

---

47 소련 외무 차관 비신스키, 《콩바》(1946. 5. 16)에서 인용.

48 그렇지만 다른 신도들은 이와 반대로 그것도 강력하게 미래가 인간이 노력한 작품이기를 원한다. 그렇지만 그들이 보이는 이런 점은 유난히 서정적이다.(무냉, 〈변증법의 세 시인(Trois poètes de la dialectique)〉, 《프랑스 문학(Les Lettres françaises)》(1945. 11. 24.))

49 이성 — 과학 — 이야말로 움직임으로서의 운동 상태를 존중한다고 나에게 반대할 수도 있을 것이다. 브라운 운동, 아메바 운동, 물질의 분해 운동을 보면 안다고. 그에 대해 나는 이렇게 답하겠다. 그것은 이성이 이 운동 각각에 대해 언제 어디서나 자기와 동일

수록 고정된 것에 대해 힘주어 말한다. 그들은 가부장제, 봉건제, 자본주의 체제, 사회주의 체제에 대해 그것들이 사물 자체와 닮은 것인 듯 말한다. 적어도 그들이 그에 대해 말하는 한 그렇다. 하지만 여기서 중요한 것은, 교리를 어느 정도 충실하게 적용하느냐가 아니라 교리 자체가 문제다. 인식 방법으로서 순전히 감정적인 태도를 설교하는 교리는 정신적 인간들에게는 전적인 반역이다.

변증법적 유물론은 아무리 짧은 순간이라도 자기 동일의 현실을 일체 부정하면서 생성 속에 있기를 원하기 때문에 본질적으로 모순 안에 있고자 한다. 따라서 어떤 말을 하든 본질적으로 반(反)이성의 안에 있다. 이 명제는 플레하노프의 다음 언명에 의해 바람직하도록 선명히 정식화되었다. 교리의 헌장과도 같다.

주어진 조합이 그와 같은 조합으로 남아 있다면, 우리는 그것을 '이다는 이다'이고 '아니다는 아니다'라는 공식으로 평가해야 한다. (A는 A이다. B는 B이다.) 하지만 조합들이 변하고, 그대로 가만히 있지 않는 한, 우리는 모순의 논리에 호소해야 한다. 우리는 '이다와 아니다'라고, 그것은 존재하고 존재하지 않는다고 말해야 한다.(《마르크스주의의 근본 문제(Questions fondamentales du Marxisme)》, 100쪽. 철학자 아벨 레(Abel Ray)가 《프랑스 백과전서》, I권, 〈변증법적 유물론〉에서 열렬하게 인용.)

애매한 이중성은, 전적으로 '스스로 변하다'는 이 한마디에 깃들어 있다.

하다고 가정하는 것이다. 이성은 그 운동 하나하나에 이름을 붙여 주고 미리 속에다 그것을 하나의 실재로 붙박는다. 그러면 그것이 발음될 때에 사람들 모두가 그렇다고 여기는 실재가 된다. 어떤 의미에서는 그 실재가 운동을 움직이지 못하게 만들어 이성의 대상으로 바꿔놓는다고 할 수 있다.

1946년 판 서문

그것은 고정이라고는 모르는 연속 변화를 말하는가? 그렇다면 사실 동일성 원리는 더 이상 작동하지 않고 (규정을 기다리지만) '모순의 논리'가 부과된다. 아니면, 불연속 변화, 즉 일정한 동안은 자신과 닮은 상태가, 동일한 모드 아래 무한히 가까워진 상태로 이행하는 것을 말하는가? 그런데 사고는 집요하게 자기동일성 원리에 속하고자 한다. 우리는 결코 "사물이 있고, 있으면서 있지 않다."라고 말할 수 없다. 하지만 "그것들이 있고 바로 뒤따라 다른 것들이 있다."라고는 말한다. 다음에 따르는 것은 앞에 있었던 것을 부정해야 할 어떤 필연성도 없다. 이런 불연속인 변화야말로 이성, 더구나 언어가 노리는 유일한 것이다. 이성의 본질은 변화 속에 고정된 것을 끌어들이는 것이다. 이성이 자의(恣意)로 그렇게 하지만, 그러한 자의가 이성의 성질이다. 유명한 공식을 빌리면, 현실 속에 자기동일성을 끌어들이는 것이다.[50] 같은 진영에 있는 어떤 다른 '행동론자'가 경멸도 보이면서 이렇게 말했다. "동일성의 원리는 협정 같은 영향력을 미칠 뿐이다. 우리가 이치를 따지는 경험적 대상이 언제나 변화의 와중에 있는 만큼 그것의 속성을 안정시키는 것 같은 … 협정이다."[51] 그는 사물의 유동성에도 불구하고 정신이 과학을 만들어낼 비상한 수단을 단지 오만하게 진술할 뿐이다. 《프랑스 백과전서》의 필자가 "그렇다와 그렇다(out et oui)는 정태

---

[50] 그들은 나에게 봉건제 속의 가부장제, 자본주의 속의 봉건제와 같이 역사에는 B와 구별되지 않는 A가 B에 녹아있는 계기들이 있다고 할 것이다. 우리는 이렇게 대답할 것이다. 이성, 즉 언어는 A와 B가 각각 고유한 정체성을 가진 것으로 간주하고, 그 두 정체성의 상호 침투는 말할 것도 없으며 상호 침투로 하나의 정체성이 된다고. 이것은 소통할 수 있는 모든 생각들을 불가능하게 만드는, A가 A인 동시에 A가 아니라고 주장하는 것과는 아무런 관련이 없다.

[51] 루지에, 《합리주의의 잘못된 추리들(Les Paralogismes du rationalisme)》, 444쪽. 저자는 이 규약이 아직 "하나의 토론을 하는 동안에는 사용하는 단어들을 동일한 의미로 쓴다."라는 규약만큼 권위를 갖지 않았다고 한다. 이것은, 심지어 혼잣말에서조차, 어떤 생각이 이해 가능하기 위한 조건일 뿐이다. 같은 책에서(427쪽) 헤겔 변증법에 대한 뛰어난 비판을 볼 것.

성의 공리이다. 그렇다와 아니다(oui et non)는 역동성의 공리인데 겉모습이 정태성일 뿐"이라고 덧붙일 때, 우리는 '겉모습'이 과학의 대상이라고 응답하겠다.[52] 반면 실재란 신비적인 것의 포용이므로 실재라 하면서 포용을 설교하는 것은 설교라고 할 만한 것이 아니다.

역동의 격류는 우리를 어디로 이끄는가

역동의 격류는 이에 사로잡힌 사람들을 믿기 어려운 명제로 끌어간다. 즉 변화를 표현하는 것만이 가치 있는 사유이다. '사고의 역동적 특성'[53]이란 제목의 연구는 사고와 사고의 대상을 혼동하고 있는데, 사고는 언제나 정적인 것이다. 다시 말해 사고의 대상은 동적일지라도, 사고는 사고에만 가담해 있다.[54] 우리가 앞에서 인용한 철학자는 명목 판단과 동사 판단을 구분한다. 명목 판단의 계사는 être(이다/있다)라는 말이다. (사람은 죽는다.) 동사 판단의 계사는 '진짜 동사'로 대체된다. (être는 진정한 동사가 아닐 것이다.) 그리고 거기에서 "질적 속성으로 환원시킬 수 없는 동작이 표현된다. 그것은 동적이고 또 이동하는 것으로, 더 이상 정적이지 않으며 포괄적이지 않다.", "'흰 구슬이 빨간 구슬을 밀었다.', 'X가 Y와 부딪친다.'와 같은 판단들은 주어에 속성을 부여하지 않고, 주어를 하나의 등급(classe)에 놓지 않는다. 이 판단들이 변화를 확인해 준다."라고 그는 설

---

52 이 대상이 **현상**이다. 외관($\varphi\alpha\iota\omega$)과 같은 말이다.
53 아벨 레,《프랑스 백과전서》, I, 1-18-2.
54 필자의 연구, 〈현대 철학에 따른 사고의 유동성에 관하여(De la mobilité de la pensée selon une philosophie contemporaine)〉,《형이상학과 도덕 평론(Revue de Métaphysique et de Morale)》(1945. 7.)

명한다. 그런데 그에 따르면 중요한 사고를 성립시키는 것은 오직 이런 종류의 판단뿐이다. 다른 것들은 "심하게 단순화되었고 실재가 침투하도록 최소로 축소되었다." 독자들은 "수소는 금속이다." 혹은 "빛은 전기 자장의 현상이다."라는 판단이 주어에 속성을 부여하고, 주어를 어느 등급에 놓아 행위 아닌 상태를 나타내도 의미 있는 사고를 이룬다고 할 것이다. 하지만 독자들은 진지한 사고를 가르쳐야 할 사람들이 진정 춤추는 수도승이 되어, 그렇게 정신을 윤색하는 것은 경멸받아 마땅하다고 심판할 것이다.

'역동' 의 이름을 빌린 또 다른 지식인들의 배반

이성을 가르쳐야 할 사람들이 '역동'(dynamisme)의 이름으로 명백히 자기 직분을 부인하는 또 다른 독단을 지적하려 한다.

1. '부드러운 이성'이라는 독단. 페기가 남달리 아끼는 부드러운 이성은 긍정을 진술하면서도 더 진정한 다른 것을 위해서는 자신조차 취소할 만큼 버티는 이성이 아니며, 이 점에서 독창적이지도 않을 것이다. 그 이성은 긍정이 면제된 이성이다. 긍정은 자기에 한정된 사고이며, 자기 자신이면서 동시에 자기 아닌 다른 것인 사유를 통해 앞으로 나아가는 이성이다. 따라서 근본적으로 다성(多聲)이고 지정될 수 없으며 포착되지 않는 (어느 열렬한 신봉자는 '처분 가능한' 사유라고 부른다) 사유이다. 이 도그마는 어느 이름난 철학자가 공언하는 사유와 무척이나 흡사한데, 그는 이성의 본질이 '불안'이기를 바란다. 학자라면 의심이 임시 상태가 아니라

본질인 까닭에[55] 이 새로운 방법론자가 방금 기술한 '초이성주의'는 교리를 찾아낸 것이다. 그는 "초현실주의와 연관이 있을 것이다. 왜냐하면, 감수성과 이성은 서로 자기들의 흘러가는 성질에 굴복하기 때문"이라고[56] 선언한다. 반면 이들이 과학은 "과학의 결과에서 끝나야 한다"는 과학의 '정태적 전망'[57]을 비난하는 것은 과학은 잠시라도 고정적인 입장은 잠시라도 인정하지 않아야 한다는 의미이다. 그들은 이렇게 선언한다. "사고는 환상적인 춤이다. 부드러운 자세와 갖가지 모습들 사이에서 춤을 춘다."[58] 이들은 자기들의 해석대로 경험은 우리를 사로잡는 순간 "우리를 선출자들 넘어, 기존의 것 넘어, 아마도 자신의 계획을 넘어, 어떻든 휴식을 넘어 끌고 간다."[59]라고 선언한다. 부드러운 이성은 사실은 전혀 이성이 아니다. 이성에 속하는 사고라면 뻣뻣한 사고이다. (단순하다는 의미가 아니다.) 이성은 이 점에서 이성 자신에 가담한다고 주장한다. 비록 발해지는 순간에 지나지 않는다 하더라도. 그것은 '반박을 견딜 수 있는'[60] 사유라고 누군가 탁월하게 말했다. 다시 말해 규정될 수 있는 입장을 내놓는 것이며, 변호사들은 그것을 '논의의 토대'라고 부른다. 그렇지만 많은 합리적 사고가[61] 분명한 사고가 결여된 막연한 정신 상태에서 시작했을 것이다. 그러나 이 상태를 인지하는 자는 거기로부터 빠져나가는 방법을 알고 있다. 데카르트는 이성에 연

55　바슐라르,《새로운 과학 정신(Le Nouvel Esprit scientifique)》, 147~148, 164쪽.
56　폴 엘뤼아르,《보기를 허락하다(Donner à voir)》, 119쪽에서 인용.
57　샤를 세뤼스, 퀴빌리에에 의해 인용,《철학 강론(Cours de Philosophie)》, Ⅰ, 325쪽.
58　마송-우르셀,《형이상학적 사실(Le fait métaphysique)》, 58쪽.
59　메르시에가 쓴〈블롱델 씨의 철학(La philosophie de M. Blondel)〉,《형이상학과 도덕 평론》(1937). 어떻든 이 두 철학자는 합리주의자로 자처하지 않는다.
60　마이에르슨,《상대적 추론(La Déduction relativiste)》, 187쪽.
61　그리고 한 가지 더 있다. 이 문제에 관해 정확히 하려면 위에서 이미 인용한《형이상학과 도덕 평론》에 실린 필자의 논고를 보라. 194쪽 및 이하.

관된 어떤 것도 발설하지 않으면서 말했다. "나의 의도는 물렁거리는 땅을 떠나서 바위와 찰흙을 찾아내려는 것이다." 이 같은 의미에서, 임시가 아니라 체질적인 듯 유연의 정신을 수용하도록 지시하는 이들은 이성을 깨끗이 물리치도록 유도하는 것이다. 만약 스스로가 이런 가치의 사도라고 자처한다면 그들은 바로 사기꾼이다. 포착할 수 있는 것의 추방은 다른 철학자(알랭)에 의해 공언되었다. 그는 인상이란 애초에 포착하기 어려운 의식 상태이며 그 때문에 가치가 있으므로 '살해'해서는 안 된다고, 사고가 '인상을 살해하는' 경우 사고를 거부하도록 그의 신도들을 부추겼다. 그것은 폴 발레리가 "하나의 사고에 고정되는 것"은 "기울어지는 면에 고정되는 것"이라고 비난할 때 탁월하게 드러난다. 또한, 그가 이렇게 쓸 때에도 탁월하다. "정신, 그것이 무엇이든 그것은 끝이 없는 거부이다." "자신과 합의하는 정신이란 존재하지 않는다. 합의를 하게 되면 그것은 더 이상 정신이 아니다." 진정한 사고는 연인들의 기쁨이 그렇듯[62] 한순간밖에 지속하지 않는다. 정신이 지닌 형이상학의 성질과 소통하도록 초대하는 것, 그것은 사고와 하등 관계가 없다. 다시 한 번 사고는 감촉할 수 있고, 지시할 수 있는 명백성에 의해서만 나아갈 따름이다. 이 입장을 사고에 반(反)하는 정신(에스프리)[63]으로 부를 수 있으리라. 누군가는 여기서 문제 삼는 문학인이 사상가로 자처하지 않는다고 내게 이의를 제기할 것이다. 사상을 경멸하는 그는 순수 문학인이란 직분에 모자랄 바가 없다. 그러므로 내가 고발하는 것은 문학인이 아니라 철학자들이다. 그런 철학자들이 많지만 누구는 합리주의자라고 스스로 공언하고(브룅슈비크), 또 그들은 그를 분명

---

62 필자의 《비잔틴 프랑스》, 37쪽에서 같은 의미의 다른 언급들을 보라.
63 이것이 정확히 "인식은 끊임없이 이동해야 한다"는 베르그송의 의지이며, 또한 초현실주의의 의지이다.(《이성 부재의 에스프리》)

하게 하나의 사상가로 간주하여《방법서설》추모 강연, 스피노자 탄생 기념 강연회의 의장직을 맡기지 않았던가? 그들은 이처럼 그들의 권위를 이용하여 오직 신비할 뿐인 입장을 은폐한다.

체질적인 비합리주의의 사유를 후원하는 뚜렷한 '합리주의' 철학자는 G. 바슐라르의 경우이다. 그는《물과 꿈》에서 로트레아몽, 트리스탄 차라, 폴 엘뤼아르, 클로델 같은 이들에게서 나타나는 심리분석 메커니즘을 소개하는데, 그는 어떤 점에서는 학자의 모범이 된다. 이 합리주의자는 "물질처럼 되는 꿈, 물질이려는 꿈을 꾸고" 그래서 "형태를 넘어가는 하나의 꿈"을 찬양한다.(《물과 꿈》, 70쪽.) 형태들의 꿈은 아직 너무 정태적이고 너무 지적이다. 그는 객관적인 사물 인식의 기원을 '욕망과 꿈'의 결합에 빠지는 정신 상태에서 찾고자 한다(9~10쪽). 그는 또 문학인들이 보여주는 '풍부한 비유'를 인식한 다음 합리주의적으로 '되려고' 노력한다. 우리는 솔직히 클로델이나 폴 엘뤼아르 방식의 물에 대한 인식이 그의 가슴을 짓누르게 되어 물의 실체가 산소와 수소로 만들어졌다는 사고에 도달하는지 아닌지는 모르겠다. 우리는 그에게 들라크루아가 다음과 같이 확인한 것을 일깨우겠다. "지적 능력은 제1사건이다. 지적 능력으로부터 여러 가지를 추론하려는 시도는 전부 실패했다."[64] 우리는 적어도 여기서 철학자들, 더구나 학자들에게 오늘날 널리 퍼진 현상을 보게 된다. 재치만 부리거나 토대 없는 문학의 유행이 마치 그들의 권리라는 듯하다. 진지하려는 추론에 그런 것이 무슨 소용이 있는지 의문이다. 그것은 문예의 속물성이며 사색가라고 하는 이들의 이런 태도는 그들의 법칙에 충실한 태도가 아니다.[65]

---

64 뷔를루의《성향 심리학 논고(Essai d'une psychologie des tendances)》, 413쪽에서 인용. 그는 "반성적 사고가 어떤 점에서는 일차적 사실이 되기를" 원함에도 불구하고(306쪽), 거의 설득력이 없어 보이는 논증으로 이 주장과 싸운다.

1946년 판 서문

 우리의 역동론자들은 잠시라도 일어날 수 있는 자기 동일의 사유, 따라서 합리적인 사유의 신망을 떨어뜨리기 위해 그런 사유로는 사물의 복잡성, 무한성, 총체성 속에서 사물을 파악할 수 없다고 주장한다. '편협한' 이성주의를 공격하여 이성주의를 '폭로하겠다'는 선언(바슐라르)이 뜻하는 바가 그것이다. 해 둘 말이 있는데 그러한 사고는 사물을 단순하게만 인식하도록 선고받은 것이 아니며 충분히 사물의 복잡성을 이해할 수 있다. 다만 자기 정체성, 이성적인 것의 풍속 안에서이다. 그런데 우리의 예언자들은 그것을 전혀 받아들이지 않는다. 진실을 말하면 이 새로운 '이성주의자들'은 편협한 이성주의든 그렇지 않은 이성주의든 어느 것이나 거부하는데, 그 이유는 단순히 그것이 이성주의라는 사실 때문이다. 사물의 무한성 및 총체성에 변증법적 유물론은 도달했다고 한다. 그것이 '현실'에 도달했고 그 현실이 '총체적'[66]이기 때문이다. 그러나 실은 이성주의는 현실을 주지 않는데 그것은 당연하다. 규정상 이성주의는 제한된 대상에 적용되기 때문이다. 이성주의는 자기가 금을 긋는 제한 구역이 매우 자의적이란 것을 잘 알고 있다. "과학은 현실의 덩어리로부터 비교적 닫혀 있는 체계를 잘라낼 수 있어야만, 이 체계를 이루지 않는 다른 현상은 모두 무시할 수 있어야 가능하다."라고[67] 어느 분석가는 올바르게, 다른 분석가도

---

65 여기에는 마땅히 연구의 대상이 될 만한 어떤 새로움이 있다. 17세기에 라파예트 부인은 아브랑슈*의 주교이자 과학자인 위에에게 자신의 소설 《자이드(Zaïde)》를 위한 서문을 부탁했다. 지금은 과학자가 인문학자에게 서문을 청할 것이다. 우리는 드 브롤리의 책에 발레리가 서문을 썼다는 사실을 잘 알고 있다.

66 앙리 르페브르라는 사람의 〈다면경(Polyscopique)〉. 위에 인용한 책, 531쪽.

67 피카르, 《과학 내부의 발명론 시론(Essai sur la logique de l'invention dans les sciences)》, 167쪽. 브롤리는 상호 작용 없이 전체를 고려하고 서로 무지한 예전 물리학의 오류를 지적했다.(《물리계 내부의 개체주의와 상호작용(Individualisme et Interaction dans le monde physique)》, 《형이상학과 도덕 평론》(1937)) 그러나 그것으로 전체에 대한 고찰을 설교하지는 않았다.

*노르망디 지방의 오래된 도시

탁월하게 언명한다. "전체는 형이상학자의 관념이다. 학자의 관념이 아니다."[68] 이를 보아도 이성의 존중을 가르쳐야 하고 그렇게 한다고 주장하는 이들이 신비한 입장을 설파하고 있다.

안정된 사고에 반대하는 또 다른 비슷한 심판은 그 사유가 '조잡한 덩어리'의 확인에 의해서만, '섬세함을 배제한' 견고함으로부터만 나온다는 것이며 텐(Taine)이 그런 표상일 것이다. 우수한 정신은 섬세함 속에 견고한 성질을 지니지 않는다는 듯하다. 근대 물리학이 매스 속에 수립한 섬세함들, 물질의 양 개념, 충동의 용적, 가속력의 몫, 만유인력 법칙의 계수 관념이 완벽한 현대 물리학의 사상이 아니었고 '동기'가 전혀 아니었다는 듯하다. 스탕달, 프루스트, 조이스, 더구나 텐의 섬세한 차이를 정신분석의 차이로 말할 수 없다는 듯하다. 하지만 이 지식인들의 군호는 온갖 수단을 다해 사람들이 합리주의 사고를 무시하도록 만드는 것이다.

다음의 인상적인 사례에서 섬세한 사고를 유동적 사고와 동일시하려는 그들의 의지가 드러난다. 그들 가운데 한 사람이 이렇게 썼다. "아인슈타인이 뉴턴 학설의 개요가 현실에 그대로 적용되기에는 너무도 단순하고 너무도 도식적이어서 수정, 보완되어야 한다고 한 것은, 칸트적 비판을 '결정'(結晶) 상태로부터 '콜로이드' 상태로 만드는 것이 실제로 유익하다는 철학자들의 신념을 확인시켜 준다."[69] 또 다른 이는 이렇게 언명한다. "모순이 스치겠지만 그러한 위험을 무릅쓰고 섬세한 차이를 추구하는 것, 그것

---

68 A. 다르봉, 〈시도의 종합적 방법(La Méthode synthétique dans l'essai)〉, O. 아믈랭, 《형이상학과 도덕 평론》(1929). 베르그송과 브륀슈비크의 설교론 전체에 대해서는 앞에서 인용한 본인의 논문을 보라. 185쪽 및 이하.

69 브륀슈비크, 〈합리주의의 방향성(L'Orientation du rationalisme)〉, 《형이상학과 도덕 평론》(1920), 342쪽. 저자는 크리스털과 콜로이드라는 단어에 따옴표를 붙이고 이 단어들을 생각해 낸 것은 자신이 아님을 밝힌다. 하지만 그가 거기에 동의하고 있다는 것은 분명하다.

이 현실을 포착하는 수단이다."⁷⁰ 그래도 '스치는'이라고 수줍게 말하는 것에 주목하자. 야만인들은 그들의 야만성이 부끄럽다.

마지막으로, 우리의 역동론자들이 안정된 사고를 특히 비난하는 이유는 그러한 사고는 저 스스로 결정적이라고 믿는다는 점 때문이다. 우리의 《백과전서》철학자가⁷¹ 진정한 학자의 사유는 "결코 결정적이거나 정태적인 것으로 간주되어서는 안 된다"고 말할 때 그 두 개의 말은 그에게 분명 동의어였다. 정태적인 것은 붙잡을 수 없는 유동성이 되지 않는 한 잠정 상태를 모른다는 것이다. 같은 의미로 브륀슈비크는 이 시대의 몇몇 학자를 검은 천을 뒤집어쓰고 고개를 숙인 채 자연을 향해 고함치는 사진사에 비유한다. "조심하시오! 당신의 이미지를 찍겠어요. 움직이지 마시오!" 오늘날 그처럼 단순하게 안정된 사고를 보는 이가 있는지 찾아보아야겠다. 자신의 개를 물속에 빠뜨리려는 자는 그 개가 미쳤다고 한다.

2. '과학의 영구 생성'이란 도그마 역시 아무것도 결정적이지는 않지만 일련의 고정 상태로부터 과학이 진전한다는 반박할 수 없는 의미가 아니다. 과학은 학자 정신의 근본으로 보이는 '지속' 모델 위에서 부단한 변화에 의해 진전한다는 의미이고, 현재 많은 철학자들이 이런 개념화를 하고 있다. 그들은 과학의 생성을 부단한 변화인 현실에 맞추어 빚어지는 것으로 설명한다. "현실의 본질인 유동성 속에서 현실을 다시금 포착하는 것이다."⁷² 루이 드 브롤리, 아인슈타인 같은 과학자의 정신이 안정된 입장은

---

70 부트루, 〈자연법 관념에 관해(De L'idée de loi naturelle)〉, 《과학과 현대철학(La Science et la Philosophie contemporaine), 16~17쪽.

71 아벨 레, 앞의 인용.

72 《사유와 운동(La Pensée et le Mouvement)》, 35쪽.

받아들이지 않고 거부하는 부단한 유동성에 지나지 않았다면, 그들이 우리에게 무엇을 준 것일까? 우리의 지식인들은 여기서도 이성이라면 일체 배격하는 순수 관능주의의 자세를 찬양하고 있다.

3. '유체' 개념(베르그송, 르 루아)이란 도그마는 점점 더 세분화되고, 현실의 복잡성에 보다 잘 적응하는 개념의 촉구가 아니라 개념의 부재를 말한다. 개념이란 아무리 세분화 되더라도 개념인 이상은 '엄격한' 것이고 본질상 이동 속에 있는 현실과 결합할 수 없기 때문이다. 바로 이런 이유로 베르그송이나 르 루아 같은 이들을 책망할 수 없다. 그런 이들 중 특히 르 루아는 상당히 분명하게 신비주의자로 자처한다. 그러나 고개 숙이는 젊은이들을 앞에 두고 강단에 높이 서, '개념 없는'[73] 이성주의를 말하는 '합리주의자' 브륀슈비크에 대해서는 무슨 말을 할 것인가?

4. 이 도그마에 따르면 신물리학의 명제들이 이성주의의 원칙에 조종(弔鐘)을 울릴 것이다. 이 명제를 휘두르는 것은 침착하지도 않고 실제 권위도 없는 문학인과 사교계 인사들만이 아니다. 교육자임이 분명한 철학자들, 학자들이다. 신물리학이 응용 부문에서는 이성의 원리를 상당히 다듬었어도 본질적으로 포기한 것은 없다. 다시 말해 인과론이다. 브륀슈비크는 물리적 인과론과 인간의 경험에 관해 책을 썼고 철학협회의 이름난 강좌에서 현대과학의 사용에 있어 이 원리가 점점 더 복잡해지는 것을 지적했지만 원리의 본질에 격변이 일어난 것은 아니었다. 또한 결정론에 있어서는 아인슈타인이나 브롤리 같은 이들이 신물리학이 그들에게 너무나 절대적

---

73 철학협회 회의록(1923. 5. 23.).

이었던 관념을 수정하지 않을 수 없게 했다고 선언했어도 실제로 그들이 거부한 관념은 없다. 왜냐하면, 그 사유는 그들에게 진실로 과학적인 모든 태도의 기초로 보이기 때문이다.[74] 어느 논평자는 이 새로운 과학에 감탄하여 말했다. "오히려 그들은 비결정론적인 물리학이 고전 논리학에 근거하고 있다는 것을 충분히 주장하지 않았다. 어느 누구도 논리학 안에, 우리의 순수 사변 안에 내재적 부정확성을 도입하려고 꿈꾼 바 없다. 그러한 가정은 우리의 모든 추론에 독을 끼얹는 것이리라."[75] L. 드 브롤리가 핵물리학 연구는 어느 날인가는 우리들의 정신적 이해 한계에 부딪히리라고 언명한 것은[76] 합리적 원리 위에 세워지는 인식을 사람이 드디어 포기하게 되리란 것이었지, 이 원칙들을 무시할 '새로운' 과학 정신을 만들리란 것이 아니었다. 여기서도 우리는 다시금 교육자들의 의욕을 보게 된다. 숙은 신들이 잠자는 관(棺)에다 이성을 싸서 넣어버리라고 젊은이들에게 권하고 이성의 포기를 가르치려는 것이다.

5. 이 명제에 따르면 이성은 역사를 통과하면서 어떤 고정 성분도 수용하지 않는다. 따라서 이성이 경험적 활동 아래 바꾸어야 하는 것은 태도가 아니라 성질이다. 이것이 브륀슈비크의 '지성의 시대'의 테제이다. 그는 이성이 변화에 따라, 즉 경험과 경험의 변천에 순응하여 결정되기를 바란다. 경각심 있는 독자들은 이미 누구나 그러한 테제는 지지를 받을 수 없다는 답변을 제출했다. 왜냐하면 인간이 환경과 싸우면서 자연의 토대를 내던

---

74 브롤리, 《물질과 빛(Matière et Lumière)》을 참조. '결정론의 위기'와 철학협회 회의록 (1929. 11. 12.)
75 빈테르, 〈비결정론적 물리학(La Physique indéterministe)〉, 《형이상학과 도덕 평론》(1929. 4.), 또한, 특히 마이에르슨, 《상대적 추론》.
76 《과학의 미래(L'Avenir de la science)》(플롱, 1942), 20쪽.

지는 시대에는 이성은 경험을 벗어날 것이고, 그러면 경험이 이성을 초월하여 해석을 내린다. 즉 경험이 상수가 아니라 정신의 풍요를 만드는 어떤 다른 것이 되면 경험이 곧 이성의 선(先)존재다. "경험은 인간이 추론을 해야만 유익해진다."라고 누군가(마이에르슨) 말했다. 이에 못지않게 공정한 말이 또 있다. "만약 우리가 주어와 속사(屬詞), 원인과 효과를 통합시키도록 조직되어 있는 것이 아니라면 우리는 경험으로부터 아무것도 배우지 못할 것이다."[77] 만약 경험이 우리가 행하는 그대로 이성의 실패를 증명하겠다면 경험은 이성을 사용하여 그렇게 할 것이고 대번에 그렇게 한 모든 증거를 부수어 버릴 것이다. 르누비에는 심각하게 이렇게 말했다. 이성은 이성이 정당하다는 것을 이성으로는 결코 증명하지 못할 것이다. 이성은 더 나아가 이성이 오류란 것도 증명하지 못할 것이다. 그러나 우리가 여기서 주목하는 것은 어떠한 절대 가치도 인정하지 않는 현대 지식인의 격정이다. 그러한 가치를 촉구하는 것이야말로 그의 직분이다. 그런데 그는 재속 성직자가 원하듯 오직 선동할 뜻에서 그러한 가치를 원한다.[78]

지식인들과 공산주의 이데올로기

변증법적 유물론을 채택한 다른 운동을 특히 지적하겠다. 지식인들이 변증법적 유물론을 근거로 공산주의 이데올로기에 가담하면서 자신들의 존재 이유였던 가르침을 배반하고 있다.

---

77 알베르트 랑게,《유물론의 역사(Hitoire du matérialisme)》, II, 52쪽.
78 노트 4를 보라.

1946년 판 서문

a) 그들이 채택한 이데올로기는, 시간과 장소를 넘어 언제까지나 동일한 정의에 대한 추상적 관념을 거부한다. 그들은 뭇 사회적 양식(mode)이, 우리 생각에는 아주 위태롭고 해로운 것까지 포함하여 각 시대에 정의였기를 원한다. 그들은 우리에게 정의란, 정신이 추상 속에서 주조하는 관념이 아니며[79] 결정된 경제 상태에 관련해서만 의미를 갖는, 따라서 변화하는 관념이라고 말한다. 특정한 체제의 승리를 목적으로 하는 이들로서는 고도의 인간 도덕의 생산물이 체제의 반영이기만 바라고 그들에 적대할 것 같은 관념성은 거부하는 것이 당연하다. 그러나 지식인의 직무는 바로 이 관념성을 선포하는 것이며, 인간의 물적 욕구와 그 욕구의 충족이 어떤 상황에서 전개되는가만 보려는 이들에 반대하는 것이다. 이 유물론을 승인하는 것은 인간의 관능에 대한 항의 기관이 결여되어 있다는 보증이다. 그들은 구현하는 존재여야 했고 그것이 문명을 위한 기초적 필수를 이루고 있었다.

적수는 '현실주의' 고지에서 판정을 내리고 만족할 것이다. 그러나 정의 관념의 관념성은 그런 형이상학 공리가 아니다. 나부코도노소르가 코뚜레를 꿰어 칼데아 도로에서 끌고 갔던 사람들*, 중세의 영주가 처자식을 떼어내고 노새에 끌어맸던 불운한 이, 콜베르가 평생 동안 갤리선에 묶어 놓았던 젊은이는 분명 상대방이 영원한 — 정태적 — 정의를 어겼다고 느꼈다. 시대의 경제 상태를 고려하면 자기들의 운명이 정당하다고 느끼지

---

[79] 우리의 '현실주의자들'은 기꺼이 '유행하는' 관념이라고 한다. 마치 모든 이상이 상황으로부터 독립하기를 바라는 듯, 상황에 의해 결정되지 않는 한 '유행하는' 이상이 아니라 하는 듯이.

*기원전 605년부터 43년간을 통치한 바빌로니아의 나부코도노소르 왕은 예루살렘을 파괴했으며 유대인들을 포로로 만들어 바빌로니아에 끌고 간 것으로 알려져 있다.

않았다. 나는, 역사 발전을 광신하는 자들의 지적과는 달리 그들의 정의의 개념화는 '역사보다 빨리 나아갔다'는 생각이다. 인간 의식이 출현하자마자 그 의식과 일심동체였던 것은 의식을 짓밟는 사실에 맞서 봉기했다는 것이다.(억압받는 자들의 영원한 저항을 보라.) 억압자들은 그와 다름없이 뭇 시대와 뭇 장소의 이름으로 그들의 억압 행위가 정당화된다고 주장하였다. 하지만 그들이 '상황에 따른' 정의를 발견한 것은 아주 최근이다. 진화론자는 체념해야 한다. 추상 정의 관념은 원인 관념이나 동일성 원리와 다름없이 '인간'에게 주어진 것이다.

이 점에 관해 저 유명한 《도덕과 종교의 두 원천》 이후 지식계가 온통 찬양하는 '역동적' 도덕이 의미하는 것을 생각해보자. 예를 들어 정의 같은 안정된 이상에 헌신한 결과 나타나는 인간 존재의 역동성인가? 그렇다면 우리 모두 역동적 도덕에 가담한 이들이다. (또한 이상의 — 플라톤주의 — 정태적 수용은 동적인 것과 마찬가지의 도덕 가치를 지닌 것으로 보인다. 관조는 행동과 마찬가지이다. 우리 생각에는 선동하지 않는 믿음이 대단히 진지한 믿음이다. 《예수 닮기》의 저자가 가진 신념이나 은자 베드로의 신념이 그렇듯이.) 혹은 그도 아니라면 저자의 철학이 온통 그렇다고 믿어버리기 쉽듯이, 고정을 모르고 '영원한 생성' 속에서 운동하는 이상의 도덕, 그것을 말하는가? 바꿔 말하면 역동적 도덕의 가치는 결정된 목표를 향해 나아가는 행동 속에 있는가? 아니면 목적의 성질과는 관계없는, 아마 목적이 없는 동력 자체에 있는가? 앞서 '열린' 합리주의처럼 그들의 '열린' 도덕에 우리는 의문을 갖게 된다. 뼈대가 되는 원리를 간직하면서 '열어야' 하는 것인지, 혹은 원리들이 부러질 정도로 열어젖혀야 하는 것인지. 그것은 다시 절대 도덕의 부정일 텐데, 지식인의 소임은 그것을 포

교하는 것이다.[80]

b) 상황에 따라 진실이 결정되기를 바라는 이데올로기를 선택하게 되면, 어제 사실이라고 했지만 오늘 다른 말이 필요한 상황이 왔을 때 어제의 단언에 묶여 있지 않는다. 스탈린의 5개년 계획에 관한 담화에서 이 입장이 공식 선언된 것을 본다. 그 담화는 모순된 것을 '중차대한 가치'이자 '투쟁의 도구'라고 옹호했다. 레닌의 위대한 강점 가운데 하나는 그전에 사실이라고 설교했던 것에 스스로 포로가 되지 않는 적응력이었다고, 레닌 역사가 중 한 사람인 마르크 비시냐크(Marc Vichiniac)는 단언했다.[81] 이 점에서도 실용적 목표를 추구하려는 사람들은 성공에 필요하면 어제 지시한 것을 곧 부인하겠다는 태세로 직무를 수행한다. 무솔리니가 한 유명한 말이 있다. "일관성이라는 지명적 함정을 무시합시다." 자신들이 예측할 수 없던 조류의 한 복판에서 업적을 추구하려는 사람은 모두 인준할 말이다. 현실주의자라면 누구나 속해 있는 습속을 전체주의자들 스스로 인정하는 것뿐이다. 전쟁이 일어나기 얼마 전에 영국의 한 장관이[82] 이렇게 선언했다. "우리는 우리의 약속을 지킬 것이지만, 그러나 세계가 정태적이지 않다는 것을 기억할 것이다." 이 말은 상황이 달라지면 그것을 지킨다는 것을 유보하겠다는 의미를 띤 것으로 해석된다. 사실 얼마나 많은 정신적 인

---

80 이 두 번째의 입장은 본질적으로 독일적이라고 어느 독일인이 수긍했으며 그 이유는 그것을 찬양하기 위해서였다. 그렇지만 나는 나의 많은 동향인들이 한 사람이 동정심에서 쓴 다음과 같은 판단에 가담할 것이 우려된다.(불랑제,《프랑스인의 피(Le Sang français)》(드노엘, 1944.), 334쪽.) "슈펭글러는 '서구의 몰락'의 원인은 1918년 독일의 패배라는 단 하나의 원인이라고 설명했다. 독일인만이 문화를 가졌고 그것은 **역동적인** 관념이었다. 다른 민족들, 특히 프랑스는 문명으로 축소되었으며 그것은 **정태적**이다. 문명은 얼어붙고 뼈만 남고 죽어가는 문화이다. 그러므로 독일의 부활은 서구 부활의 조건이다."

81 그러한 사례는 NEP(신경제정책).

82 사무엘 호어 경.

간이 기회만 노리고 상황만 진실이라고 받아들이는 오염된 철학에 굽히고 있는가. 나는 그들이야말로 자기들 부류의 헌장을 찢어버리고 말소한다고 공언하는 것이 아닌지 의문스럽다.

c) 개인 인격의 자유를 폐지하는 체제에 가담하는 것이다. 다른 사회(프롤레타리아 독재)를 세우고자 하는 체제의 편에서 보면 폐지가 현명한 일이다. 내가 앞서 말했듯이, 자유는 아주 부정적인 가치이므로 그것을 가지고는 우리는 아무것도 건설하지 못한다. 공산주의가 자유를 준다는 것을 과시하는 주장들은 이나 저나 허울 좋은 것이다. 그 위대한 지도자들은 확실히 그에 속지 않는다. 어떤 이는[83] 이렇게 선언했다. "미래를 향해 진군하는 자에게(공산주의자라는 뜻) 자유는 신조이며 창안이다." 마치 미래를 향해 진군하지 않는 사람에게 자유를 줄 것인지 아닌지는 생각할 것도 없다는 듯이, 그리고 그런 사람에게 자유는 신조도 창안도 아니라는 듯이. 다른 이들은 이렇게 설명한다. 우리들의 우연한 개체의 행사를 포기하고 세상에 필요한 진화에 동참하는 것이 진정한 자유다. 범신론의 자유이고, 스피노자와 헤겔(체제를 소중히 여기는 철학자들)의 자유다. 거기서는 '개체의 환상'에서 해방되고 무한 실체의 발전 속에 편입된 개체가 더 이상 그의 의지에 따르는 운동력을 갖지 않는다. 다시 말해 온 세상이 자유라고 하는 것이 부정된다. 또 다른 이들은, 시간이 가고 적절한 교육을 받으면 체제가 자유 편으로 끌리고 사람은 더 이상 다른 체제를 구상하지 않을 것이고 따라서, 반대하는 심정이 일어나지 않을 것이라고 한다. 자유란 정확히 여러 개의 가능성을 상정하는 정신력이고 그중에서 하

---

83 로제 가로디 씨.

1946년 판 서문

나를 고르는 선택의 자유인데, 이들은 마치 그렇지 않다는 듯하다. 체제는 한층 현명하다. 자유를 주지 않으면서 말로 자유를 주기를 주장하고 대중에게 미치는 말의 효과는 여전히 상당하기 때문에 대중이 말의 혜택을 입도록 한다. 이 모든 것은 목적이라는 주권 외에 다른 법은 인정하지 않고 세속적인 것을 달성하려는 사람들 편에서만 정당할 뿐이다. 그러나 그런 체제에 가담한 지식인들은 그것이 자유의 부정이라는 것, 아니면 어느 날 자유를 복귀시키려면 정신의 고유 형태를 파괴한 다음이라야 한다는 것을 잘 알고 있었다. 그건 그들의 현대적 개종의 놀라운 양상이다.

d) 사고력이 체제에 봉사할 때에만 그 사고력을 기리고, 그렇지 않고 사고력이 저 혼자 움직이는 데 만족해 있으면 비난하는 체제를 후원하기 — "공산주의적 인본주의에는 사변적 관념론보다 더 위험한 적(敵)이 없다." 라고 마르크스는 말했다. 그러나 그 어느 때든 지식인의 율법은 초연한 사고에 최상의 지위를 부여하는 것이었고, 그 사고란 그에 내포된 실질적 결과를 조금도 고려하지 않는 것이다. 지나친 점도 없지 않지만, 천문학자가 항해에 종사하면 추락하는 것이라고 가르치는 플라톤으로부터 역사학 방법론의 아름다움은 아무것에도 종사하지 않는 데 있다고 선언하는 퓌스텔 드 쿨랑주까지 그러했다. 과학이 본질적으로 사람들에게 보다 많은 도덕성을 가져다주기를 바란 이들은 명백한 배교자들이다.(폴 랑주뱅, 알베르 바이예,《과학의 도덕(La Morale de la science)》) 반면 진정한 지식인들은 언제나 과학의 도덕성은 그 방법에 있다고 생각해 왔다. 과학의 방법은 우리 자신을 끊임없이 감시하고 유혹적인 전망은 계속 포기하고 손쉬운 만족에는 쉬지 않고 투쟁하도록 우리를 구속하기 때문이다. 과학의 방

법은 과학을 하는 이들이 과학을 사용하기 즉 그들의 도덕성에 따라 (예를 들면, 원자폭탄) 자유의 증진이냐 아니면 참상의 증대냐가 되는 것이 아니다. 과학은 그에 관해 아무런 책임이 없다.

e) 마지막으로, 그들은 인간의 지적 생산물이 오직 특정한 경제 조건의 결과라는 철학을 공인한다. 이 점에서 다시 한 번 특정 경제 체제가 승리하는 날에는 모든 인간 활동, 더구나 가장 고결한, 특히 가장 고결한 활동이 그 체제에 기인하는 것이기를 바람은 당연할 뿐이다. 이는 전투 작전에 해당한다. 이 작전을 지휘하는 자들은 아마 누구보다 먼저 이 작전이 진실과는 상관없다는 신호를 할 것이다. 그럼에도 얼마나 많은 지식인들이 가장 고결한 인간 정신의 실현이 오직 기계적 기원에[84] 따른다 하고 게다가 놀라운 반진실[85]을 명언하는 교리를 찬양하는가. 이는 그들이 지금 실천하고 있는 바로 그것의 분열을 있는 그대로 드러내는 사례이다.

결국 이 장에서 내가 고발한 지식인의 배반은, 실질적인 목적을 추구하는 정치 체제를 채택하면[86] 실질적인 가치를 택할 수밖에 없고, 그 가치들은 바로 그런 이유로 지식인의 것이 아니라는 점에 있다. 지식인이 자신에 계속 충실하면서 채택할 수 있는 유일한 정치 체제는 민주주의이다. 개인적 가치, 정의와 진실이라는 최상의 가치를 갖는 이상 민주주의는 실질적이지 않게 된다.[87]

---

84 우리의 지적 발현에 우리의 경제적 조건 외의 다른 기원을 바라는 것이 정신의 비물질성을 믿는 것이 아니라고 정확히 해야만 하는지.

85 백 가지 중 하나가 되는 증거이다. 만약 우리의 경제 조건이, 마르크스가 바라듯 우리의 형이상학의 개념 형성을 결정짓는다면 똑같은 경제 체제에 묶여 있던 두 사람, 예를 들어 말브랑슈와 스피노자가 어떻게 신인동형주의자와 범신론자라는 정면으로 대립되는 형이상학을 갖게 되었는가.

86 노트 5를 보라.

1946년 판 서문

C. 새로운 방식의 지식인의 배반: '현실 참여', '사랑', '신성함을 지닌 작가', 선과 악의 '상대주의'라는 명분으로 / 결론

지식인들이 현재 그들 직분을 배반하는 태도를 더 지적하겠는데 그중 어떤 것은 새로운 것이다.

1. 저자의 사상이 정확히 정치적·도덕적 '참여'를 의미할 때에만 그 사상에 가치를 부여한다. 아리스토텔레스, 스피노자 같은 이들이 제기한 영원한 차원의 문제가 아니라 우연히 일어난 운동에서 싸우는 현실 참여이고) — 작가는 "현재에 참여해야 한다."(사르트르) — 현재 속에서 현재적이기만 한 입장이며 시대를 넘어 자리 잡으려는 이는 한없이 경멸하는 것이다.[88] ("실존주의"[89] 성명서를 보라.)

---

[87] 이것은 분명 우리의 현실주의자들이 민주주의로 의미하는 방식이 아니다. "소련의 노동자들은 민주주의를 좋아하지 않는다. 그것을 지킬 줄 모르고, 미술 형식처럼 여기는 이들과 같다. 그들은 그것을 투쟁의 수단으로서 좋아한다. 소련에서 민주주의 관념은 거부가 아니라 정복을 의미한다. 민주주의는 투쟁의 목표로 상정되고 평온을 목적으로 하지 않는다."(비신스키, 《콩바》에서 인용, 1946. 5. 16.)

[88] 노동자 해방이라는 운동의 목적을 보아 내가 공산주의 운동에 가담한 지식인을 공격하는 것이 아니라는 것을 정확히 하고자 한다. 이 목적은 정의로운 것이며 지식인은 이 목적을 소원함으로써 전적으로 자기 직분을 수행하고 있다. 내가 그 운동을 공격하는 이유는 그것이 목적에 도달하기 위해 사용하는 수단을 찬미하기 때문이다. 폭력이란 수단은 폭력일 수밖에 없으며 지식인은 종교적이지는 않다 해도 열광이 아니라 비애를 갖고 그것을 받아들여야 하기 때문이다. 내가 더한층 자주 그것을 공격하는 것은 그 운동이 흔히 목적 때문이 아니라 오직 수단 그 자체, 예를 들어 자유의 폐지, 진실에 대한 경멸을 찬양하기 때문이다. 이 점에서 그 운동은 반(反)교권 체계와 같은 가치 체계를 받아들인다.
일반적으로 나는 학자로서 당파에 봉사하고 군중을 향해 그들의 당파적 정념이 과학으로 정당화된다고 주장하는 이는 모두 지식인의 직분을 이반했다고 간주한다. (어느 한쪽만 보자면, 조르주 클로드, 알렉시 카렐) 반면 그들은 과학을 정면으로 위반하지 않아도 과도하게 단순화하면 그렇게 된다는 것을 잘 알고 있다. 나는 이른바 군중(가장 우아한 살롱을 포함하여)에게 그런 언어를 사용하여 불러일으키는 열광적 갈채는 언급도 하지 않겠다. 값싸게 굴면 영예는 실추된다.

[89] 예를 들어보자. "작가는 도망칠 도리가 없다. 우리는 그가 자신의 시대를 꼭 껴안길 바란다. 시대는 그의 하나뿐인 운명이다. 시대는 그를 위해 만들어졌고, 그는 시

이런 입장은 정신적 업적을 새롭게 평가하게 한다. 이렇다면 누군가가 실험심리학이나 로마 행정 분야에 놀라운 관점을 내놓아도 저자가 당대의 싸움에 참여하지 않는 한 들춰보지도 않을 것이다.[90] 반면 진실한 사고력, 심지어 예술성마저 결핍되었어도 저자가 어느 깃발 아래 열렬히 가담하면 그 작품이 수준 높다고 한다. (이 박사들의 잡지에 어떤 책의 목록이 실리는지 보라.) 특히 소설이 이런 평가를 받는다. 벤자민 콩스탕, 발자크, 스탕달, 플로베르처럼 소설이 풍속을 그리고 성격을 연구하고 활동을 묘사하면, 더구나 프루스트처럼 사실 그대로를 그리면, 격이 떨어지는 열등한 장르로 간주한다. '사건 앞에서 입장을 확고히' 하는 저자의 의지가 드러나야 소설이 위대하다는 선포이다. (그 때문에 말로의 소설이 경외심을 일으킨다. 현재의 사건에 마주하고 '무엇보다도 동시대와'[91] 호흡하므로 말로의 작품이 가장 위대한 소설이라고 지지자는 공언한다.) 거리의 싸움판에서 지정석에 앉는 이런 식의 사유 숭배는 지식인이 줄곧 해왔던 사유를

    대를 위해 만들어졌다. 우리는 48년의 나날* 앞에 선 발자크의 무관심, 코뮌(Paris Commune)을 마주한 플로베르의 겁에 질린 몰이해가 유감스럽다. '그들을 위해' 유감스럽다. 그때 그들은 무엇인가를 영영 놓쳐 버렸다. 우리는 우리 시대의 어떤 것도 놓치고 싶지 않다. 아마 더 훌륭한 시대가 있을 수 있겠으나, 이것이 우리의 시대이다. 이 전쟁, 어쩌면 이 혁명 한가운데서도 우리가 겪어야 하는 것은 이 삶뿐이다."(사르트르, 《라르슈(L'Arche)》(1945. 12.) 티에리 모니에가 찬사와 함께 인용함.) 이제 우리는 단호한 이런 모든 교리들에 한결같은 요령이 있는 것을 본다. 그것은, "무슨 수를 써도 작가는 도망갈 수 없으니"(알랭이 늘 쓰는 방법이다.) 같이 밑도 끝도 없는 소리를 둘도 없는 진리인양 서두에 늘어놓는 것이다.

90 그 때문에 현대 프랑스 문학의 특징을 그려내고자 한 나의 작품이 어느 비평가에 의해 거의 흥미 없다는 판정을 받았다. 그 이유는 내가 그 글에서 마르크스도, 엥겔스도, 레닌도 다루지 않았기 때문이다. (L. 부름제르, 《별》, 1946. 1.)

91 소설에 관한 이 새 개념은 《우리들의 영웅의 초상(Portrait de notre héros)》에서 R.-M. 알베레스 씨에 의해 명확하게 드러났다. 우선 저자는 소설이 그것을 쓴 소설가 세대의 선언문이 되기를 원한다. 그는 시사적인 것의 숭배가 어떤 결과일지 인정하는 듯하다. 즉 만약 어떤 작품이 1946년 세대를 정확히 구현한다면, 그 작품은 1960년 세대에서는 관심이 없을 것이며 역사가들만 감동시킬 뿐이다. 그런 자기희생에는 비장함 마저 보인다.

*1814년 2월 혁명 후 제헌왕정이 전복되고 제2공화국이 세워지지만 6월에는 노동자들에 대한 총격이 가해지고 다시 공화국이 엎어진다.

1946년 판 서문

깨끗이 부정한다는 것을 굳이 말할 필요나 있을지?

그리스-라틴 인문 교육을 비난하는 최근 교육자들의 태도도 그와 비슷하다. 그런 교육은 전투, 정확히 사회 전투를 위해 무장한 '남자들'을 양성하기에 부적합하다는 것이다.[92] 이런 입장은 당파의 주도자들 사이에 정착됐는데, 다른 모든 것을 배제하는 위력을 갖고 있다. 내일이라도 일이 벌어지면 당장 팔 걷고 잘 싸우는 투사를 키우는 것이 교육의 목적이란 것은 그와는 다른 원칙을 가진 이들에게는 중죄이다. 이들에게는 정신적 수단과 시대를 초월하는 도덕관념을 갖춘 사람들, 고대 지중해 문명과 거기서 유래하는 문명들을 연구하는 것이 교육의 원칙이다.

'비참여' 사상이라면 단칼에 치는 이들은 자기들이 흔히 절대 부정한다는 학파와 똑같이 십자군을 설교하고 있다는 것을 보지 못한다. 비시의 교육 장관 아벨 보나르는 그의 신도들에게 호된 교서를 보내 포고령을 내렸다. "교육은 중립적이어서는 안 된다. 삶은 중립적이지 않다." 이에 맞서 진정한 지식인들은 삶은 중립적이지 않다고, 그러나 진실은 중립적이라고, 적어도 정치에서 그렇다는 답으로 온갖 현실주의자들의 단합을 내리친다.

사고하는 이의 본질은 참여할 줄 아는 것이라고 못 박게 되면, 다른 모

---

[92] 이 입장은 특히 장 게에노의 《르 피가로》 기고(1945~1946)에서 지지받았다. 다른 이들도 특히 《문학 소식(Nouvelles littéraires)》에서 초연하고 순수하게 사변적인, 인문주의자들의 연구를 추방시킨다. 변증법적 유물론 이론가인 H. 르페브르는 진정 '현대적인' 벨트안샤웅(Weltanschauung, 세계관)을 높이 평가한다.(위의 인용문) 왜냐하면 이 세계관은 그가 "부르주아적 사고의 몰락"이라고 부르는 '추상 사유의 몰락'의 종을 치기 때문이다. 하지만 추상적 사유가 계속 위엄이 있기 때문에 이 학설도 위엄을 포기하지 않는다고 주장한다. 조르주 코니오는 《라 팡세》 4집에서 이렇게 선언한다. "시대의 문제들에 구체적인 해결책을 불러와야 한다면 그것이 사변을 포기하는 것인가? 그렇지 않다. 구체적인 것과 실천적인 것을 강조하면서, 우리들은 지식인이 사고를 해야 한다고 강력하게 환기시켰다. — 현대적 합리주의, 변증법적 유물론, 진보적이고 참된 철학을 언제나 사고해야 한다고, 그것을 사고하고 '자신의 삶의 중심에' 고정시켜야 한다고." 우리는 이 저자가 사유라고 부르는 것이 순전히 실천적 사고 — 비장한 — 라는 것을 알게 된다. 그것은 모두가 사변적 사유라고 부르는 것과는 상관이 없다. 이 모든 선언들이 감정적, 예언적 — 서정적 — 어조임을 알아차리게 된다.

든 덕성을 중요한 덕목에서 배제하고 용기만 남긴다. 그때 용기란 자신이 택한 입장을 위해 죽음을 받아들이는 것이며, 지적인 심지어는 도덕적인 내용은 보지 않는다. 그렇다면 영웅주의가 우세하지 않았을 아리스토텔레스와 데카르트는 정신의 신전에서 초라한 자리를 차지하게 되리라. "목숨을 내놓아야 할 일이라면 잘못도 저지를 준비가 되어 있다"는 말로(A. Malraux)의 우수 인간형에 많은 이들이 경의를 표한다. 그렇다면 히틀러와 그의 도당 안에 들어 있는 그것에 그들이 경의를 표한다는 뜻이다.

참여 사상만을 존중하는 학파에 대한 나의 항의가 '인가받은 영역' 밖으로는 결코 나오지 않는 다른 비참여 학파에 가담하는 것이 아님은 아무도 의심치 않으리라. 그런 것은 전혀 아니다. 도덕적 입장을 논하는 작가는 역사가나 심리학자의 객관적 방식이 아니라 모럴리스트로서 가치 판단의 기록을 남긴다고 생각한다. —《지상의 양식(Nourritures terrestres)》, 《너마저(Numquid et tu)》의 저자가 일기의 여러 페이지에 남긴 글 — 작가는 호사 취미의 설교에 빠지더라도 반드시 분명한 입장을 택해야 하는데, 그런 설교가 도덕면에서 유난히 눈에 띄는 지식인의 배반이다. 내가 비난하는 것은, 도덕적 참여라는 사고만 높이 평가할 뿐 그런 참여가 무엇을 할지를 — 순수한 사변적 사유 — 헐뜯는 이들이다. 그것이 아마 가장 고상한 그러한 활동일 것이다.

2. 사랑의 이름으로 정의의 행동에 대립하는 것이다. (공공연한 배신자들에 대한 우호적인 변론, 확정 범죄에 대해서도 사면을 요구하는 것 — 모리아크와 다른 작가들이 그런 행동을 보인다.) 그것은 지식인 신분에 대한 명백한 배반이다. 사랑이란 특히나 이성이 아니라 가슴의 사령부이기

1946년 판 서문

때문에 지식인의 가치에 위배된다. 사랑의 종교를 믿지만 가슴 깊이 지식인의 신분 감각을 지닌 이들은 가치의 정상에 사랑이 아니라 정의를 두었다. 우리는 앞서 캔터베리 대주교가 "나의 이상은 평화가 아니라 정의이다."라고 말한 것을 보았다. 또 다른 크리스트교의 거물도 말했다. "자선 행사를 하기 전에 언제나 정의를 행해야 한다."[93] 정의를 경멸하고 사랑을 설교하면서 지식인으로 자처하는 이는 다름 아닌 사기꾼이다.

이 예언자들은 더구나 자기들이 '모든 프랑스인의 화해'를 위하고, '민족의 단합'을 창출하고자 사랑을 설교한다고 설명한다. 그런데 지식인들이 민족의 단합을 창출할 일이 없다. 그건 정치가들의 일이다. 지식인들은 정의로운 자들과 정의롭지 않은 자들을 가려내거나 적어도 그러려고 힘써야 한다. 전자를 명예롭게 하고 후자를 고사시킬 뿐이다. 그 때문에 그들은 온 세상을 향해 세계 평화라며 누구나 포용하기를 설교하지 않았다. 그러나 의로운 자들이 세상을 다스리고 또 의롭지 못한 자들에게 함부로 굴지 않기를 소원했다. 다른 면처럼 이 면에서도 그들의 직분은 판단을 내리는 것이다. 황홀한 느낌에 빠지는 것이 아니다.

문제가 된 도덕주의자들 중 한 사람은 의로운 자와 의롭지 못한 자를 구별하는 것은 사랑의 이름으로 거부한다고 분명히 선언했다. "우리가 필요로 했던 것은 벌거벗은 기율이 아니라 사랑의 기율이다. … 크리스트교인이라면 장벽과 난간, 폭발물을 장치하는 것이 중요하지 않다."[94]라고 프랑수아 모리아크는 공포했다. 이 자리에서 주목하자. 가톨릭 신학자들의 규정, 진실과 오류를 집요하게 구분하려는 꾸준한 주의력은 빼어나게도 장

93　말브랑슈,《도덕》, II, 17.
94　본인의 저술,《상론》(갈리마르), 12쪽 및 그 이하를 보라.

벽과 난간에 대한 근심에서 나왔다. 에티오피아 전쟁 시에 우리의 박사는 젊은 에티오피아 소령과 로마 사람 양측 모두 십자가에 입 맞추면서 죽어간 것을 똑같은 사랑으로 감싸 안았다.[95] 전자는 권리의 수호를 위해 쓰러졌지만 후자는 칼과 공격의 희열 속에서 출전한 것을 통 모른 척한 것이다. 사랑이란 것이 이처럼 정신을 혼란시키는 건 보기 드문 일이었다.[96]

이 도덕주의자들은 그들의 고객을 보여주며 우리를 심히 공격한다. "이 범죄자들도 당신들의 사랑을 받을 권리가 있다. 그 까닭은, 그들도 당신들 같은 사람이기 때문이다." 이 말은 지식인들이 인본주의를 어떻게 보는가를 구체적으로 말해 준다. 지식인에 따르면 사람이란 무엇인가? 나는 인간적 특징이란 해부학적 형태에 속한 것이 아니고 도덕적 특징이라고 본다. 우리의 스승은 그러한 입장을 이런 말로 밝혔다. "인간 생명, 뛰어난 생명이란, 모든 동물에 공통된 피의 순환 및 여타 기능이 아니며 이성, 특히 덕과 진정한 삶이라는 의미이다."[97] 이처럼 지식인의 본질이 인간을 생물학적 인종으로 고려하는 것이 아니라면 도덕적 인종임을 인정해야 한다. 즉, 일정한 도덕성으로 올라설 수 있는 집단들과 그럴 능력이 없다고 드러난 집단들 말이다. 아마 여기서 인종이란 말을 쓰는 것은 전혀 공정하지 않을 것이다. 이 하위 집단은 숙명적으로 도덕 수준이 낮아 그 선을 뛰어넘는 것이 아예 불가능하다는 증거는 아무것도 없기 때문이다. 그럼에도 불구하고 인구에 회자되는 그런 민족에서의 깊은 힘에 대한 숭배, 이 숭

---

95 위의 책, 208쪽을 보라.
96 범죄자를 형벌에 처하면 신성한 것을 영광되게 한다고 믿은 고대의 신도들이 다른 도덕적 자세를 가질 수 있었겠는가. 클라우디누스가 이를 멋지게 표현했다. "추악한 루피누스의 형벌은 하늘의 죄를 사하게 된다. 신은 용서받았다."(Abstulit hunc tandem Rufini poena tumultum. Absovitique deos.)
97 스피노자, 《정치 논고(Tractatus Politicus)》, V.

1946년 판 서문

배에 대한 집요함, 가끔은 무의식적인 천진함은 그렇다는 것을 기꺼이 믿게 한다.

또 다른 지식인들(J. 폴랑, R. 랄루)은 명백한 배신자들(베로, 모라스, 브라지야크)을 위해 재판을 중단할 것을 '오류의 권리'라는 명분으로 요구한다. 이는 격심한 혼란이다. 그것만으로도 이미 이른바 지식인이라고 하는 이들의 배반이 아닌가 묻게 된다.

오류란 하나의 사실에 대한 잘못된 언명이다. 해가 서쪽에서 뜬다거나, 수은이 섭씨 20도에서 끓어오른다고 하는 것이다. 모라스와 동류인 이들의 입장은 그와는 아주 다르며 이렇게 성립된다. "우리는 민주주의를 미워한다. 모든 수단을 다해 그것을 파괴하려 할(유명한 텍스트이다) 것이다." 그 수단 가운데 드러내놓고 인정된 것이 배반이다. 악시옹 프랑세즈의 지도자는 만약 방데가 국민공회를 살해했더라면* 박수갈채를 받았으리라는 책을 냈다. 이 지도자의 진영에 속한 어느 참모는 전쟁이 일어나는 경우 자기는 민주주의의 파멸을 돕기 위해 적에게 넘어갈 것이라고 예고한 바 있다.[98] 그런데 이러한 입장은 하나의 '오류'가 아니다. 그것은 가치 체계의 이름으로 사전 살해를 계획하는 것이고, 어느 날인가는 집행도 하려는 것이다.[99]

하지만 나는 작가라면 도덕적 신념에 따라 자신의 국가에 전쟁을 선포할 권리가 있고도 남는다고 믿는다. 더 나아가 작가가 이 신념을 틀어막

---
98 《NRF(Nouvelle Revue Française, 프랑스 신평론)》, 1937. 9.
99 나는 민주주의에 대한 증오를 **과학**에 근거하게 하려는 모라스의 주장은 무시할 수 있다고 본다. 그 위에 그의 반민주주의가 샤를 브누아, 에티엔 라미의 경우처럼 지적인 데 그치고 협박과 행동으로 옮겨지지 않았다면, 사람들이 그를 괴롭히는 것을 우리가 누구보다 먼저 비난했을 것이다.

*프랑스 서부의 방데 지방은 1792년 혁명의 와중에서 반혁명 운동을 일으켰으며 국민공회의 군대는 방데 봉기를 가차 없이 진압했다.

고 국가의 이해밖에 보지 못하면 저열한 순응주의자가 되고 충분히 지식인의 배반에 든다고 본다. 하지만 그 사람은 자신에게 닥치는 결과도 받아들여야 한다고 생각한다. 국가는 그 사람이 위험하다고 판단하면 그에게 독약을 마시게 할 것이다.[100] 온전한 지식인인 소크라테스가 탄복했던 것이 그것이다. 소크라테스는 심지어 기존 질서가 내리는 판결에 대해 자신을 변호하지도 않았다. 그는 기존 질서가, 질서의 기초를 전복하면 이렇게 한다고 가르치는 것이라면, 그것이 적법하다고 판단했던 것이다. 그런데 지금 문제가 된 변호인들은 작가가 국가를 칼로 찌르고 그것을 고백한다 해도 법정은 그에게 유리한 판결을 내려야 한다고 생각하는 듯하다. 그들의 이유는 두 부류이다.

한 편에서는 사회가 '사상'[101]을 구원하려면 그럴 필요가 있다고 간청한다. 그런데 지식인의 가치에 서열을 매기자면 사상 위에 정의를 놓아야 하고 뉴턴이나 아인슈타인의 사상이라도 마찬가지이다. 사상이 유죄인 경우에는 원칙이 아니라 예외법으로 구원을 무릅써야 한다. 더 나아가 인쇄된 것이 모두 사상이라고 한들, 모라스나 브라지야크 같은 이들이 사라진다고 사상이 손실을 입을 것은 없다. 그렇지만 로베르 우댕*이 요정이나 단순한 문학 재능을 부리듯 괴변의 요술 재주를 사상으로 간주해서도 안 될 것이다.

---

100 그리고 여기서 국가는 유일한 재판관이다. 나는 드레퓌스 사건 때 정의의 투사들의 입을 틀어막는 것이 정당하다는 판결이 났다면, 이 투사들은 그들의 면전에 경멸을 내뱉는 것 외에는 달리 할 말이 없었다고 생각한다. 국가는, 민주주의 국가라도, 그것이 **국가인 한 실천적 존재이다.** 그러므로 국가는 잠재적으로나 원리상, 이상적 가치들의 억압을 내포한다. 여기서 나는 로맹 롤랑에 십분 동의한다. "모든 국가는 악취를 풍긴다."

101 르네 랄루, 《가브로슈(Gavroche)**》(1945. 3. 8.)

*Robert Houdin, 1805~1871, 19세기의 저명한 프랑스 마술사
**위고의 《레미제라블》에 나오는 인물. 파리의 방랑아를 뜻함.

또 다른 이들은[102] 문학적 재능이 최상의 미덕이고 그 후광은 모두 신에게 돌려져야 한다고 보는 것 같다. 그들은 전에 명백한 변절자의 은총을 — 그가 "우리의 오랜 골(Gaule)인의 맥박"(모리아크)을 구현했기 때문에 — 우리에게 요구했고 또 받아 냈던 그 도덕주의자들이다. 그 특징을 《비잔틴 프랑스》의 역사가는 빠뜨렸던 것 같다.

사랑의 설교사들은 그들의 이상을 정치에다 실현하는 것이 민주주의라고 제시하고 송가를 낭송한다. "민주주의는 크리스트교와 맺어져 있고, 민주주의의 성장은 복음의 영감이 지상에서 실현되듯 인간사 안에서 부상한 것이다."[103] 다른 표현들도 있다. "민주주의는 복음의 본질에 속한다. 그 본질이 사랑이기 때문이다."[104] "민주주의는 열광과 정념, 자생적인 역동성, 대부분 교육받지 않은 대중의 출현을 내포하고 그 때문에 지적이라기보다 본능이다." "아마도 민주주의는 마지막까지 파고들면 인민 대중을 접합시키는 생명 바로 그것이리라."[105] 민주주의를 이렇게 규정하면 자연히 민주주의를 열광적인 감상성의 본거지로 보게 만들어, 정의와 이성을 지상의 가치로 삼는 모든 사람을 등 돌리게 한다. 이는 그런 저자들이 가슴의 열광을 근거로 판단을 내리는 형태의 정신을 가졌음을 알려 준다. 그러므로 지식인의 체제와는 전혀 낯선 것이다.

3. 모든 사람이 굴복해야 하는 우수한 도덕은 존재하지 않는다는 공언, 특히 국제관계에 있어서는 각 민족의 고유하고 특정한 도덕이 있고 이웃

---

102 장 폴랑 같다. 폴 발레리가 브라지야크의 글에 대해 우호적으로 쓴 것을 보라.
103 J. 마리탱, 《크리스트교와 민주주의(Christianisme et Démocratie)》, 35쪽.
104 베르그송, 《도덕과 종교의 두 원천(Les deux sources de la morale et de la religion)》, 304쪽.
105 장 라크루아, 《에스프리》(1946. 3.)

나라의 도덕과 똑같은 가치를 갖는다는 공언, 그래서 이웃 나라들은 그것을 이해해야 하고 또 그에 적응해야 한다는 공언. 이 테제는 수년 전 어느 프랑스 박사에 의해 동향인들에게 명백히 설파된 바 있다. 그가 독일을 주제로 설명한 바는 다음과 같다.

독일인의 신의는 각별하다. … 말하자면 봉건적 성격으로 인간 대 인간의 끈이고, 개인적 충실성이다. 이 신의는 친구, 동료를 배반하지 않는 것으로 이루어진다. 하지만 적에게는 통하지 않는다. 이러한 신의로는 계약과 서명은 우스운 것이다. 친구의 일이라면 계약은 필요 없다. 계약보다 더 구속력 있는 것이 살아 있는 우정이며 동료의 존경과 신임을 지키려는 욕망이다. 한마디로 여러분이 봉건적 관점에서 명예심이라고 부르는 것이다. 적에 관해서라면 계약은 헛짓이다. 적에게는 무슨 짓이든 허용된다. 그가 비열하다는 데 다들 동의한다. 할 수만 있으면 당신들이 지켜야만 했던 의무에서 풀려나려 힘쓴다. 간계를 부리고 속임수를 쓴다. 그것은 명예를 더럽히는 것이 아니다. 거의 의무이다. 그런데 우리는 그것을 독일인의 못된 신의라고 부른다.[106]

달리 말하면 독일인의 신의는 아파치의 신의이다. 그들 아파치 역시 동료를 배반하지 않으려는 약속을 지키고 명예의 규약을 갖고 있으며, 적과의 계약은 조롱한다. 그것은 약속을 지킨다는 신의보다 열등한 것이 아니다. 다만 다르다. 그것을 이해하도록 하자.

부정의를 그럴만한 하나의 도덕으로 받아들이고 그것과 양해하도록 힘써 보라고 의로운 자에게 내리는 이 명령이야말로 가장 냉소적인 지식인의

---

106 줄 로맹, 《프랑스-독일 커플(Le Couple France-Allemagne)》, 52쪽.

1946년 판 서문

배반이 아닐지, 그것은 독자들이 판단하리라. 확실히 이렇게 가르치는 흥행사는 지식인이란 없다고 항변한다. 나는 의심스러웠다. 그러나 그의 청취자들은 그렇다고 여긴다. 내가 말하는 건 사상가이지 정치 접골사가 아니다. 중요한 것은 그들이 그의 말을 믿는 것이다. 그가 이 혼란을 걷어내면 좋겠다.

지식인은 수치스럽게도 자기 의무를 배반하고 파시즘의 승리가 도래하자 정의가 아닌 것을 받아들였다. 왜냐하면 그것이 '하나의 사실'이었거나, 아니면 기껏해야 모든 관념성 중에서 가장 경멸 받는 철학적 아첨꾼 노릇을 했기 때문이다. 그러고는 이 순간에 그것이 '역사의 의지'를 구현하기 때문이라고 공언했다. 지식인의 법은, 정의롭지 못한 것이 주인이 되어 온 세상이 무릎 꿇을 때 여전히 꼿꼿이 서서 인간의 양심을 그에 대결시키는 것이다. 그러한 제노 속에서 사람들이 경의를 표하는 것은 카이사르 앞의 카토이며 나폴레옹 앞에 선 크리스트의 부사제이다.*

이상이 이 책의 재간행 이후 특히 프랑스에서 나타난 새로운 지식인의 배반의 중요한 모습이다. 그런 원인들을 찾는다면 하나의 원인으로 돌아가는 것 같다. 그건 바레스와 모라스의 배반을 일으켰던 원인이다. 소크라테스가 모든 배반 지식인의 후원자, 소피스트들에게 그들 철학의 토대가 감각적인 것에 대한 갈증이라고 통지한 바였다. 사실 지식인은 질서 이념을 설파하고 그 안에 지배 이념이든, 미학적 재현 이념이든 포용하거나 세상의 역동성과 공감하기를 원한다. 다시 말해 운명적이고 거역할 수 없는

---

*교황을 가리킨다. 프랑스 혁명기의 반교회 시기를 지나 나폴레옹은 1801년 교황과 협약을 체결했다.

힘에 통합되기를 원하는 것이다. 순수성을 더럽히는 반작용은 모르고 순수하게 소원하고 순수하게 행동하는 감정을 느끼려는 것이다. 그는 정치 당파의 궤변을 믿고 지적 교사 노릇을 하기로 한다. 그래서 공공의 역할로 기쁨을 맛보기로 한다. 또 자신이 대중이 흥분하는 대상이 되는 것을 받아들인다. 오직 행동하기만을 원하고 전사(戰士)의 영혼을 지니고 이 순간의 싸움에서 전투에 임하는 태세, 혹은 오직 사랑, 가슴의 감미로움, 즉 정신의 엄한 법은 폐지한 사랑일 뿐이다. 또는 명백하지만 인민을 어지럽히는 반대를 부정하고 선동적인 감정에 접근한다. 이 모든 길을 통해 지식인은 그 감각을 느끼려 몰려가고 그의 율법인 정신적 금욕주의와 결별한다. 이런 현상이 빚어내는 결과는 그 계급의 태도로부터 예상되었던 바이다. 그 계급은 전에는 사람들에게 정의와 이성의 이름으로 자기 이익을 초월하는 가치를 존중하도록 고취했다. 그런데 지금은 바로 그들에게 이 관념들은 사회의 계서적 관념 앞에서 물러서야 한다고, 행동이나 사랑 같이 본질적으로 곤란한 가치들 앞에서 물러서야 한다고 가르친다. 혹은 그것들이 존재하더라도 절대적인 것이 아니고 수시로 변하는 물적 조건에 따라 달라진다고 가르친다. 그로부터 인류는 일체의 도덕적 지표가 없어진 채 정념의 영역 속에서, 그것의 규정 조건인 모순 안에서만 살고 있을 뿐이다. 이건 그리 새롭지도 않다. 하지만 우리의 새로운 지식인들의 설교 덕분에 의식과 자부심은 빼앗겼다.

1946년 5월

1946년 판 서문의 노트

노트 1

뮌헨 항복의 수락은 프랑스가 승리하는 경우 권위주의 체제의 붕괴를 우려했던 것임이 티에리 모니에의 선언으로 공식적으로 표명되었다.(《콩바》, 1938. 11.) "우파 정당들이 운위하는 민족의 안위, 민족의 위신은 낯간지럽지만, 그들이 전쟁을 혐오하는 것은 분명하며 더구나 감정적이라 해도 독일에 대해서는 매우 적대적이다. 그렇게 전쟁을 혐오하는 이유는 전쟁이 발발하는 경우 피해가 막심할 것이며 프랑스가 패배하고 황폐해지리란 것만이 아니다. 그보다 독일이 패배하면 공산주의 혁명의 주된 방패막이인 권위주의 체제가 무너지리란 점이고, 그러면 아마도 유럽이 곧 볼셰비키화 되리라는 예감이었다. 다른 말로 하면, 만약 프랑스가 패배한다면 그건 프랑스의 패배로 끝날 것이었다. 하지만 프랑스가 승리하는 경우 그건 프랑스의 승리이기보다 곧 프랑스의 멸망, 문명 자체의 멸망으로 나아가는 원칙의 승리라는 것이었다." 이 글을 작성한 이 박사는 1938년, 나치 혁명의 정신적 지도자 묄러 판 덴 브룩크(Möller van den Bruck)의 《제3제국(Das Dritte Reich)》의 서문에서 이렇게 쓰고 있다. "그저 조용히 프랑스 평화주의자보다 독일의 국가사회주의자를 잘 이해할 수 있고 더 가깝게 느낀다는 말을 하는 것이 시의적절해 보인다." 궁금한 것은 글쓴이의 생각은 분명한데 왜 대놓고 프랑스 민주주의자라고 말하지 않을까 하는 점이다. 더구나 1938년의 프랑스 평화주의자들은 독일 국가사회주의자들과 손잡기만 바라고 있었다.

노트 2

민주주의는 본질상 균형의 관념 위에 수립된다는 것은 케임브리지의 저명한 교수 서 어니스트 바커의 소책자에서 뚜렷이 나타난다. 《영국 의회 체계(Le système parlementaire anglais)》의 저자는 대의제가 네 개의 커다란 기둥으로 구성되어 있다는 것을 지적한다. 그것들은 선거인단, 정당들, 하나의 의회, 하나의 내각이며, 민주주의의 원활한 기능은 이 네 개 권력의 균형으로 이루어진다. 만약 넷 중 하나가 다른 것을 희생시키기 시작하면 체계의 밑둥이 무너진다. 민주주의의 기제는 복잡한 것을 알 수 있다. 또 그러므로 근본적으로 한 부류는 명령하고 다른 편들은 복종만 하는 체제보다 인간의 진화에 따라 나타난 체제라고 볼 수 있다.

노트 3
'전체주의' 국가에 대하여.

우리는 나아가 그 체제를 전체주의라고 부를 수 있는데(한 가지 뜻만 가진 말은 아니다) 인간의 총체가 국가에 속하기를 강요하는 점에서 그렇다. 반면 민주주의 국가에서는 납세와 국방의 의무를 이행하기만 한다면 시민은 자신의 거의 모든 것을 마음대로 처분할 수 있는 자유를 누린다. 그 자유가 자신의 파괴에 사용되지 않는다는 것만이 조건이다. 그 자유는 자녀 교육, 종교 예배의 자유, 비순응적인 철학 집단, 심지어 그런 정치 집단에 가담하는 것이다. 어쩌면 개인에게 맡겨진 이 자유는 민주주의 국가의 큰 취약점이지만 이 국가는 더 강해져야 한다는 이상이 없다. 한편 전체주의 체계는 새로운 것이 아니다. 《플루타르크》에 나온다. "스파르타는 자기 마음대로 살 개인적 권리를 누구에게도 주지 않았다. 도시는 병영 같았고 법규에 의해 강제된 삶을 살았다."(《리쿠르고스의 삶》) 시민들이 "점령지의 상비군과 같은" 국가에서는 당연한 일이라고 아리스토텔레스는 말한다.(《정치학》II, 7) 스파르타의 사례는 다시 한 번 질서이념이 전쟁이념과 얼마나 깊이 맺어진 것인지 보여 준다.

노트 4

이성은 사실은 경험 그리고 경험의 부침을 깊이 추종한다. 그러나 이성은 경험을 이성적인 것으로 만들면서 그에 동화한다. 이성은 이렇게 공언한다.

내가 상황에 복종하는 것이 아니라 상황이 나에게 복종하도록 하는 노력.

(Et mihi res, non me rebus submittere conor.)

그런데 역동론자들은 이성의 성질이 — 방법이 아니라 성질이 — 대상에 따라 변하는 것이라 한다. 이는 이성을 부정하는 것이다.

아무리 세월이 가도 우리의 인지 능력은 불변이란 것을 모르는 자들이 우리를 꼼짝 못하게 하려는 논거는 바로 오늘날 시공간에 대한 과학의 언명이다. 브륀슈비크가 환희에 차서 말한다. "인간 지식의 변화를 주의 깊게 비판하려면 시간과 공간을 동질적이고 고정된 외관으로부터 해방시켜야 한다."(《합리주의 방향성》, 위의 책에서 인용, 333쪽.) 루이 드 브롤리는 이렇게 응답한다. "관찰과 실험 결과는 당시 시공간의 언어로 기술된다. 그렇다면 달리 생각할 수 있다는 것이 참으로 어려운 것 같다."(《현대 물리학에서의 연속과 불연속(Continu et Discontinu en physique moderne)》, 100쪽.) 신물리학이 일으키는 공황 상태는 다른 학자보다 일부 철학자들에게서 드러난다. 문학인들이 흔히 보이는 모습과 아주 흡사하며 이는 특기할 일이다.

노트 5

이 장에서 내가 비난하는 지식인의 배반은 실질적 목적을 추구하는 정치 체제의 채택에 기인한다.

그들 중 한 사람이 분명하게 그것을 선언한다. "우리는 지식인의 소임이 상부에서 이념 투쟁을 지도하는 데 있다고 생각하지 않는다. 정치집단의 내부에 있을지언정 형제애로 묶인 동지들과 어깨를 맞대고 더 나은 세상을 만드는데 실제로 참여하는 것이라고 생각한다."라고 르네 모블랑은 언명한다.(위의 인용, 《라 팡세》) 우리는 묻고 싶다. 만약 목전의 요구에 따른 것이 아니라 영원한 가치의 이름으로 판단하기를 호소한다면, 그러면 누가 "이념 투쟁을 상부에서 지도할 것인가?" 위의 저자는 우리나 다름없이 그러한 기능이 문명에 필요한 것으로 간주한다. 이런 지식인의 기능이 문명적인 것에 필요하다는 것은 다음 간행물도 인정하지만 우리 생각과는 거리가 멀다.(《콩바》, 1945. 4. 11.) "다만 잣대를 들고 편의주의를 재단하는데 그치고 싶지 않다면 일반 원칙에 푹 기대야 할 것이다. 그것은 이론적 고찰을 통해서만 부과될 뿐이다."

1946년 판 부록: 지식인의 직분에 따르는 가치들

지식인(성직으로서)이 지닌 가치라는 말로 내가 무엇을 가리키는지 다음 몇 페이지에 정확히 하여 독자들의 바람에 부응하고자 한다.

지식인이 지닌 가치들의 원리는 정의, 진실, 이성인데, 다음의 세 가지 특징을 갖는다.

정태적이다.

무사 무익하다.

합리적이다.

A. 지식인이 지닌 가치들은 정태적이다.

이 말은 지식인의 가치는 상황, 시간, 장소, 또는 현실에 따르는 것들이 아무리 다양해도 흔들리지 않는다는 것이다. 추상적 가치란 바로 이 뜻으로, 그건 추상적 정의, 추상적 진실, 추상적 이성이다.[1] 지식인은 그것을 기림으로써 인간의 가치를 부단한 상황 변화에 매어 놓는 것밖에 모르는 이들에게 제동을 건다. 그것은 인간의 도덕적 태도 안에 항상 간직되어야 할 요소이고, 그것이 없다면 인간의 도덕은 흩어지고 미치게 될 것이다.

---

1 나는 여기에 추상적 아름다움을 기꺼이 추가하겠다. 그것은 만티네이아의 외국인 여성이 소크라테스를 빌려 하는 말이다. 그 여성은 결코 "어떤 때는 아름답고 다른 때는 아름답지 않다."라고 하지 않는다.

추상적 발상에서 나온 이 추상적 가치들은 어떤 이들이 주장하듯 형이상학자들이 인간 의식에 실없이 일으킨 관념이 아니다. 관념과 인간 의식은 동형 동체이므로 어느 하나를 갖는 순간 다른 하나도 갖게 된다. 앞에서(이 책 67쪽) 추상적 정의라는 관념으로 이를 설명했다고 생각한다. 추상적 진실의 관념도 이와 같아서 우리는 어떤 언명이 사실과 부합하기 때문에 그 언명을 참이라고 하는 것이다. 그것은 언제나 같은 관념이다. 더구나 가장 낮은 인간들에게서도[2] 이는 대체로 분명하고 본질적으로 변화에 관련된 특수 진실과 완전히 구별된다. 만약 우리가 근원적이고 불변하는 이성과 원리에서 취한 것을 관념이라고 한다면 추상적 이성도 마찬가지이다. 그건 나날이 늘어 가는 복잡성으로부터 완전히 독립된 관념이다. 이 관념과 함께 이성은 예를 들어 신물리학 같은[3] 나날이 복잡해지는 경험에 대해 이 원칙을 적용해야 한다. 지식인은 이 불변의 것을 기리면서 인류라는 종(種)의 성격까지도 기리는 것이다. 이것이 없다면 우리는 '인간다움'을 갖지 못한다.

지식인이 정태적 가치를 설교하면 적수들은 매일같이 그것은 죽음의 이상을 설교하는 것이라고 한다. 독일인 피히테가 표명한 것이다. 그는 모든 나라 진화주의자의 대장이다. 그는 명백히 프랑스 대혁명을 가리켜 이렇게 썼다. "움직이지 않고 언제나 똑같기만 한, 즉 죽은 원리를 믿는 자는 자신도 죽었기 때문에 그것을 믿는 것이다."[4] 그 박사들은 조잡한 궤변

---

[2] 레비 브륄, 《열등한 사회에서의 두뇌의 기능(Les Fonctions mentales dans les sociétés inférieures)》, 79쪽 참조.

[3] 마찬가지로 나는 추상적 아름다움이란 개념이(다른 곳에서 정확히 하겠다) 인간의 정신에 새겨져 있다고 믿는다. 시간이란 어김없는 것이라 발작적인 유행이 지나가면 너무 노골적으로 미를 조롱하는 작품들은 비켜나게 된다. 예를 들어, 단연 부조리한 문학인데 오늘날엔 그것을 초현실주의라고 부른다. 사실 그것은 시대마다 나타났다.

[4] 《독일 민족에게 보내는 연설(Discours à la nation allemande)》, Ⅶ.

으로 혼동을 일으키고 있다. 이상이란 변하지 않기 때문에 규정상 죽음이라는 것은 순전히 은유이다. 이 이상을 껴안는 것은 육신이고, 이상을 끌어안은 자들은 그것을 지키기 위해 악착같이 싸우게 되므로 죽지 않는다. 독일의 도덕주의자는 혁명군 병사들이 예나에서 자기 민족의 군대를 절멸시킨 날, 사람들이 죽지 않는 원리를 믿을 수 있다고 주장했는데 기이하게도 '죽음 자체'와는 멀리 있었다.

지식의 가치는 정태적 가치이기 때문에 진보라는 종교는 지식인의 태도가 아니게 된다. 진보를 종교라고 하는, 종교를 넘어선 진보에 대한 믿음은 순수 확증의 효과이기 때문이다. 이 점에서 진정 확증된 것은 르누비에의 선언이다. 그는 진보의 법칙이 있는 것이 아니라 진보라는 사실이 있다고 선언하였다.

지식의 가치가 지닌 비진화적 성격은 이를 창설한 스승의 단언으로 분명히 드러났다. 스피노자는 "각 존재의 완전성은 오직 그 고유한 성질 속에서 고려되어야 한다"고 말한다. "모든 변형은 파괴며, 따라서 완전성은 전혀 시간에 달린 것이 아니다."[5] 우리 현대의 지식인들에게 '현실' 아닌 완전성은 가치를 박탈당했다는 것을 내가 굳이 말할 필요는 없을 것이다.

B. 지식인이 지닌 가치들은 무사 무익하다.

여기서 의미하는 바는 정의, 진실, 이성은 어떠한 실질적 목적도 갖지 않아야 지식인의 가치라는 것이다. 정의라면 추상적 정의만 숭배하는 것

---

5 스피노자,《에티카(Ethica)》, IV, 서문.

이 진정 지식인의 태도이다. 추상적 정의는 스스로 만족하는 정신이다. 인간의 행복, 적어도 그중 한 계급의 행복이라는 유난히 실질적인 목표를 추구하면서 지상에서 정의를 실현하려는 노력이 아니다. 그런 노력이 더구나 지식인의 숭배 대상이 될 수 없는 이유는 부정의에 대립하는 것은 근본적으로 사회가 아니라 자연이므로 그건 어쩔 수 없이 다소간에 절대 정의를 위반하기 때문이다.

정의가 인간은 침해받을 수 없다는 이유로 인간 개인이 바로 인간이기 때문이라 한다면 그건 인간을 추상적으로만 고찰하는 것이다. 르낭이 말했듯이 우리는 구체적으로 인간이며 그것이 우리가 '인간의 권리'를 누리는 토대이다. 자연의 특징인 불평등을 고려하여 사람들에게 각각 '돌아 갈 몫'(cuique suum)을 돌려준다면 정의 관념은 침해된다. 어떻게 보아도 정의 관념은 추상화의 관념을 의미한다.

정의는 초월의 가치이며 그 때문에 유난히 지식인의 것이다. 열성 신도들이 대부분 이를 보지 못하고 그 때문에 내가 밝혀내는 것에 원한을 품는다. 정의는 영원한 학교이고 행동의 원리가 아니다. 그것은 정적이고, 동적이지 않다. 조절하는 것이지 창조적이지 않다. 역사에서 실용적으로 이루어졌던 것은 모두 정의가 아닌 것으로 이루어졌다. 위대한 민족들은 몇몇 드문 예를 제외하면 결국 가장 나은 자들이었다. 다른 종족들을 침범했던 것이고, 그러나 대체로 단호한 권위의 체제, 즉 정의와 반대되는 것을 설치하여 세워졌다. 어느 날 구성원들에게 가장 정의로운 것을 보장하겠다고 하는 민족들, 오늘날 그것을 가장 단호하게 약속하는 나라(러시아)에서 이는 계속 사실이고, 그 때문에 나는 자유에 대해 말하고자 한다. 자유가 개인의 조건인 한[6] 그 역시 수려한 지식인의 가치이다. 그러나 그것이 몹시도 부정적인 가치임을 자유에 충실한 자들 — 주로 민주주의자들 — 은 인정하지 않으려고 한다. 자유는 지금까지 아무것도 건설하지 못했으며, 앞으로 언젠가 자유를 주려는 체계를 포함하여 이 땅에 무엇인가 세우려고 하는 사람들은 자유를 거부함으로써 일을 시작했었다. 나는 또 이성에 대해서도 같은 말을 하고자 한다. 이성은 비판과 이해의 원리이다. 반면 창조의 힘은 말할 나위가 없지만 비이성적인 것에 속한다.[7] 하지만 그러한 이상적인 것들의 비실용적 특징은 현대의 지식인이 한사코 물리치는 것 중 하나이다. 그는 그렇게 함으로써 본질이 무엇인가에 대한 깊은 몰이해를 드러낸다.

이성에 마주하는 지식인 고유의 태도는 다음과 같은 나의 선언으로 규정된다.[8] "나는 발명의 정신, 창조의 재능, 지적 정복의 명예를 누릴 뜻이 없다. 이성의 이름으로 언제나 한결같은 직분을 명예롭게 하겠다. 그리고 그 직분에는 굳이 진보라는 말이 필요 없다. 나의 동시대인들의 반감을 사기에 이보다 더한 것이 없다. 그들이 존경하는 모든 이(니체, 베르그송, 소렐을 보라)는 대담한 사상을 지향한다. 그들은 이성을 비웃고 영웅의 고뇌를 인정한다. 사제의 정온은 보지 못한다.[9] 그런데 나는 이성이 최상의 중재자이며 영원히 불모라는 점에서 이성을 기리는 데 집착하고[10]

---

6 이 책의 40쪽 참조.
7 이성이 굳이 실천적인 이해에 봉사하기 시작하면, 예를 들어 국가를 위한 체제를 세우면 지식인 가치가 아니다.
   근본적으로 **비창조적인** 이성의 성격은 아직도 민주주의자가 적응하지 못하는 어떤 것이다. 그렇지만 오늘날 무엇을 창조하고 있는 민중이 이성을 비웃는 민중임은 분명하다. 온 세상 사람이 소비에트 러시아라면 그렇게 알아듣는다.
8 《이 시대의 수도 성직자》(1938), 235~236쪽.
9 이런 존경은 분명히 낭만주의의 한 형태이다. — 아무도 자기가 운이 좋다고 하지 않을 것이다.
10 이성의 불모성은 결과를 고려하지 않는 역사학적 방법, 형이상학적 관조, 수의 이론, n차원의 기하학에 두드러지게 나타난다. 진정한 지식인에게는 모두 드높은 이성의 시현이다.

지식인의 전통을 따를 것이며, 지상에서의 지식인의 역할에 내내 충실할 것이다. 나는 소크라테스, 13세기의 대신학자들, 포르루아얄의 고독한 자들, 한마디로 교회가 발명을 찬양했고, 더구나 그에 수반하는 디오니소스주의를 찬양했다고 보지 않는다. 프로메테우스 숭배는 속인들의 숭배이며 그 나름으로 웅장하다. 나는 그런 것 아닌 다른 것을 섬기는 사람들이 있어야만 한다고 믿는다."

진실이면 좋든 나쁘든 그것이 초래할 결과를 떠나서 존경해야만 지식인의 가치가 된다. 지식인의 태도는 지상의 이익 위에 진실을 놓아야 했던 때 프랑스 지식인이 한 말에서 정확히 규정되었다. 그는 한 나라, 특히나 그럴 만한 나라의 시민에게 말했다. "애국, 정치, 종교, 도덕, 어떤 이유이든 간에 진실을 도무지 배려하지 않는 이는 학자에서 제명되어야 한다."(가스통 파리(Gaston Pâris), 콜레주 드 프랑스 개강 강연(Leçon d'ouverture au Collège de France), 1870년 12월) 다시 말해 지식인은 본질적으로 거의 모든 애국적, 정치적, 종교적, 도덕적인 공적 발언을 하지 않는다는 것이고, 만약 그것들이 실용적인 것을 목표로 한다면 거의 모두 진실을 훼손시키게 된다는 뜻이다.

마찬가지로 과학은 모든 실용적인 것을 고려하지 않고 오직 과학 자신을 위해 진실을 추구해야 지식의 가치이다. 이 말은 평화를 위해 과학을 한다고 주장하고 그들의 발견이 인류의 동족 살해를[11] 가져왔다고 가슴을 치는 학자들은 지식인이 아니라는 뜻이다. 또한 사상이 오직 사상이어서는 안 되며 어디에라도 "봉사"해야 한다는 듯[12] "평화 봉사" 사상위원회를

---

11 이 학자들은 과학과 사람들이 과학을 갖고 이용하는 것을 혼동한다. 과학은 이용에 대해서는 아무런 책임이 없다. 그런 식이라면 어떤 사람들의 사용 방식으로 보아, 과학자들의 알코올과 모르핀 발명을 개탄해야 할 것이다.

여는 작가들도 지식인이 아니다. 이 학자들은 과학의 도덕적 가치가 그 결과에 있는 것이 아니라 그 방법이라는 것을 망각한 것 같다. 방법이 최악의 부도덕성이 될 위험이 있더라도. 왜냐하면 그 방법이야말로 뭇 실용적 이해를 무시하는 이성을 갈고 닦도록 가르치기 때문이다.

필연적 귀결

I. 예술 활동은 본질적으로 초연할 때 지식인의 가치이다. 예술 활동은 과학과 마찬가지로 물질적이든, 도덕적이든 재산의 추구, 인간주의의[13] 추구에 낯설다.

II. 이 세상의 재산을 경멸하며 특성한 지식인적 가치, 즉 정의를 추구하되 '자신의 안녕'을 기린다면 지식인이 아니다.[14]

---

12 사상의 진정한 법칙은 르낭에 의해 정식화되었다. 르낭은 어딘가에서 사상은 **결과를 개의치 않고** 언명되어야 한다고 말했다.
1946년 6월 29일 전국지식인동맹의 주관으로 열린 "평화에 봉사하는 프랑스 사상" 대회에서 랑주뱅 교수는, 우리 시대의 모든 악은 "과학의 진보가 그에 상응하는 정의와 연대의 영역은 뒤처지도록 방임한 데 유래한다."라고 언명했다. 이 발언은 과학의 진보와 정의, 연대 영역의 개혁은 아무런 필연적 연관성이 없다는 것을 보지 못한 것 같다. 후자의 두 개는 사회도덕에 속한다. 사회도덕은 과학과는 아무 상관이 없다. 같은 대회에서 발롱 교수는 "심리학이 평화에 봉사하도록 하자"는 제안을 내놓았다. 마치 심리학의 의무가 심리학적인 진실을 추구하는 것만이 아니란 듯, 사회적이거나 정치적인 목적의 추구를 거부하는 것이 아니란 듯하다. 바로 그 학자는 "어떤 시기에 인간의 사상이 적응해 버렸던 지성주의"를 비난했다. 왜냐하면 그 지성주의로부터 "비합리주의의 역공이 태어나고 그것이 정치로 연장되면 최악의 실책이 나오기 때문"이었다. 혁명도 마찬가지로 비난해야 하며 이유는 백색 테러를 자극하기 때문이다. 또한 자유사상도 비난해야 하는데, 성직주의의 격분을 일으키기 때문이었다. 지적 태도의 가치를 있는 그대로 판단하는 것이 아니라 사회적 결과에 따라 판단하는 사람들에 대해 깊이 고려할 일은 없을 것이다.
13 "순수 과학과 예술은 직접적인 선의 탐구에 낯설다는 공통점을 갖는다." (르누비에의 《과학에 의한 진보(Le Progrès par la science)》, 《분석적 역사 철학(Philosophie analytique de l'histoire)》, t. IV, 713쪽 및 이하를 볼 것.)
14 지식인은 삶 속에 있기 때문에 언제나 실제적 이해관계에 민감해야 한다고 20년 전부터

Ⅲ. 평화가 오직 실용적인 재산이면 지식인의 가치가 아니다. 스피노자의 말대로, 만약 평화가 전쟁이 없음이 아니고 민족적인 이기주의를 제어하기로 한 의지의 결과라면 지식인의 가치일 것이다.(non privatio belli, sed virtus quoe de fortitudine animi oritur.)

C. 지식인이 지닌 가치들은 합리적이다

이는 어떤 가치의 채택이 곧 이성의 행사일 때 지식인의 가치라고 보는 것이다. 반대로 열광, 용기, 믿음, 인간의 사랑, 삶의 속박은 오직 감정에만 의존하므로 지식인의 이상에 들어갈 자리가 없다.

이러한 입장에서는 앞서 든 태도를 높게 평가하지 않는 이들이 명백히 지식인답다. 플라톤과 스피노자는 열광, 도리에 맞지 않는 용기, 오직 감성적이기만 한 인간의 사랑을 비난했다.[15] 또한, 에피쿠로스와 루크레티우스는 삶의 정념을 경멸하였다. 전자가 "성애는 신이 보낸 것이 아니다."라고 할 때, 후자는 이렇게 쓸 때에.

    Quoe mala nos subigit vitaï tanta cupido?[16]

여기에, '삶의 오만'을 심판하지만 그 오만을 저 세상에서 백배로 갚

    나에게 반대하는 이들에게 내가 응답해야 하는지, 마치 그가 이 감수성을 **명예롭게** 하는지 아닌지 밝히는 건 문제가 아니란 듯하다. 지식인의 상이 이상이지만 완벽한 지식인은 없다는 것도 분명하다. 지식인의 적들은 이상을 구현하지 못했기 때문이 아니라 그것을 조소하기 때문에 적으로 규정된다.

15 플라톤, 《라케스》, 스피노자, 《에티카》, Ⅳ, 9.
16 《사물의 성질(De natura rerum)》, Ⅲ, 1065.

는다고만 하는 크리스트교를 추가할 수 있다.

이 시대에 특히 지성인들 사이에 젊음이 '힘과 생명력'을 구현한다는 이유만으로 젊음을 찬양하는 태도가 퍼져 있는 것은 지식인과 어긋난다는 것을 굳이 말해야 하는지. 그런 태도가 지식인에 반대되는 또 다른 이유도 있다. 젊음의 '미래'에 현혹되어 젊음의 진정한 가치가 독립적이라고 보지 않고 이 순간의 사람에 반하는 것이다. 달리 말하면 젊음이 정태적 이상이 아니라 동적이고 진화하는 이상을 채택한다는 것이다.

이런 입장에서 도출되는 또 다른 결론이 어떤 경우에는 상당히 중대하게 보일 것이다. 지식인 가치의 정념 — 정의, 진실, 이성(이성에 대한 정념은 이성과 전혀 다른 것이다)의 정념 — 은 정념이므로 전혀 지식인의 가치가 아니다. 하지만 관찰자의 입장에서 깊이 들여다보면,[17] 세상을 바꾸는 것은 선의 관념이 아니라, 선의 정념이다. 지식인이 맡은 배역은 세상을 바꾸는 것이 아니고, 이상에 충실한 것이라고 내가 다시금 말해야 할지. 그 이상이 인류의 도덕성을 지켜 나가는 데 필수적으로 보인다. (인간 종족의 미학을 생각하면서 내 생각은 한층 굳건해 진다.) 만약 이 종족이 이제부터 악착같은 이 실용 목적에만 눈이 멀다면, 인간들은 이상을 쓰지 말고 이상을 지녀야만 한다. 그들의 대장들이 그것을 최악의 적으로 깨달았듯이.[18]

---

17 스피노자, 《에티카》, V, 2.
18 마르크스의 말을 상기하자. "공산주의적 인본주의에 추론적 관념론보다 더 위험한 적은 없다."

초판 머리말

톨스토이는 장교 시절 행군 도중에, 한 동료가 이탈자를 구타하는 광경을 보고 이렇게 말했었다는 이야기를 한다. "사람한테 그렇게 하다니 부끄럽지도 않습니까. 당신은 복음서도 안 읽었어요?" 그러자 상대방은 "그럼 당신은 군대의 규율을 안 읽었군요."라고 응수했다.

이 답변이야말로 세속을 지배하려는 정신을 영원히 끌어당길 말이다. 내 생각에 이 답변은 상당히 현명하다. 사물을 정복하도록 인간을 인도하는 자들은 정의와 자선으로 무엇을 할지 모른다. 자애와 사랑을 정의를 가로막는 방편으로 휘두르지 않는 시대에 쓰였다.

사람들이 비웃을지라도 자신과 다를 바 없는 사람들을 세속 아닌 다른 종교로 인도하는 이들이 있다는 것이 중요하다. 그런데 이 일을 맡았던 사람들, 내가 지식인이라고 부르는 이들이 이제 그 짐을 지지 않을 뿐 아니라 반대로 하고 있다. 지난 50년간 유럽이 경청하는 도덕주의자 대부분, 이상하게도 프랑스에서는 작가들이 《복음서》를 비웃고 군대의 규율을 읽도록 인류에게 권하고 있다.

이 새로운 가르침은 그 어느 때보다 더 의미심장한 것 같다. 인류는 자신들의 지도자로부터 그러한 가르침을 듣고 일찍 본 적이 없는 정도로 과감하게 세속에 빠져 있기 때문이다. 이제부터 제시하려는 문제가 그 문제이다.

I
정치 정념의 현대적 완성. 정치의 시대

정치라는 정념을 생각해 보자. 사람들은 이 정념을 가지고 상대편에 맞서는데 그 가운데 주된 것이 인종의 정념, 계급의 정념, 민족의 정념이다. 인류의 결정적 진보, 더 정확히 말하면 더 큰 평화와 사랑으로 나아가는 데 필요한 진보가 완성되리라고 굳게 믿는 이들이 있다. 이들은 한 세기 전부터, 그리고 나날이 더, 이 정념이 여러 의미에서 역사상 지금껏 보아오지 못했던 정도로 완성에 가까워졌다는 데 의견의 일치를 본다.

우선 이 정념은 지금까지 한 번도 손대지 않았던 다수를 흔든다. 예를 들어 16세기, 심지어 18세기 말에 프랑스를 뒤흔들었던 내란을 살펴보면 놀랍게도 그로써 정말 정신적 동요를 일으킨 사람은 아주 적다. 또 19세기에 이르기까지 내내 유럽의 역사는 장기전으로 채워져 있지만 전쟁은 사람들이 얼마든지 무관심하도록 대다수의 주민을 내버려두었다.[1] 하지만 오늘날 유럽에서 인종, 계급, 민족의 정념으로, 가장 흔하게는 그 세 가지 전부 때문에 영향을 받지 않는 사람, 혹은 받지 않는다고 믿는 사람은 거의 없을 것이다. 신세계에서도 사태의 추이는 똑같은 것 같다. 반면 동양의 끝에서는 거대한 인구가 이 흐름에서 벗어났던 것 같은 데, 이제는 그곳에서도 이 사회적 증오, 당파 체제, 민족정신에 눈뜨고 다른 사람들을

---

1 노트 A를 보라.

굴복시키려는 의지를 갖고 있다. 정치 정념은 이제 그 정념이 몰랐던 보편성에 도달하였다.

그 정념은 또한 응집력을 갖기에 이르렀다. 사람들 사이의 통신의 발달과 더 주요하게는 집단정신의 발달 덕분에, 한 세기 전만 해도 똑같은 정치적 증오감을 서로 느끼기 어려웠고, 또 감히 말하자면 흩어져서 증오하던 것이 이제는 결속의 정념을 가진 대중이 형성되어 각자, 자신들이 다른 사람들과 얼마든지 연결되었다고 느낀다. 놀랍도록 이 점을 보여주는 것이 특히 노동계급이다. 이 계급은 19세기 중반에도 적대 계급에 대해 오다가다 적대감을 드러내고 산발적인 투쟁 운동(예를 들면 어느 도시, 어느 조합 내에서 파업했다)을 벌였는데, 이제는 유럽의 이 끝에서 저 끝까지 이렇듯 밀도 높은 증오의 피륙을 짜고 있고 이 응집력은 더욱 강화되기만 할 것이다. 현대 세계가 가진 무엇보다도 심각한 하나의 특성이 집단화의 의지이기 때문이다. 그것은 점점 더 동맹체, '조합', '페소'*의 세계를 만들어 마침내는 이 감정이 파고들리라 예상할 수 없었던 영역에(예를 들면 사고력의 영역)까지 침투한다. 이로써 개인의 정념이 자기와 비슷한 수천의 정념과 친근감을 갖고 활기를 띠는 것을 굳이 지적해야 할지? 덧붙여 말하면 개인은 자기도 일원이라고 의식하는 전체에 대해 신비한 인격을 부여하고 종교처럼 숭배한다. 그것은 사실 자신의 정념을 신격화한 것일 뿐이지만 그로써 힘을 키운다.

이 응집력은 표면적이라고 할 수 있겠지만 여기에 본래의 응집력이 추가되는 것 같고, 이 때문에 한층 공고한 정념의 대중이 이루어진다. 같은 정치 정념을 지지하는 자들은 더욱 동질화된 정념의 대중을 형성하고, 그

---

*묶음을 뜻하는 말로, 파시즘의 어원.

러면 개인적인 감각이 사라지며, 모든 사람이 열광하여 점점 더 단 하나의 색깔만을 따른다. 예를 들면 프랑스의 민주주의 체제의 적들이(소수 이론가들이 아니라 대중), 이제는 민주주의를 내뿜는 자와 거의 다르지도 않고 구분도 안 되는 정념을 표명하는 것을 보고 놀라지 않을 이가 있겠는가. 증오가 이렇게 한 덩어리가 되면 설령 증오의 방식은 사람마다 다를지라도 증오 자체가 약해지지는 않는다. (그 덩어리는 얼마나 기꺼이 '민주적 평준화'에 순종하는지.) 이른바 반유대주의, 반교권주의, 그리고 다양한 형태의 사회주의가 각각 1백 년 전보다 얼마나 더 심한 획일성을 나타내고 있는지. 그 감정에 엎드리는 사람들은 그때에 비해 얼마나 많이 모두 똑같은 것을 말하고 있는지.[2] 정치 정념은 규율을 실천하는 수준까지 올라왔다. 정념 자체가 그렇기 때문이다. 정념들은 지겨울 정도로 명령을 준수하는 것 같다. 정념이 그로부터 얼마나 크게 힘을 얻는지 똑똑히 보인다.

이렇게 동질성이 늘어나면 경우에 따라 정밀함이 이에 수반한다. 예를 들면 사회주의는 1백 년 전만 해도 그것을 받아들이는 대중에게 강렬하긴 해도 막연한 정념이었다. 그러나 그것은 지금 원하는 목표를 더 뚜렷이 하고, 적수(트러스트들)에 대한 공격 지점과 공격에 성공하기 위한 작전을 정확히 그려놓았다. 반민주주의론을 보아도 똑같은 사태가 보인다. 증오 또한 그 내용이 명확해지면서 그만큼 격렬해진다.

정치 정념은 또 다른 모습으로 완성된다. 나는 이 정념이 역사를 통해 멈췄다가 전진하고 터졌다가 침몰하는 것을 보았다. 인종과 계급의 정념에서는 분명히 무섭고 수많은 폭발에 이어 오랜 고요함이 찾아온다. 아니면

---

[2] 오늘날 정치 생활에서 보다 진실인 것은 개인의 행동이 당파적 행동으로 대치된 것이다.(1946년 판 각주)

적어도 수면 상태에 접어든다. 몇 해씩이나 지속된 것이 국가 간 전쟁이다. 그러나 증오는 존재하긴 했어도 지속되지는 않았었다. 요즘은 아침에 신문을 보면 정치적 증오감이 그치는 날이 없다. 기껏해야, 어떤 증오가 갑자기 온 힘을 다해 다른 증오를 부르면 그 증오를 위해 다른 증오가 잠시 침묵할 뿐이다. '신성동맹'들이 도래한 것이며 이 동맹들은 사랑의 종을 치지 않는다. 울리는 것은 증오의 치세이고, 그 증오는 잠시는 한 부분만 다스리지만 전체를 몰아가는 증오이다. 정치 정념은 이제, 감정의 차원에서는 희귀한 속성인 연속성을 획득했다.

부분적인 증오가 보다 일반적인 증오에 자리를 내주는 이 운동에 주의하자. 전체적 증오는 전체라는 감정 덕분에 스스로 종교가 되고, 따라서 아주 새로운 힘을 끌어낸다. 이런 동향은 19세기의 중대한 특징임에도 충분히 주목받지 못했던 것 같다. 우리는 19세기에 두 번 연거푸 독일과 이탈리아에서 위대한 민족적 정념을 위해 수백 년 묵은 소국들의 증오가 사라지는 것을 보았다. 프랑스에서는 더 정확히는 18세기말 궁정 귀족과 지방 귀족의 상호 증오가 귀족이 아닌 모든 자에 대한 증오를 위해 사라졌다. 대검(帶劍) 귀족과 법복(法服) 귀족 사이의 증오가 두 귀족이 함께 받는 증오의 증대 속에 녹아버렸다. 고위 성직자와 하급 성직자 사이의 증오가 세속주의에 대한 공통의 증오 속에서 사라졌다. 성직자와 귀족 사이의 증오는 제3신분에 대한 두 세력의 증오를 위해 자취를 감추었다. 지금은 이 세 신분끼리의 증오가 유산계급의 유일한 증오인 노동계급에 대한 증오 속에 마침내 녹아버린다. 정치 정념이 지극히 단순한 몇 가지 증오로 압축되고 그 정념이 사람의 가슴 깊은 곳에서 우러나오는 것은 오늘날의 시대적 쟁취이다.[3]

정치 정념의 현대적 완성. 정치의 시대

정치 정념의 커다란 진전은 오늘날 그 정념이 다른 정념들과 관계를 맺는 장면에서 보인다. 구 프랑스 부르주아의 정치 정념들은 탐욕의 정념, 향유의 욕구, 가족적 감정, 허영심의 욕구보다는 매우 작았는데 ― 흔히 생각하는 것보다는 상당히 큰 자리를 차지했지만 ― 현대의 계급에 대해서는 그렇게 말할 수 없다. 정치 정념이 다른 감정들과 같은 비율로 스며들기 때문이다. 예를 들어 우화와 중세의 희극, 스카롱, 퓌르티에르, 샤를 소렐[4]의 소설에 나타난 정치 정념은 미미하다. 하지만 발자크, 스탕달, 아나톨 프랑스, 아벨 에르망, 폴 부르제가 묘사하는 부르주아 세계의 정치 정념은 강도가 다르다. (물론 16세기의 가톨릭 동맹이나 루이 14세 치하의 프롱드당 내란 같은 위기의 시대를 말하는 것이 아니다. 그 시대에는 정치 정념이 개인을 건드리면 곧 전체가 감염되었다.) 정치 정념들이 부르주아가 지닌 다른 감정을 거의 휩쓸고 또 변질시키는 것은 19세기나 지금이나 다르지 않다. 오늘날은 가문 사이의 경쟁, 상업적 적대감, 출세의 야망, 명예욕이 정치 정념에 흡수되었음을 우리는 알고 있다. 현대 정신의 사도(使徒)는 무엇보다 정치를 원한다. 그는 어디서나 정치를, 언제나 정치를, 오직 정치만을 주장한다.[5] 정치 정념이 그처럼 수도 많고 지속적이며 강력한 다른 정념들과 뒤섞임으로써 얼마나 더 큰 세력을 얻는가는 눈만 똑바로 뜨면 훤히 알 수 있다. 오늘날의 민중 속에 다른 정념과 정치 정념

---

3 바로 1백 년 전까지도 각기 다른 지방 출신의 프랑스 노동자들이 그들끼리 유혈 투쟁을 벌였을 뿐 아니라, 그 일이 대단히 빈번했음을 환기하자.(마르탱 나도, 《레오나르의 회상(Mémoires de Léonard)》, 93쪽 참조.)

4 프티 드 쥐유빌, 《중세 프랑스의 희극과 관습(La Comédie et les Moeurs en France et au moyen âge)》, 앙드레 르 브르통, 《17세기 소설(Le roman au XVIIe siècle)》 참조.

5 선언, 영광스러운 것은 모두 정치적인 것으로 받아들이는 모습이 특히 새롭다. 이 새로움을 제외하면 시중의 상인이든 시인이든 상대방의 정치적 자격을 박탈하여 상대방에서 벗어나려는 건 이 시대에 처음 보는 일이 아니다. 라 퐁텐의 경쟁자들이 어떤 수단을 써서 10년간이나 그의 아카데미 가입을 방해했던가를 회상해 보자.

이 얼마나 깊게 맺어졌는지를 알려면 민중의 정념이란 오랫동안 모두 합해 두 가지였음이 떠오른다. 그것은 스탕달에 따르면, 1. 죽임을 당하지 않으려는 것, 2. 정말 따뜻한 좋은 옷 한 벌을 바라는 것이었다. 그러고서 참상을 좀 벗어나면 사람들은 곧 전체에 대한 관점을 지니게 되었다. 사회 변화에 관한 막연한 욕구가 정념으로 피어오르는 데는 시간이 오래 걸렸다. 나는 그 정념의 주된 성격이 고정관념과 행동하려는 욕구 두 가지 라고 제시하고자 한다.[6] 모든 계급의 정치 정념이 오늘날은 지금까지 몰랐던 정도로 다른 정념들을 압도하는 수준이 되었다고 할 수 있으리라.

우리가 주목한 운동들이 어디서 야기되는지 독자는 이미 가리키고 있을 것이다. 보편성, 응집력, 동질성, 항구성을 갖고, 그래서 압도적이 되어 버린 정치 정념들이 대체로 염가 일간지인 정치 신문의 작품임을 누구나 알고 있다. 우리는 여기서 잠시 생각에 잠겨 자문하지 않을 수 없다. 인간들 사이의 전쟁은 인간이 최근 창안한 정념들의 문화적 도구를 상기하면서 시작되는 것이 아닌지. 아니면 적어도 지금까지 보지 못했던 수준의 힘을 이에 부여하여 매일 마음속에 피어난 모든 것을 이 도구에 바치기 때문에 시작되는 것이 아닌지.

우리가 지금까지 지적한 것은 완성된 것으로 보이는 정치 정념의 외적 모습이다. 하지만 그 정념들을 완성시킨 것은 특이하게도 깊숙한 또는 내적인 힘이다.

우선 그 정념들은 유난히 자신을 의식하면서 진전해갔다. 정치적 증오에 물든 정신은 오늘날 분명히 (이 역시 대체로 신문의 효과로) 자신의 정

---

6 토크빌의 깊은 통찰에 따르면 그들은, 생활 여건이 개선되기 시작하면서 서민 대중이 그 이상 많은 것을 바라게 된 시기, 즉 18세기 말쯤에야 그것을 제시했다.

념을 의식하고, 50년 전에는 상상도 할 수 없었을 정도로 그 정념을 선명하게 공식화하고 표현하고 있다. 그로써 그 감정이 얼마나 탄탄해지는가는 말할 것도 없다. 이 점에 관해 우리 시대에 탄생한 두 가지를 지적하고 싶다. 그건 물론 존재에 대한 정념이 아니고 의식, 고백, 자부심이란 정념이다.

첫째는 유대 민족주의라고 부르는 어떤 것이다. 지금까지 많은 나라에서 열등하거나 적어도 특수하고 동화될 수 없는 민족으로 지탄받아 온 유대인은, 이 특수성을 부정하고 그러한 외관을 지우려고 노력하며 민족의 현실을 인정하지 않는 방식으로 대처해왔다. 그런데 수년 전부터 그들 중 일부가 열심히 그러한 특수성을 선언하고 그들의 특징이라고 스스로 믿는 것을 구체화하고 찬양하며, 나아가 적들과 융화하려는 의지를 모두 배격하는 것이 보인다. (이스라엘 장빌, 앙드레 스피르의 저작과 《유대인 평론(Revue Juive)》을 보라.) 여기서 문제는 자기 출신을 너그럽게 보려는 다른 많은 운동처럼 유대인들의 그런 움직임이 고상한지 아닌지, 그런 것이 아니다. 우리 시대는 세계 평화를 발전시켜야 할 인간들을 서로 적대하게 만드는 오만에다 자의식과 자부심을 덧붙인다.[7]

내가 목격하는 또 다른 운동은 부르주아론(bourgeoisisme), 즉 자신의 계급을 위협하는 정념에 맞서 자기를 단단하게 만드는 부르주아 계급의 정념이다. 지금까지는 자기 계급을 의식하고 자부하는 '계급 증오'가 부르주아 세계에 반대하는 노동자의 증오였다고 할 수 있지만, 어느 편에서도 상호 증오를 분명하게 자인하지는 않았다. 자기들 카스트의 특유한 것으

---

[7] 내가 여기서 말하는 건 서방의 부르주아 계급 유대인이다. 유대인 프롤레타리아는 이 시대에 이르러서야 자기 민족이 특수하다는 감정에 빠진 것이 아니다. 그럼에도 그들은 도발을 일으키지 않고 견디었다.

로 보이는 이기주의가 부끄러운 부르주아지는 그러한 이기주의를 에둘렀으며, 심지어 스스로도 그 이기주의와 합의를 보지 못했다. 그래서 그것을 만인의 안녕을 염려하는 간접적 형태로 세상이 받아들여 주고 자신도 받아들이기를 원해 왔다.[8] 계급투쟁이라는 교리에 대해, 부르주아지는 만약 상대방과 대립이 불가피하다고 느낀다 해도 그렇게 느낀다는 것에 동의하지 않겠다고, 계급투쟁이 진실로 존재하는가에 이의가 있다는 식으로 응답해왔다. 오늘날 부르주아지는 자기들 특유의 이기주의를 충분히 의식하고, 그것을 적나라하게 선포하고 그것 그대로 인류 최고의 이익에 결부된 것으로 숭배하며 숭배하는 것을 영광으로 여기고, 또 자기를 파멸시키려는 상대방의 이기주의에 자신들의 이기주의가 맞서도록 한다. 이탈리아 '파시즘', 《프랑스 부르주아 예찬》[9] 같은, 비슷한 많은 선언을 보면 그 점이 충분히 드러난다. 다른 계급의 정념에 반대하는 가운데 부르주아적 정념의 신비함이 만들어지는 시대이다.[10] 이 점에서 우리의 세기는 인류의 도덕 결산표에 스스로를 충분히 장악한 정념의 출현까지 제출한다.

한 세기 전부터 큰 진전을 보아 온 정치 정념은 무엇보다 민족 정념으로부터 주목을 이끄는 것 같다. 우선 이 정념은 오늘날 대중에 의해 느껴진다는 이유에서 순수한 정념 이상의 것이 되었다. 민족 감정이 왕이나 왕

---

8 교황 베네딕토 15세가 가난한 이들에게 "상류층 사람들의 번영에 스스로 만족하고 신뢰감을 가지며 그들에게서 도움을 받는다고 믿기를" 권유하는 것이다.

9 "**고상한 부르주아**라는 말은 20년 전에만 해도 한껏 비웃음을 받았을 것이지만, 지금은 부르주아지에게 신비한 충만감을 준다. 사회적이고 국가적인 최상의 가치와 부르주아지의 융합 덕분이다."(R. 조아네, 《프랑스 부르주아 예찬(Eloge du bourgeois français)》, 284쪽.)

10 예를 들면 폴 부르제의 《바리케이드(Barricades)》. 소렐의 제자인 저자는 이 책에서 부르주아 계급이 계급감정과 폭력에 대한 정념을 프롤레타리아가 독점하도록 결코 방임하지 않기를 권한다. 또한 앙드레 보니에의 《폭력의 의무(Les Devoirs de la violence)》를 보라.(카민스키, 톨스토이의 《사랑의 법칙과 폭력의 법칙》에 바친 서문에서 인용.)

의 대신에 의해서만 발휘될 때는 그건 무엇보다 일정한 이익에 집착하는 것이었다.(영토에 대한 시샘, 상업적 특혜의 추구, 이익이 되는 동맹) 반면 이제 민중의 혼이 (적어도 지속적으로) 느끼는 감정은 대부분 자존심이 어떻게 되느냐로 이루어진다고 할 수 있다. 근대 시민의 민족 정념이 자기 민족의 이해관계를 끌어안기보다 ─ 시민은 그러한 이해관계를 잘 식별하지 못하고, 또 잘 파악하려면 시민은 갖지도 않았고 얻으려고 하지도 않는 정보가 요구된다. (대외적인 정치 문제에 무관심한 것은 널리 알려져 있다.) ─ 민족에 대한 자부심, 민족 안에 들어 있다는, 민족이 영광되거나 모욕을 받았다면 대응하려는 의지로 이루어진다는 것을 누구나 수긍할 것이다. 물론 시민은 민족이 영토를 획득하고 번영하며 강력한 동맹국을 두기를 원한다. 그러나 그걸 원하는 것은 거기서 얻을 물질적 성과를 위해서가 아니라(그러한 성과에 대해 시민 개인이 무슨 실감이 있겠는가?) 거기서 끌어낼 영광을 위해서다. 민족 감정은 대중화하면서 특히 민족적 오만, 민족적 감수성이 되었다.[11] 이 때문에 그 감정이 얼마나 더 열

---

11 이 점이 얼마나 새로운가를 분명히 하자. 17세기 시민도 이미 국가적 명예에 관한 개념이 있었다. 라신의 서한들이 그 점을 충분히 입증하리라. (폰티스의 《회고록(Mémoires)》, XIV의 의미심장한 한 페이지를 보라.* 그러나 이 명예가 요구하는 것이 무엇인지 판단하는 문제는 왕에게 위임했다. 리스위크 평화 조약에 보방이 분개하는 것은("그는 왕과 국민 전체를 모독하는 사람으로 일컬어졌다.") 구체제에서는 아주 예외적이다. 근대 시민은 국가를 명예롭게 하려면 무엇이 요구되는지를 스스로 느낀다고 한다. 시민은 또한 만약 통치자의 감각이 이와 다르다면 봉기할 태세이다. 하지만 이 새로움은 민주주의 국가들에서 특수한 것은 아니다. 1911년 독일 군주제 치하 시민들은 독일이 모로코를 포기하면서** 프랑스 측으로부터 받는 보상이 불충분하다고 보았다. 이러한 조건을 수락한 황제에게 과격하게 항의하면서 이는 독일의 명예를 짓밟는 것이라고 했다. 우리는 만약 프랑스가 군주제로 되돌아가고 국가의 명예가 걸린 이해관계인데 왕이 신민들과 다르게 느낀다면 마찬가지 사태가 벌어지리라고 납득한다. 그것은 루이 필립 치하 내내 목격되었다.

*Louis de Pontis, 1583~1670, 남부 프랑스 출신으로 56년간 군에 복무한 프랑스 군의 원수.
**1910년 알제시라스 조약에 의해 프랑스는 아프리카 내륙의 광대한 땅과 맞바꾸는 조건으로 프랑스의 모로코 합병에 대한 독일의 양해를 받아냈다.

광적이고 비이성적이게 되었으며 이에 따라 더욱 강력해졌는지 보려면 민주파에 의해 발명된 형태의 애국심인 국수주의를 생각하면 된다. 게다가 흔히 생각하는 것과는 달리 정념이란 이해관계보다 자존심을 중요하게 여긴다는 점은, 이해관계보다 자존심에 상처를 입었을 때 얼마나 쉽게 목숨을 내놓는지 보면 납득할 수 있다.

민족 감정이 인기를 끌면서 차려 입은 이 감수성이 전보다 전쟁의 가능성이 커지게 된 한 요인이다. 모욕을 받았다고 느끼면 민중과 함께 당장 펄쩍 뛰는 이 신흥 '주권자'의 적성으로 말미암아 왕과 대신들이 평화를 좌우했던 시절에는 보지 못했던 정도로 평화의 위험 부담이 커졌다.) 그들은 훨씬 실리에 밝았고 상당한 자제력을 지녔으며, 너무 심하다고 느끼지 않는 한 모욕을 감수할 만큼 침착한 사람들이었다.[12] 사실 지난 백 년간 어느 민족이 자기들 명예가 더럽혀졌다고 믿는 바람에 전쟁의 불길이 세계를 불사를 뻔했던 경우가 한두 번이 아니다.[13] 덧붙여 이 민족적 감수

---

12 1850년 올뮈츠의 모독. 최소한 프로이센 왕과 그의 정부가 천명한 철학이다. (이는 민주주의가 뮌헨 항복을 가볍게 수락한 이후는 오류이다. — 1946년 판 각주) 어떤 민주주의도 이를 감수하지 않을 것이다. 반면 평화가 왕들과 함께 하면 어떤 위험이 가중되는가를 굳이 말해야 하는가? 몽테스키외의 구절을 인용하는 것으로 충분하다. "군주제의 정신은 전쟁과 팽창이다."

13 1886년의 슈네블레 사건,* 1890년 에스파냐 왕이 독일식 군인 복장으로 파리에서 야유 받은 사건, 1891년 독일 황후가 파리를 지나갈 때 일어난 사건,** 1897년 파쇼다 사건, 1904년 영국 어부들의 선박이 러시아 함대에 의해 격침당한 사건 등이 있다. — 물론 우리는 왕들이 실질적 전쟁만 수행했다고 본다. "명예가 모독되었다"는 주장은 흔한 구실이다. 루이 14세가 폴란드와 전쟁을 벌인 이유가 폴란드가 그의 명예를 모욕하는 메달을 주조했기 때문이 아닌 것은 분명하다. 우리는 또 왕들은 가끔씩 격식과 멋으로 전쟁을 치르는데 그것이 민주주의를 유혹하는 힘은 나날이 약해진다는 데 동의한다. 이제는 샤를 8세의 이탈리아 기마 행진이나 샤를 12세의 우크라이나 행렬 같은 것이 원인이 되어 세계 평화가 교란되는 사태는 상상할 수도 없다.

*프랑스-독일 국경지대에서 프랑스 경찰 간부인 슈네블레가 간첩 혐의로 독일 측에 체포된 사건. 1870년 프로이센-프랑스 전쟁 후 독일에 대해 보복을 주장하는 기운이 높은 상황에서 프랑스 제3공화정은 이 사건으로 정치적, 외교적 위기감을 느낀다.

**독일 황후가 2월 파리 방문 시 예술가들을 만나려는 것을 프랑스 국수주의자들이 방해한 사건.

성은 민족 지도자들에게 아주 새롭고 확실한 수단이 되어, 자기 나라든 이웃이든 구실을 붙여 필요로 하는 전쟁을 개시할 수 있게 되었다. 또 그들은 이를 십분 깨달았다. 비스마르크의 사례를 보면, 대 오스트리아, 대 프랑스 전쟁이라는 목적을 달성하는 데 비스마르크가 사용한 수단이 이를 충분히 입증한다. 민주주의란 민족적 감수성을 지닌 대중의 출현을 의미한다는 것, 정권이 바뀌어도 이 현상은 사라지지 않는다는 것을 인정하면 프랑스 왕당파와 함께 "민주주의, 그것은 전쟁이다."라고 말해도 괜찮은 것 같다.[14]

이와는 또 다르게 민족주의가 현저히 깊어진 모습은, 지금은 민중이 군사력, 영토 소유, 경제적 부 같은 물질적 존재뿐 아니라 도덕적 존재에도 민감해진 것이다. 어느 나라 민중이든 지금까지 보지 못했던 정도로 의식적으로 서로 껴안고서(문인들이 이를 열렬히 선동하고 있다), 자기 나라의 언어와 예술, 문학, 철학, 문명, '문화'로 다른 민중들에 대항하고 있다. 오늘날 애국심이란 다른 유형의 영혼들에 맞서는 영혼을 확인하는 것이다.[15]

---

14 군주제에서는 가끔 통치자의 뜻에는 어긋나건만 공공의 정념으로 인해 전쟁이 일어났다는 것을 상기해야 할지라. 그것도 1823년 프랑스의 대 에스파냐 전쟁, 1826년 대 터키 전쟁처럼 입헌군주제뿐 아니라 절대군주제 치하에서다. 예를 들어 오스트리아 왕위계승 전쟁은 여론의 동향으로 플뢰리*에게 강요되었다. 루이 16세 시대의 미국 독립 전쟁 개입, 1806년 나폴레옹에 대한 프로이센의 전쟁, 1813년 작센 전쟁도 있다. 1914년에도 전쟁은 대중의 정념에 의해 니콜라이 2세, 빌헬름 2세 같은 절대 군주에게 강요된 것 같다. 대중의 정념은 수년 전부터 쌓여왔으므로 더 이상 억제할 수 없었다.

15 "물적 사실보다 훨씬 중요한 것이 민족들의 정신이다. 모든 인민 사이에서 어떤 흥분이 느껴지고 있다. 한편은 어떤 원칙들을, 상대편은 대립되는 원칙들을 수호한다. 민족들은 국제연맹에 가입하고서도 자기들의 민족 도덕성을 포기하지 않고 있다."(1926년 9월 10일 독일의 국제연맹 가입 당시 독일 외무 장관의 제네바 연설) 연설자는 이렇게 말은 있다. "그렇지만 이 결과 민족들이 서로 등을 지고 봉기하지는 않는다." 그가 "그 반대다." 라고 덧붙이지 않은 것이 놀랍다. 다음과 같은 트라이치케의 말이 얼마나 더 당당하고 또 진실을 존중하는 것인가. "민족들이 획득해낸 이 자의식, 문화는 이를 강화할 뿐이다. 반드시 전쟁을 야기하는 이 자의식은 이해관계가 더 긴밀하게 얽히고 관습과 생활의 외

*André-Hercule Fleury, 루이 15세 치하의 대신. 국내적으로는 평화를 유지했으나 오스트리아와의 전쟁을 피할 수 없었다.

우리는 그 정념이 이러한 내적 힘으로 무엇을 획득하는지 알고 있다. 또 그 정념이 주재하는 전쟁들은 단순히 한 조각의 땅을 탐내던 왕들의 전쟁보다 가혹하다는 것도 알고 있다. 옛 색슨족 음유 시인의 예언이 고스란히 실현되고 있다. "국가들은 그때 정말 처음 보는 모습의 인격체가 될 것이다. 국가는 증오를 맛볼 것이다. 그리고 증오가 지금까지 목격했던 그 어떤 전쟁보다 끔찍한 전쟁을 일으킬 것이다."[16]

이러한 유형의 애국심이 역사상 얼마나 새로운 형태인가는 아무리 말해도 부족하리라. 이는 분명 인민 대중이 정념을 채택하는 모습과 결부되어 있는데, 1813년 독일에서 시작한 것으로 보인다. 민주적 애국심이란 말이, 민중의 본성이란 명분 아래 다른 민중들에 맞서려는 민중의 의지를 뜻한다면 독일은 진정 인류의 교사일 것이다.[17] (혁명기와 제정기의 프랑스는 국어나 문학을 명분으로 다른 국민들과 대적한다는 건 꿈도 꾸지 않았다.) 이러한 모습의 조국애는 이전 시대에는 거의 없던 일이다. 다른 나라들과 전쟁하면서도 그 나라의 문화를 포용하고 존경까지 한 국민들의 사례는 거론하지 않아도 된다. 정치적으로는 그리스 타도를 믿었어도 로마가 그리스 문화의 정수를 어찌 대접했으며, 로마를 정복했던 아타울프와 테오도리쿠스가 로마의 천재성을 어떻게 대했던가. 그보다 근세에는 루이 14세가 알자스를 병합하면서도 독일어 사용 금지는 고려하지 않았던

양으로는 점차 서로 비슷해짐에도 불구하고 지상에서 사라지지 않을 것이다."(샤를 앙들레르, 《범게르만주의의 기원(Les Origines du pangermanisme)》에서 인용, 223쪽.)

16 미라보가 프랑스 혁명기의 제헌의회*에서 '자유 인민'이 수행하는 전쟁들은 왕의 전쟁들을 그리워하게 하리라고 예고했을 때 의미한 것이 이 점이다.

17 '민족혼' 숭배는 분명히, 그리고 논리적으로 대중혼의 해방이다. 더구나 그것은 유난히 민주주의적 문학인 낭만주의에 의해 찬미되었다. 그런데 낭만주의와 민주주의 최대의 적이 그것을 채택했음이 주목을 이끈다. 즉 악시옹 프랑세즈에서 계속 그것이 보인다. 그 정도로 오늘날 민주주의적 정념에 아부하지 않고 애국자가 되기가 불가능하다.

*1789년 6월 17일부터 1791년 9월 30일까지 계속된 의회.

예가 있지 않은가.[18] 심지어는 교전 상태에 있거나 전쟁을 하겠다는 상황에서도 상대국들의 문화에 연연했던 나라들을 볼 수 있다. 알바 공(公)은 네덜란드에 군단을 투입하면서 네덜란드 도시들 학자의 안전은 보장했다. 18세기에 프리드리히 2세와 동맹한 독일의 작은 공국들은 우리를 적대했으나 그 어느 때보다 더 우리의 사상, 유행, 문학을 받아들였다.[19] 프랑스혁명 당시 국민의회 정부는 한창 영국과 전쟁 중이면서도 프랑스의 측량 방식을 권하는 사절단을 영국에 파견했다.[20] 정치적 전쟁이 곧 문화 전쟁이라는 관념은 정녕 우리 시대의 창조물로서 인류 도덕의 역사에서 뜻깊은 한 자리를 확보하였다.

민족 정념이 이와 달리 강세를 보이고 있는 것은 오늘의 민중들이 그들의 과거 속에서 자신을 의식하려는 의지를 지녔음을 드러내는 것이다. 보다 정확히 말하면 그들의 야심이 선조에까지 거슬러 오른다고 자각하고 '수백 년 된' 갈망에 전율하며 '역사적' 권리에 집착하려는 의지이다. 이 낭만적 애국심 역시 인기를 끌려고 표출되는 애국심의 본질이다. (여기서 대중의 인기는 상상력의 지배를 받는 모든 사람, 무엇보다 사교계와 문인들에 쏠린다.) 위그 드 리옹이 조국을 위해 플랑드르 지방을 획득하려하고 시에예스가 네덜란드를 원했을 때 옛 골인들의 정신적 재생을 기하려던 것은 아니었다고 보인다. 비스마르크가 덴마크 공국을 탐냈을 때도 튜턴 기사단의 의지를 부활하려던 것은 아니다.[21] (그의 표현을 따지는 것이 아니라)

---

18 노트 B를 보라.
19 브뤼노,《프랑스어 역사(Histoire de la langue française)》, V권, Ⅲ책 참조.
20 이 주제에 관해 오귀스트 콩트,《실증철학 강론(Cours du philosophie positive)》의 탁월한 페이지인 제57강을 보라.
21 사실 대중은 자신의 야심이 조상에까지 거슬러 올라간다고 믿지 않는다. 그들은 역사를 모르기 때문에 그것이 사실일 때에도 믿지 않는다. 자신들이 그렇게 믿는다고 믿지만 보다 정확히 말하면 그렇게 믿는다고 믿기를 원하는 것이다. 그러나 사실대로 믿

그런데 이런 야심이 웅대해질수록 민족 정념이 얼마나 폭력적으로 되었는가는 독일인들이 신성게르만제국의 계승을 주장하고 이탈리아인들이 자기들은 로마제국의 부활을 원한다고 한 후 그들의 감정이 어떤 방향으로 나아갔는지를 보면 안다.[22] 국가 통치자들이 그들의 실제 계획을 실현할 새롭고 유력한 도구를 국민감정에서 찾고 있고, 또 그것을 능란하게 이용한다는 것은 말할 필요도 없다. 최근 이탈리아 정부가 내린 결단이 그 점을 보여주는 사례이다. 이 정부는 어느 날 불현듯 피우메 보복사건*을 '유서 깊은' 요구인 듯 느끼도록 동포의 적성을 이용했다.

일반적으로는 오늘날의 민족 정념이 위인들의 실질적 정신에서는 보지 못했던 '신비성', 종교적 찬미의 성격을 띠게 된 것은 평민들 때문이라고 말할 수 있다. 그런 성격이 정념을 더 깊고 강력하게 만드는 건 말할 것도 없다. 그러나 이런 평민의 애국심을 채택하는 건 뭇 정념을 실천하는 이들이다. 그것은 귀족 계급이 지녔다고 스스로 믿는 고상함을 외치는 기수들도 마찬가지여서, 모라스는 빅토르 위고처럼 '프랑스 여신'에 대해 논한다. 그런데 민족에 바치는 이 신비로운 찬미는 찬미자들의 기질만으로 설명되지 않는다. 설명되어야 할 것은 찬미 대상에 닥친 변화다. 전보다 훨씬 우세한 군사력과 국가조직을 가진 근대국가는 충당할 인력이 없으면서도 계속 전쟁을 하고 재력이 고갈되었으면서도 장기간 생존하고 있다. 그런 것을 보면 근대국가란 자연의 존재와는 전혀 다른 본성을 갖고 있다고 믿을

는 것보다 이 점이 더 그들을 잔인하게 만들기에 충분하다.

22 이 점에서 프랑스는 인접국들에 비해 분명 열등한 상태이다. 현대 프랑스인들은 몇몇 문인들의 선언에도 불구하고 샤를마뉴 대제나 루이 14세의 야망을 구현하겠다고 주장하지 못한다.

*1차 대전 후 열린 파리 강화회의에서 이탈리아에 돌아온 몫이 미흡하다고 느낀 이탈리아의 우국파가 동부 해안의 피우메 시를 점령했다가 물러난 사건.

수밖에 없다.

나는 또한 지난 반세기 동안 민족 감정의 힘이 크게 증대했음을 지적하려 한다. 즉 본래는 별도였으나 우리 시대에 민족 감정에 통합된 정치 정념들로, 1. 유대인 반대 운동, 2. 유산 계급들의 프롤레타리아 반대 운동, 3. 민주파에 반대하는 권위주의자들의 운동을 들 수 있다. 우리는 오늘날 이 정념 모두가 민족 감정과 하나가 되는 것을 알고 있다. 이 정념은 이에 반대하면 민족 감정을 부정하는 것이라고 선언한다. 또 거의 언제나 이 세 가지 정념 중 하나를 가지면 다른 두 가지 것이 수용되고 이것이 너무나 일반화되어서, 민족 정념은 세 가지 정념 모두에 의해 비대해지고 있다. 게다가 이 비대 현상은 상호적이고, 반유대주의, 자본주의, 권위주의, 민족주의와의 결합을 통해 오늘날 완전히 새로운 세력을 수립했다고 할 수 있다. (이 동맹의 견고함에 대해서는 노트 C를 보라.)

현대에 완성된 민족 정념의 특징으로 한 가지 더 주목할 것이 있다. 어느 나라나 강력한 민족에 속하는 것이 자신의 이해관계와 직접 관련된다고 느끼는 사람들이 예전과 비교할 수 없이 많다. 오늘날 강대국이면 어떤 나라든 기업가와 고위층뿐 아니라 소상인, 소부르주아, 의사, 변호사, 또 작가와 예술가, 또한 노동자들의 상당수가 자기들의 개인 사업이 번영하기 위해서는 세력 있고 두려운 어떤 집단에 속하는 것이 중요하다고 느낀다. 단 30년 전만 해도 프랑스 소상인들이 지금처럼 이런 감정을 선명하게 드러내지 않았음은 이런 변화를 높이 평가하는 인사들도 인정한다. 이런 현상은 이른바 자유직업인들 사이에서 한층 더 새롭게 나타나는 것 같다. 예술가들이 우리나라에는 우리 예술을 외국에 강요할 권위가 없다고 거침없이 정부를 비난하는 것은 확실히 새로운 현상이다. 노동자들이 자기들 직업으로 보아 강력한 민족에 소속되어야 이롭겠다고 느끼는 감정 역시 상당히 최근 일이다. '민족-사회주의' 정당은 아주 현대적인 정치적 앙금이며, 프랑스만 여기서 제외되는 것 같다. 대기업가들 사이의 새로운 현상은 자기들 이해관계 때문에 자기들 나라가 강력하기를 바라는 것이 아니라, 그런 감정이 행동으로 나타나고 정부에 대한 공식적 압력이 되는 점이다.[23] 이해관계로 이렇듯 확장된 애국심은 앞서 말한 대로 자존심에 근거한 애국심 못지않게 널리 보급되었다.[24] 이 역시 민족 정념의 세력이 새롭게 커지도록 하였다.

마지막으로 인종, 계급, 당파, 민족을 불문하고 모든 정치 정념이 보여주는 최근의 중대한 완성을 지적하겠다. 과거에는 이 정념들이 순수한 격정의 충동이고, 천진한 본능의 폭발이었다. 적어도 대다수에게는 이념과 체계로 뻗어 나갈 여지가 없는 것이었다. 15세기 노동자들이 가진 자를 공격했을 때는 소유의 기원이나 자본의 성질에 대한 지식이 수반되지 않았던 것 같다. 게토를 돌격하여 사람들을 학살한 때에도 철학적 가치에 대한 의견은 없었던 것 같다. 메지에르 수비대를 샤를 5세의 기병대가 공격하면서 게르만 민족의 숙명 예정설이나 라틴 세계는 도덕적으로 비열하

---

[23] 예를 들어 1914년 5월 '독일 6대 기업농협회'가 베트만 홀베크 수상에게 한 연설. 이것은 1815년 프로이센 제철업자들이 기업의 이해관계를 위해 정부가 합병을 해야 한다는 뜻으로 작성한 연설문과 다를 바 없다.(비달 드 라 블라슈, 《동부 프랑스(La France de l'Est)》, XIX장 참조.) 더 나아가 일부 독일인은 그들 민족주의의 경제적 성격에 관해 공공연히 선언하려 애쓴다. 다음은 한 저명한 범게르만주의자의 언명이다. "잊지 맙시다. 흔히 외국에서는 순수한 군사주의 국가로 통하는 독일 제국이 원칙적으로는 무엇보다 경제적임을." 또 이런 말도 있다. "우리에게 전쟁이란 평화 시 경제 활동의 지속일 뿐이다. 수단은 다르지만 방식은 같다."(나우만, 《중부 유럽(L'Europe centrale)》, 112쪽, 247쪽. 책 전반부를 보라.) 상업적 애국심을 따라 움직이는 것은 분명 독일만이 아니지만(영국 역시 훨씬 전부터 최소한 그만큼 실천하고 있다) 그런 애국심을 찬양하는 점에서는 독일이 유일하다.

[24] 그리고 정념이 미약한 애국심을 형성하는 것을 보라. 이해관계에 근거하여 애국심이 외국과의 타협(예를 들어 프랑스-독일 철강 협정)을 수락하는 것을 보라. 또 이에 대해 자존심에 근거한 애국심으로 항거하는 것을.

다는 설을 되살린 것 같지는 않다. 지금은 각각의 정치 정념이, 단단한 교리의 그물망을 갖추고 있음이 보인다. 이 교리의 기능은 모든 면으로 보아 정념의 행위만이 최고의 가치를 지닌다는 것을 증명하는 것이다. 또 정치 정념은 자연히 정념의 위력을 부쩍 키우면서 그 교리들 속에 투영된다. 우리 시대는 어느 정도로 이 체제를 발전시켰으며 각 정념은 얼마나 교묘하고 집요하게 모든 면에서 그 정념을 만족시킬 이론들을 구축했는지, 또 이 이론들은 얼마나 정밀하게 이를 잘 만족시켰고 모든 방면에서 얼마나 호사스런 연구와 노고를 들이며 심오하게 추진되었는지, 이를 지적하려면 이른바 범게르만주의인 독일 민족주의의 이념 체계 및 프랑스 왕정주의의 이념 체계를 예로 들면 충분하다. 우리의 세기는 정녕 정치적 증오를 지적으로 조직하는 세기가 될 것이며, 그것은 인류의 도덕사에서 가장 중요한 제목의 하나가 될 것이다.

이 체계 이후 어느 정념이나 자신이 선을 실행하는 요원이며 적(敵)은 악의 천재라는 것을 성립시켰다. 어쨌든 정념은 오늘날 정치뿐 아니라 도덕, 지성, 미학에서 그런 체계가 세워져야 한다고 주장한다. 반유대주의, 범게르만주의, 프랑스 왕정주의, 사회주의는 비단 정치적 표현에 그치지 않는다. 그 주의들은 특정한 양식의 도덕성, 지성, 감성, 문학, 철학, 예술 개념을 수호하고 있다. 또한, 우리 시대는 정치 정념의 이론화에 두 가지 새로운 요소를 도입했는데 그 새로움이 이 정념을 유난히 불태우지는 못한다. 첫째, 오늘날 모든 정념은 자기의 운동이 '진화의 방향', '역사의 심오한 발전'에 일치한다고 주장한다. 마르크스, 모라스, H. S. 체임벌린, 그 누구의 것이든 이 시대의 모든 정념은 하나의 '역사 법칙'을 발견했음을 우리는 알고 있다. 이 법칙에 따르면 그들의 운동은 역사 정신을 추종할 뿐이며, 따라서 반드시 승리한다. 반면 그들의 적수는 이 역사 정신에 위배되고, 따라서 그들의 승리는 헛되기만 할 것이다. 하지만 이는 운명을 자기에게 유리하게 돌리려는 고대의 의지에 과학의 옷을 입혔을 뿐이다. 이 사실로부터 우리는 두 번째 새로운 요소를 알게 된다. 그것은 오늘날 모든 정치적 이데올로기는 과학에 근거하며 '사실을 엄밀하게 관찰'한 결과라는 주장이다. 우리는 오늘의 이런 정념들이 정치 정념의 역사에 아주 새로운 확신, 완강함, 비인간성을 부여하는 것을 알고 있다. 프랑스 왕정주의가 이러한 정념을 주장하는 하나의 좋은 예이다.[25]

한마디로 정치 정념은 오늘날 지금까지 알지 못했던 보편성, 연대성, 동질성, 구체성, 연속성 및 다른 정념들에 대한 우월성을 제시하고, 일찍이 본 적이 없는 자의식을 갖추고 있다. 그 가운데 지금까지 잘 드러나지 않았던 자의식도 이제 눈을 뜨고 예전의 정념들에 추가된다. 또 어떤 정념들은 일찍이 없었던 정도로 격렬해지고 전에는 미치지 못했던 도덕의 영역에서 사람의 마음을 사로잡고, 수 세기 동안 보지 못한 신비성을 띠고 있다. 결국 모든 정념이 이데올로기라는 장비를 갖추고 그 장비를 이용한 과학의 이름으로 그들의 행위가 최상의 가치이며 역사적 필연성을 갖는다고 스스로 부르짖는다. 정치 정념은 오늘날 피상적이든 심오하든, 공간적이든 내적 힘이든, 일찍이 역사에 없던 발전 단계에 도달해 있다. 이 시대는 그야말로 정치의 시대이다.

---

25 그리고 공산주의.(1946년 판 각주)

II
이러한 운동의 의미. 정치 정념의 성질

이러한 운동이 지니는 의미는 무엇인지, 인간의 단순하면서도 심오한 어떤 성향으로부터 이런 운동이 진전하고 승리를 보는지, 이 질문은 정치 정념의 본성이 무엇이며 그것이 보다 넓고 보다 근본적인 영혼의 어떤 경향으로부터 표출되는지, 또 학파에서 말하는 그것의 심리 기초는 무엇인지 하는 문제로 돌아온다.

이 정념은 결국 두 가지의 기본적 의지로 수렴되는 것 같다. 1. 세속적 부를 얻으려는 (또는 보존하려는) 인간 집단의 의지이며, 그 부는 즉 영토, 물질적 재산, 부에 포함되는 세속적 이익과 함께하는 정치권력들이다. 2. 다른 한 집단의 인간은 자신들이 특수하고, 다른 사람들과 구분된다고 느끼려 한다. 다시 말해, 정념은 이해관계의 충족과 자존심의 충족을 추구하는 두 의지로 귀결된다고 할 수 있다. 이 두 가지 의지는 뜻하는 바에 따라 아주 다른 모습으로 정치 정념 속에 들어온다. 인종의 정념은 다른 무엇보다도 일단의 사람들이 스스로 구분되려는 의지인 것 같다. 민족 정념과 뒤섞지 않는 한에서다. 종교 정념도 순수 상태라면 같은 이야기를 할 수 있다. 반대로 계급 정념은 적어도 노동계급에서 보이는 건 분명히 세속적 부를 획득하려는 의지로만 이루어져 있다. 조르주 상드와 1848년*의

---
*1848년은 '인민의 봄'으로 불리는 2월 혁명의 해.

사도(司徒)들이 그들 계급에게 주입시켰던, 다른 사람들과 다르다고 하는 의지는, 적어도 연설로만 보면, 오늘날 노동자들 사이에서는 상당히 포기된 것으로 보인다. 그러나 민족 정념을 보면 두 요소가 결합되어 있다. 애국자는 세속적 부도 소유하기를 원하고 남다르다고 자처하기도 바란다. 민족 정념이 정말로 하나의 정념일 때 왜 다른 정념들, 특히 사회주의에 비해 명백히 우세한가를 밝혀주는 비밀이 그것이다. 오직 이해관계에 기인하는 정념은 이해관계와 자존심을 동시에 동원해내는 다른 정념과 상대가 되지 않는다. (이 점이 부르주아에 의해 행사되는 계급 정념 앞에서 사회주의의 힘이 약한 한 이유이다. 부르주아는 물질의 소유와 탁월한 지위, 두 가지를 희망하기 때문이다.) 한편으로 이해관계, 또 한편으로 자존심, 이 둘에 근거한 두 가지 의지는 언제든, 아주 불균등하지만 격정적인 힘을 만드는 것 같다. 앞서 보았듯이 그 두 가지 중에서 가장 막강한 것은 이해관계를 만족시키려는 의지가 아니다.[1]

그런데 정치 정념의 기본적 의지가 무엇을 의미하는지 생각해 보면 인간 의지를 구성하는 두 개의 필수 요소인 것 같다. 그것은 진정한 실존 속에 있으려는 의지이다. 1. 약간의 세속적인 재산을 소유하기 바라고, 2. 스스로가 특수하다고 느끼기를 원하는 것이다. 이 두 가지 욕망을 경멸하는 모든 존재, 즉 정신적 재화만을 추구하거나, 아니면 늘 보편만 보고 자기 주장을 하는 모든 존재는 현실을 초월해 있다. 정치 정념, 그중에서도 특히 위에서 말한 두 욕망을 결합시킨 민족 정념은 근본적으로 현실주의적 정념

---

[1] 이 발언은 정확히 20년 전이고 현재는 그렇지 않다. 공산주의가 이익을 충족시키고 권력까지 장악하려는 것만으로도 적어도 프랑스에서는 최소한 민족 정념만큼 — 그 민족 정념이 아직 정념의 상태로 있다는 것을 인정하면 — 정치 정념을 이루는 것 같다. 그것을 지탱할 수 있게 해주는 정념은 부르주아의 정념이다. 이 또한 오직 이해관계에 토대한다. 민족 정념과 너무도 다른 것은 이익을 지키기 위해서는 외국의 지배라도 받아들이려는 것이다.(1946년 판 각주)

인 것 같다.

　여기서 많은 사람이 항의할 것이다. "그렇다. 정치 정념을 성립시키는 의지는 현실주의적 의지다. 그러나 그것은 그 의지들을 저마다 자신이 속한 전체에 전달한다. 노동자가 물질적 재화의 소유자가 되려는 것은 개인으로서가 아니라 계급으로서다. 애국자가 영토의 소유자이고자 하는 것은 자기를 위한 옹색한 것이 아니라 민족으로서다. 그가 다른 사람들과 구분되려고 하는 것도 그의 민족 때문이다. 그렇게 개인에서 집단으로 전해져 성립되는 정념을 당신은 현실주의라고 부르겠는가?" 이에 대해 어느 개인이 자기는 전체에 소속되어 있다고 주장하면서 전체에게 이 욕망을 전달하면 본성은 그대로인데 분수없이 규모만 커진다는 것을 답해야 하는가. 그의 나라 때문에 타인과 구분되고자 하여도 그는 여전히 세속적인 소유를 원하고, 여전히 타인과의 구분을 원하는 것이다. 단 그가 프랑스인이라면 브르타뉴와 프로방스, 기아나, 알제리, 인도차이나의 소유자이기를 원하는 것이다. 또 잔 다르크, 루이 14세, 나폴레옹, 라신, 볼테르, 빅토르 위고, 파스퇴르를 들어 타민족과 구분되기를 원하는 것이다. 그건 또한 이 욕망을 불안정하고 일시적인 것이 아니라 '영원한' 것으로 만들어 주고 그렇게 되는 효과를 느끼게 한다. 민족 이기주의는 민족적이기 때문에 계속 이기주의일 뿐은 아니다. 그것은 '신성한' 이기주의가 되고 있다.[2] 우리가 정의한 것을 죄다 말해버리자. 정치 정념은 특수한 현실주의에서 비롯되고, 또 그 세력에 포함된 정념은 어떻게 해서 그렇게 되었든 신성화된 현실주의임을.[3]

2　"조국애는 진정한 자기 사랑이다."(생 에브르몽*)
3　특히 애국심으로 이루어지는 현실주의를 신성하게 하는 것은 《독일 민족에게 보내는 연

*Saint-Évremond, 1614(?)~1703, 프랑스 종교 내란과 정변기에 군인으로 생애를 시작한 저명한 도덕주의자, 자유사상가.

그러므로 지금까지 묘사한 정치 정념의 완성을 보다 근본적이고 더욱 깊이 있게 표현하려면 이렇게 말할 수 있다. 사람들이 오늘날 일찍이 보지 못했던 지식과 의식을 가지고 현실적이고 실질적으로 살려는 의지를 드러내는 것은 세속의 초탈, 혹은 형이상학에 반대된다. 더구나 요즘에는 정치 정념이 점점 더 얼마나 명백하게 이 현실주의, 그것만 강조하려 하는지 주목할 만하다. 여기서 인간 보편은 개의치 않고, 정의라든가 '형이상학의 환영(幻影)'⁴을 인류에게 주지 않으며, 다만 자기 계급의 이익을 위해 세속적 부의 획득만을 추구하겠다고 유유히 선언하는 것이 무릇 사회주의이다. 사실 어디서나 순수한 현실주의를 찬양하는 것이 민족이다. 전에는 자기들이 행복이라고 믿는 교리를 다른 국민에게 전하겠다고 싸운 이가 바로 프랑스 국민이었으나(나는 국민을 말한다. 지배자들은 그처럼 천진한 적이 없었다.) 지금은 바로 그 국민이 '원칙을 위해' 투쟁한다는 혐의만 받아도 부끄럽게 여기리라.⁵ 예전의 전쟁치고는 초연한 정념을 약간 뒤흔들었던 유일한 전쟁이 종교전쟁인데, 인류가 다시는 그러한 전쟁을 안 치르도록 되었음은⁶ 시사적이지 않은가? 적어도 평민들 사이에서는 거창한 이상주의

설》(8번째 연설)에서 바람직한 솔직성을 가지고 표명되었다. 피히테는 종교가 지상의 모든 이해관계를 초월하는 높은 세계를 설정하는 것에 항의한다. "크리스트교가 흔히 했듯이 국가와 민족의 문제에 깨끗이 초연한 것을 진정한 종교 정신으로 설교하는 것은 종교의 남용이다." 인간은 "지상에서 천상을 찾으려 하고 지상의 일에 지속적인 것이 배어들기를 원한다"고 그는 선언한다. 그다음 그는 온 열성을 다해 이런 결심이 애국심의 본질이라고 제시한다. 그에게는 지상의 과업은 지속이 될 때 신성화되는 것이 분명하다. 사실 이것이 사람들이 그들의 업적을 신성화할 수 있던 유일한 길이다.

4 마르크스는 이러한 '추상화', '신적 부분'에 대한 인간의 애착을 경멸한다. 그에 따르면 그것은 인간이 얼마큼 추락했는지를 표시한다.(1946년 판 각주)

5 미국이 지난 전쟁(이 책 전체에서 '지난 전쟁'이란 표현은 1914년 전쟁을 가리키는 것임을 상기시켜야만 하는지. ― 1946년 판 각주)에 개입한 것은 '원칙의 수호'를 위해서가 아니라 독일이 미국 함정 3척에 가한 폭격으로 손상된 체면을 세우려는 실질적인 목적이었음을 상기해야 할지? 그럼에도 이 사건에서 순수한 이상주의자로 통하고 싶었던 그들의 욕망이 주목할 만하다.

6 종교 정념들은 적어도 서양에서는 민족 정념을 강화하기 위해서만 존재한다고 할 수 있

적 운동이던 십자군 같은 것에 현대인들은 아이들 유희 장면처럼 웃고 지나간다. 더욱 의미심장하게는, 정치 정념 중에서도 가장 현실주의적이었다고 내가 지적한 민족 정념이 오늘날에는 얼마나 많은 다른 정념들을 흡수하였는가.[7] 또한, 타인과 구분되려는 특정 집단의 의지인 이 정념이 지금까지 도무지 보지 못했던 의식 수준에 도달하고 있음을 덧붙이자.[8] 결국, 우리가 정치 정념들에서 알아보았던 높은 특권인 현실주의의 신격화가 드러났다. 민족, 조국, 계급은 오늘날 솔직히 신(神)이다.[9] 상당수의 사람들에게 그것은 유일한 신이라고까지 할 수 있다. (또 많은 사람이 이 사실을 자랑한다.) 인류는 지금과 같은 정치 정념의 실천으로 더 심한 현실주의자, 더 배타적이고 일찍이 보지 못했던 정도의 종교적 현실주의자임을 드러낸다.

다. 프랑스에서는 '보다 프랑스답다'고 보이려면 가톨릭으로, 독일에서는 '보다 독일답다'고 나타내려면 프로테스탄트로 자처한다.

7 예전에는 민족 정념에 항거했고 오늘날은 그에 순종하는 것이 이상주의적 정념인데 두 경우가 주목을 끈다. 예1) 프랑스에서는 군주제의 정념이 (이를 택한 이들에게는) 1792년 민족 감정에 대해 승리했다. 그리고 1914년에는 그 정념이 민족 감정 앞에서 완전히 사라졌다.(1939년의 오류. 그 해에 프랑스 반민주파는 분명히 민족 감정보다 정권에 대한 증오를 앞세웠다. 1946년 판 서문을 보라. — 1946년 판 각주) (어떤 형태의 정부, 다시 말해 근본적으로는 어떤 형이상학 개념에의 집착은 국민감정보다 훨씬 더 이상주의적인 정념임을 누구나 시인하리라. 그러나 나는 이 이상주의가 외국 이민을 고취한다고 주장하는 것은 아니다.) 예2) 독일에서는 반세기 전만 해도 독일 민족의 절반에게서 종교적 정념이 민족 감정을 지배했다. 그런데 그 정념은 오늘날 민족 감정에 완전히 굴복했다. (1866년에 독일의 가톨릭 교인들은 독일의 패배를 바랐다. 1914년에 그들은 열렬히 승리를 원했다.) 오늘의 유럽은 예전의 유럽에 비해 내전의 가능성은 훨씬 줄어들고 국가 간의 전쟁 가능성은 훨씬 커진 것 같다. 유럽 이상주의의 상실을 이보다 더 극명하게 드러내는 것이 없다. (가톨릭이 그들의 민족주의를 구속할 때 현대 가톨릭 교인들이 보이는 태도에 대해서는 이 책의 노트 D를 보라.)

8 예를 들어, 1926년 12월 11일 이탈리아 교육과 미술 장관의 다음과 같은 베네치아 발언이 있다. "예술가는 우리의 예술이 성취해야 하는 새로운 제국주의적 기능에 대비해야 할 것이다. 무엇보다 이탈리아다운 원칙을 명백히 부과해야 한다. 외국의 것을 복사하는 이는 누구나 비밀의 문으로 적이 들어오도록 내통하는 첩자와 같이 국가 모독죄를 범하는 것이다." '순수 민족주의'를 채택한 모든 사람이 인정하지 않을 수 없는 발언이다. 한편 이것은 프랑스의 몇몇 낭만주의 반대자에게서 듣는 소리와 거의 흡사하다.

9 "상부에서 하부까지의 규율, 그리고 종교적 형태의 규율이 필수적이다."(무솔리니, 1925년 10월 25일 발언) 국가 지도자의 발언으로서는 그가 아무리 다시없는 현실주의자라고 해도 정말로 새로운 말이다. 리슐리외나 비스마르크라면 오직 물질적 목적을 지닌 행동에 종교적이란 말을 적용할 수 없었을 것이다.

III
지식인. 지식인의 배반

나는 그를 뼛속까지 정신적 존재이도록 만들었다.
이제 그의 정신에는 속속들이 육신의 살이 파고들었다.
보쉬에, 《거양성체(Elévations)》, Ⅶ, 3.

앞장 내내 나는 부르주아든 서민이든 간에 다수의 무리, 왕, 대신, 정치 지도자들만 고찰하였다. 이들은 속인이라고 할 부류에 들고, 그들의 모든 직분은 본질적으로 세속의 이해관계를 추구하는 것이다. 요컨대 점점 더 일방적이고 체계적으로 현실주의자임을 자처하면서 사람들이 그들에게 기대하는 것만을 줄 뿐이다.

이러한 인간들을 옆에 두고 어떤 시인이 한 구절을 쓰고 있다.

지상에 머물러 천상을 알지 못하는 영혼[1]

지난 세기 후반까지는 그러한 이들과는 본질적으로 다른 인간을 가려낼 수 있었으며, 이들이 세속인들을 제법 통제했다. 나는 이 계층의 인간들을 성직의 사명을 띤 지식인(les clercs)이라고 부르겠다. 그 이름은 애초

---

1 O curvœ in terram animœ et cœlestium inanes.

에 실질적 목표를 추구하지 않는 행위, 예술, 학문, 또는 형이상학적 사색의 행위, 한마디로 세속적이지 않은 부(富)를 소유하는 데서 오히려 희열을 찾고 어떻게든 "나의 왕국은 이 속세가 아니다."라고 말하는 사람들을 뜻한다. 우리는 오늘날까지 이천 년 이상의 역사를 보아, 철학자와 종교인, 문학인, 화가, 학자들 거의 모두가 끊임없이 실제로 그 행렬에 선 것을 알고 있고, 지금 이 시대에도 거의 모두 그렇다고 말할 수 있는데, 그 운동은 대중의 현실주의에 대한 명확한 반대였다. 특히 정치 정념에 대해 이 지식인들은 두 가지 방식으로 반대해 왔다. 그러한 정념에 두말없이 등을 돌리고, 다빈치, 말브랑슈, 괴테처럼 순수한 정신의 초월적 행위에 집착하고 이러한 유형의 삶을 최상으로 여기는 신념을 만들어낸 것이다. 아니면 본연의 모럴리스트들로서 인간 이기주의의 갈등에 깊은 관심을 갖는 이들로, 에라스뮈스, 칸트, 르낭 같은 이들은 인류 혹은 정의의 이름으로 추상적이고 우수하며 정념과는 정면으로 대립되는 원칙을 설교하였다. 물론 이 지식인들의 행동은 무엇보다 이론적이었고 그러한 원칙이 개인적 이기주의를 압도했으므로 근대국가를 창설한 것이리라. 그들은 속인들이 뭇 역사를 증오와 살육의 소란으로 가득 채우는 것을 막지는 못했으나 대중이 그런 운동을 맹신하지 못하도록, 또 이 운동을 완성하여 위대하다고 자신하지 않도록 견제할 수는 있었다. 그들 덕분에, 이천 년간 인류는 악을 저질렀으나 선을 추앙해 왔다고 할 수 있으리라. 이 모순은 인간의 명예였으며, 문명이 스며들 틈을 만들어 주었다.

그런데 19세기 말에 중대한 변화가 일어났다. 지식인들이 정치 정념을 갖고 유희를 벌이기 시작한 것이다. 인민 대중의 현실주의에 재갈을 물려왔던 그 사람들이 대중을 부추기고 있다. 인류의 도덕이 기능하는 데 일어난

이 혼란은 여러 방식으로 나타나고 있다.

1. 지식인들이 정치 정념을 받아들이다.

　우선 지식인들이 정치 정념을 받아들이고 있다. 오늘날 유럽 전역에서 압도적인 다수의 문인과 화가들, 상당수의 학자와 철학자, '신의 사절들'이 민족적 증오와 정치적 파벌의 와중에 가담하고 있고 또한 민족적 정념을 받아들임은 아무도 부인할 수 없으리라. 물론 단테, 페트라르카, 도비네, 또는 카보슈파(Caboches)* 옹호론자들과 동맹**의 설교자 같은 이들은 우리 시대가 아니라 그 당시에 이미 격분하여 이 정념들을 발휘했음을 충분히 말해 준다. 그러나 적어도 위대한 인간들 사이에서는 이런 지식인들이 예외다. 앞서 지적한 거장들이 아니라 아퀴나스, 로저 베이컨, 갈릴레이, 라블레, 몽테뉴, 데카르트, 라신, 파스칼, 라이프니츠, 케플러, 하위헌스, 뉴턴, 그 밖에도 볼테르, 뷔퐁, 몽테스키외 같은 이들 집단을 생각해 보면 그 시대에도 사색적 인간들은 모두 정치 정념에는 낯설었다. 그들은 괴테와 함께 "정치는 외교관과 군인에게 맡깁시다."라고 선언하고, 만약 그 정념을 존중하는 경우에도(볼테르처럼), 비판적 태도를 보이며 정념 자체를 위해 매달리지는 않는다는 것을 우리는 거듭 말할 수 있으리라. 또 더군다나 루소, 메스트르, 샤토브리앙, 라마르틴, 더구나 미슐레 같은 이들처럼 그 정념을 품을 경우 일반적인 감정과 추상적인 관점에 애착을 지녔

---

*샤를 6세 치하인 1411~1413년 사이에 왕정에 대해 부르고뉴 공을 지지하고 개혁을 요구한 정파. 지도자 시몽 카보슈의 이름을 따서 카보슈파로 불렸다.
**Ligue. 종교전쟁에서 프랑스 칼뱅파인 위그노에 대립한 가톨릭 동맹을 말함.

으며, 또 직접적인 것을 경멸하여 정념이라는 이름 자체는 배제시켰다. 정념의 특징은 행동 중심, 당장의 성과에 대한 갈증, 오직 목적에 대한 염려, 논쟁에 대한 경멸, 과격함, 증오, 고정관념이다. 오늘날은 지식인들이 정념의 그 숱한 특징들을 모조리 지니고 정치 정념을 행사하는 점은 몸젠, 트라이치케, 오스트발트, 브륀티에르, 바레스, 르메트르, 페기, 모라스, 단눈치오, 키플링과 같은 이들의 이름을 들면 된다. 현대 지식인들은 속인들만이 공공의 광장으로 내려오도록 두고 보지 않는다. 지식인은 자청해서 시민 정신이 되고 그런 정신을 힘차게 행사하려 하며 또 자부한다. 예술이나 학문에 침거하여 정치도시(시테)의 정념에는 아랑곳하지 않는 자는 경멸하는 것이 그 지식인의 문학에 범람한다. 다빈치에게 피렌체의 불행에 무관심하다고 모욕을 주는 미켈란젤로와 미의 탐구, 그것만이 마음을 짓누르고 있다고 대답하는 《최후의 만찬》의 거장 사이에서 그는 거칠게 전자의 입장에 선다. 플라톤이, 철학자라면 반드시 국사를 염려하도록 철학자를 사슬에 묶어두기를 요구했던 시대는 멀리 지나갔다. 마땅히 영원한 것을 추구해야 함에도 정치에 몰두해야 위대하다고 믿는 것[2], 이것이 현대 지식인이다. 지식인이 속인의 정념에 이렇게 집착하면 속인의 가슴속에 있는 그 정념이 얼마든지 공고해진다는 것은 당연하고도 분명하다. 우선 그것은 현실 세계 너머에 자신의 이익을 두는 사람들(우리가 위에서 말한)의 모습을 떠올리지 못하게 한다. 다음으로 지식인이 정치 정념을 받아들이면 특히 예술가는 굉장한 감성적 근거를 갖고 사색가는 설득력을 지니며 그것은 두 부류 모두에 도덕적 권위를 부여한다.[3]

---

2 특히 르낭과 그의 "관조적 부도덕성"(immoralisme spéculatif)(H. 마시스, 《심판(Jugements)》, I).

3 이 위엄이 역사상 새롭다는 것은 노트 E를 보라.

이 문제를 더 살피기 전에 몇 가지 나의 견해를 밝혀야 할 것 같다.

1. 나는 이 시대 이전의 사색인 전체에 관해 말했다. 그런데 세속인들의 현실주의에, 예전의 지식인들은 반대했지만 오늘날의 지식인들은 따르고 있다는 것은 전체적으로는 이 두 집단을 한 덩어리로 간주한 것이다. 즉 일반적 성격에 일반적 성격을 대립시킨 것이다. 다시 말하면, 어느 독자가 재치 있게도 전자의 그룹에도 현실주의자인 사람이 있고 후자에도 현실주의자 아닌 사람이 있음을 지적하더라도 나는 전혀 모순을 느끼지 않을 것이며, 그 독자는 곧 전체적으로는 각 그룹이 내가 지적한 성격을 확실히 드러낸다는 점을 깨닫게 될 것이다. 마찬가지로 어떤 특정 지식인을 말할 때는 그의 다른 작품을 지배하는(다른 작품들이 때로 이 주저와 모순되는 한이 있어도) 주서(主著)를 보아야 한다. 말브랑슈의 《모럴》 가운데 어떤 구절들은 노예제를 정당화하는 것 같다고 해서 그가 자유주의의 거장이 아니라고 할 것이며, 《자라투스트라》의 결론이 복음서 같은 우애의 표현이라 하여 니체를 전쟁에 모럴을 요구한 이가 아니라고 할 수 있는지. 이렇게 말할 수 있는 것은 또한 말브랑슈가 노예제 지지자로서, 니체가 인도주의자로서 어떤 행동도 한 바 없기 때문이다. 우리의 관심사는 지식인들이 사회에서 보인 행동이지 그들 자신이 어떠했는가가 아니다.

2. 여러 사람이 이렇게 말할 것이다. 바레스, 페기 같이 너무도 당당하게 행동하는 인간들, 숱한 증거로 보아 오직 현재의 필요에 전념하고 오직 오늘의 시계추에 따라 움직이는 이들을 어떻게 지식인으로 다룰 것이며, 또 그들에게 지식인으로서의 정신 상태가 결여되어 있다고 비난하겠는가.

바레스는 거의 신문 기사로만 의견을 표명하지 않았던가. 나는 이에 대해, 이 사상이 당장은 행동형으로만 보여도 고도의 사색이 낳은 지적 행위이며 철학 본연의 명상이 이루어낸 결실이라고 답변하겠다. 논쟁을 불러일으킨 글만 보아도 바레스나 페기나 자기들이 단순히 치열한 논객으로 간주되기를 허용치 않을 것이다.[4] 사실은 지식인이 아닌 이 인물들이 지식인으로 자처하고 그렇게 통하는 것이다(바레스는 자신이 용기를 내서 투기장으로 내려온 사상가라고 스스로 말했다). 그들은 또한 그것으로 행동파 사이에서 특별한 위세를 누린다. 우리의 연구 주제는 지식인 본연의 모습이 아니라 지식인으로 통하고 그런 간판으로 세상에서 행동하는 모습이다.

모라스와 악시옹 프랑세즈의 다른 박사들에 대해서도 나는 같은 답변을 하겠다. 사람들은 내게 그들이야말로 더 격한 행동파이므로 그들에 주목하는 것은 지지할 수 없다며 더 심하게 항의할 것이다. 그들은 오직 객관적인 역사 연구, 고도의 순수 과학 원리에 입각하여 행동한다고 주장한다. 그런데 행동파들이 그들을 특별히 경청하는 이유가 바로, 이 학자라는, 실험실에서의 준엄성 같은 진실을 위해 투쟁하는 이들이 자기들이라는 주장인데, 전투적 지식인이며, 그럼에도 지식인이라는 전략적 입장이다.

3. 마지막으로 내 생각을 한 가지 더 밝히고 싶다. 지식인이 공공의 광장에 내려올 때, 내가 앞서 지명한 이들처럼 계급과 인종, 또는 현실적인 민족 정념이 승리를 거두게 하려는 것이라면, 그건 지식인의 직분을 저버

---

[4] 바레스는 1891년 라 플륌 사장에게 이렇게 써 보냈다. "그 책들이 조금이라도 가치가 있다면 그것은 내가 5년 동안 기울인 논리와 일관성 있는 정신 때문이다('그 책들이'란 그의 불량제당 선전을 뜻함)." 그리고 《민족주의의 현장과 교리(Scènes et Doctrines du nationalisme)》라는 제목이 붙은 그의 논설집 서문에서 그는 이렇게 썼다. "한참 더 시간이 지나면 두미크가 내 책이 모순이 아니라 진화임를 알아보리라 믿는다."

리지 않는 것 같다. 제르송이 루이 도를레앙 공(公)의 암살자들을 규탄하기 위해 노트르담 교단으로 올라갔을 때, 스피노자가 생명의 위험을 무릅쓰고 비트 살해자들의 문에 "극도의 야만적 행위"라고 쓰러 왔을 때, 볼테르가 칼라스를 옹호하여 투쟁했을 때, 졸라와 뒤클로가 저 유명한 재판*에 증인으로 출두했을 때, 그들은 남김없이 또한 그야말로 고귀한 방식으로 지식인의 직분을 수행하고 있었다. 그들은 추상적 정의를 집전하는 지식인이었고, 세속의 목적을 위한 어떤 정념으로도 오점을 남기지 않았다.[5] 하물며 지식인이 공적으로 행동할 때라면 직분에 맞게 행동하는지 아닌지를 알 수 있는 아주 확실한 판별 기준이 존재한다. 즉 (소크라테스, 예수처럼) 이해관계를 거북해 하는 지식인은 당장 속인에 의해 화(禍)를 입는다. 세속인들에 의해 추앙받는 지식인은 직분을 저버린 배신자라고 앞질러 말할 수도 있다. 그러나 정치 정념에 현대의 지식인이 가담하는 문제로 되돌아오자.

특히 낯설고 심한 충격을 주는 듯한 것은 민족 정념에 대한 가담이다. 다시 말하지만, 인류는 분명 지식인들이 이 정념에 취하는 것을 보려고 이 시대를 기다리지 않았다. 연민으로 항시 한숨을 쉬었던 시인들은 말할 것도 없다.

> 고향은 모두를, 누구든 얼마나 달콤하게 유혹하는지[6]

---

5 전에도 지식인들이 그들의 지위를 실추시키지 않고 어떤 민족, 어떤 국가, 게다가 그들의 인종, 그들의 국가를 편든 사례가 있을 것이다. 그것은 그때 그 민족이나 그 국가의 명분이 추상 정의의 명분과 일치해 보였기 때문이다.

6 Nescio qua natale dulcedine solum cunctos Ducit.

*1898년 드레퓌스 사건의 재판

또한, 철학자들이라면 스토아학파 이전의, 누구나 열렬한 애국자이던 고대로 거슬러 올라갈 것도 없이 역사는, 크리스트의 강림 이후, 그리고 지금보다 훨씬 전에 작가, 학자, 예술가, 모럴리스트, 하물며 '보편' 교회의 사제들마저 대체로 분명하게 자기들이 속한 집단에 유난히 집착하는 것을 목격하였다. 그러나 이들의 애정은 이성의 토대 위에 머물러 있었다. 즉 그러한 애정은 대상을 비판할 능력이 있었고, 애정의 대상이라도 과오를 발견하면 밝혀냈다. 루이 14세 치하의 전쟁들에 대한 페늘롱이나 마씨용 같은 이들의 비난, 팔라티나의 약탈*에 대한 볼테르 같은, 나폴레옹의 폭거에 대한 르낭 같은 이의 비난, 프랑스혁명에 대한 영국의 불관용을 비난하는 버클리의 말, 우리 시대에도 프랑스에 대한 독일의 사나움을 지적하는 니체의 비난을 상기해야 할지?[7] 사상가, 또는 그렇게 자처하는 이들이 그들의 판단에 어떠한 제동도 걸지 않고 공공연히 애국심을 들먹이며 "조국이 부당한 경우에도 조국이 옳다고 해야 한다."라고 선언하고(바레스), 자기 나름의 정신의 자유, 최소한 언론의 자유를 수호하는 동향인들을 민족의 배신자로 선포하는 것은 이 시대에 남겨진 일이다. 우리는 프랑스에서 지난 전쟁** 당시 그처럼 많은 '사상가'들이 조국의 역사에 대한 르낭의[8] 자유로운 판단을 공격했던 사실을, 또 얼마 전에는 비판의 권리를 감

---

[7] 그러한 움직임들은 고대인에게서도 보인다. 예를 들어 키케로는 그의 동향인들이 그들의 대사가 받은 모욕을 복수하기 위해 코린트 도시를 파괴한 것을 수치로 알게 한다.《의무론(De off.)》, I, xi쪽.)

[8] 이미 1911년에 한 작가가 이 구절을 인용한다. "인류가 수세기 동안 결혼, 전쟁, 편협하고 무지하고 이기주의적인 피조물의 계약에 묶여 있다는 사실을 인정할 수가 없다. 그 피조물은 중세에는 이승의 일들에 항거했다." 그는 또 이렇게 덧붙여야 한다고 생각했다. "이 구절을 기록한 인물이 르낭이라는 것이 다행이다. 지금은 못된 프랑스인이라고 비난

*라인 남부의 팔라티나 지방이 1674년과 1689년 두 차례 프랑스군의 대규모 침입과 파괴를 당한 사건을 말함.
**1차 대전

싸는[9] 애국심을 가르친 스승(자콥)에 반대해 일단의 젊은이들이 정신적 삶의 소생을 명분으로 일으킨 폭동을 잊지 않는다. 1914년 10월 독일의 벨기에 침공과 폭력 행위가 있은 후, "우리는 사과할 것이 아무 것도 없다."[10]라고 밝힌 독일 학자의 말, 이 말은 만약 자기들의 나라가 유사한 상황에 처했다면 당시 대부분의 정신적 지도자들, 프랑스에서는 바레스, 이탈리아에서는 단눈치오, 그리고 보어전쟁에 반대하는 영국민의 운동 당시 태도로 보아 영국에서는 키플링, 대 쿠바 합병 당시 미국민을 장악한 것을 상기하면 미국에서는 윌리엄 제임스가 그랬을 것 같다.[11] 한편 내 편에서도 강력한 국가를 이루는 것은 이 맹목적 애국심이며, 페늘롱이나 르낭의 애국심은 왕국을 보장해주는 것이 아님을 인정하려 한다. 그러나 지식인의 직분이 제국을 보장하는 것인지는 미심쩍은 일이다.

민족 정념에 지식인들이 가담하는 것은 최상이라 할 지식인들, 즉 교회 인사들 사이에서 더 눈에 띈다.[12] 유럽 모든 나라에서 50년 전부터 그들 중 대다수가 민족 감정에 가담하고, 따라서 온 마음을 오직 신에 바치는 활동을 그쳤을 뿐만 아니라 우리가 앞에서 본 문인들이 지닌, 그런 열정적 감정을 택한 것 같다. 아울러 그들 역시 불의에 대해서는 논란을 벌이지 않고 자기들 나라를 지지하려는 듯하다. 이 사실은 지난번 전쟁 당시

받지 않고는 그런 구절을 쓸 수 없을 것이다."(G. 기그랑, 《민족주의적 철학(La philosophie nationaliste)》, 165쪽.) **사상가들에 의해** 비난받는다고 쓰지 않은 점이 이상하다.

9 특히 H. 마시스.
10 샤퐁 주교*의 훌륭한 저작 《크리스트 교리에 비추어 본 프랑스와 독일(La France et l'Allemagne devant la doctrine chrétienne)》(1915. 8. 15. 서한).
11 그의 편지(Ⅱ, 31쪽)를 참조.
12 오늘날 지식인들이 쉽게 군 복무를 허용하는 것에 대해 노트 F를 보라.

*1868~1923, 니스의 주교

독일 지식인에게서 명백히 드러났다. 독일 지식인이 그의 나라가 범한 폭거에 항의하는 것은 그림자도 찾아볼 수 없었는데,[13] 지식인의 침묵이 신중함에서 나온 것만은 아니었던 것 같다. 이에 비해 자기들의 에스파냐가 서인도를 정복하면서 저지른 잔인한 짓을 맹렬히 규탄했던 16세기 에스파냐 신학자인 라스 카사의 바르톨로메나 비토리아 같은 이들의 태도를 상기하고 싶다. 그렇다고 내가 그런 운동이 교회인들의 규범이었다고 주장하는 것은 아니다. 오늘날 그런 태도를 보일 만한 나라가 하나라도 있는지, 그 태도가 허용되리라고[14] 바랄 만한 나라라도 있는지 묻는 것이다.

나는 현대 지식인의 애국심이 보이는 또 다른 특징으로 사람들이 '외부인(le horsain)'에 대해 갖는 증오, 내 나라의 것이 아니면 추방하고 경멸하는 외국인 혐오증을 들겠다. 이 모든 움직임은 민중 사이에서는 너무도 한결같고, 또 그들의 생존을 위해 필요해 보이지만, 오늘날은 이른바 사고하는 이들이 이를 채택했으며, 더구나 이에 엄숙하게 적응하면서 천진함은 결여하고 있으니 주목하지 않을 수 없다. 우리는 50년 전부터 독일의 박사들

---

13 독일의 한 가톨릭 교인이 그의 동료인 신교도들의 태도에 대해 이렇게 해명한 것을 우리는 알고 있다. 1. 호전국과 중립국의 사실 및 여론에 대한 불충분한 인식, 2. **그들의 애국심, 그것은 독일 민족을 결합시키는 동맹 정신과 분리될 수 없음**, 3. 만약 독일 가톨릭들이 독일과 전쟁에 반대하는 프랑스 내의 캠페인을 단지 겉으로만 동의한다면 문화투쟁이 다시 벌어질 것이고 두 배나 더 위험할 것이다.《르 피가로》, 1915. 10. 17일 자에 실린 편지) 대의의 **도덕성이** 무엇이든 간에 민족과 연대하고자 하는 두 번째 이유를 주목하게 된다. 이것이 적어도 보쉬에가 루이 14세의 폭력을 덮고 문제시하지 않았던 이유 가운데 하나이다.
1914년 베트만-홀베크 수상이 제국의회에서 벨기에 중립을 위반한 것에 막연한 변명 같은 발언을 했을 때 크리스트교 각료인 폰 하르나크가 **변명할 필요가 없는 일을 변명했**다고 그를 호되게 비난했음을 상기하자.(A. 루아지,《전쟁과 종교(Guerre et Religion)》, 14쪽.)

14 1차 대전의 동맹국 지식인들은 독일 지식인 앞에서 1914년의 부당한 동맹 의식을 기꺼이 내보였다. 그들은 정당한 명분을 가진 나라에 속해 있다는 행운을 남용하고 있다. 1923년 '코르푸 사건' 당시 이탈리아가 그리스에 대해, 1914년 오스트리아가 세르비아를 대했던 것과 똑같은 부당한 태도를 보였을 때 이탈리아 지식인이 분개했는지 의심쩍다. 또한 나는 1900년 유럽 군대의 중국 개입 사건(의화단 사건)과 그 당시 병사들이 저지른 무도한 행위에 대해 해당 유럽 지식인들이 격렬한 항의를 했다는 기억이 없다.

모두가 그들 인종 이외의 다른 모든 문명은 붕괴하리라 선언한 것을 알고 있다. 또 전에 프랑스에서 니체와 바그너를, 그보다 더 칸트와 괴테를 숭배한 이들을 정신적 삶의 부활을[15] 주장하는 프랑스인들이 어떻게 취급하는가를 알고 있다. 바로 얼마 전의 애국적 지식인, 라마르틴, 빅토르 위고, 미슐레, 프루동, 르낭만 생각해 보아도 지금과 같은 이런 형태의 애국심이 얼마나 새로운지 십분 수긍하게 된다. 특히나 프랑스 사상가로서는. 지식인들의 이런 태도가 세속인의 정념을 얼마나 불붙게 하는지를 다시 말할 필요가 있을지?

반세기 전부터, 특히 전쟁* 전 20여 년간 프랑스에 대한 외국인의 태도가 그러했기 때문에 조국을 구하려는 프랑스인은 과격한 민족적 편파성을 지니지 않을 수 없었고, 따라서 이 광신주의에 동의하는 사람들만이 진정한 애국자라고 그들은 대변할 것이다. 우리는 그에 반대하는 말을 하는 것이 아니다. 우리는 단지 이 광신주의를 실제로 행한 지식인들은 그들의 직분을 배신했음을, 그 직분이란 바로 민중과 그들의 세속 종교가 비난하는 것에 맞서 오직 정의와 진실만을 숭배하는 집합체를 세우는 것임을 말한다. 이 새로운 지식인들은 정의, 진실, 또는 기타 '형이상학의 망상'이 대체 무엇인지 모르고, 진실은 실용성에 따라, 정의는 상황에 따라 결정된다고 선언하는 것이 사실이다. 이는 모두 이미 칼리클레스가 가르친 것이며, 다만 그는 당대의 주요 사상가들을 거역했었다는 점에서만 다르다.

애국적 광신주의에 현대 지식인들이 가담한다는 것은 독일 지식인들이 시작한 것임을 알아두면 좋으리라. 이미 레싱, 슐레겔, 피히테, 괴레스 같

15　특히 주목할 것은 철학자 부트루의 태도다. 그에 대한 심한 비난을 샤를 앙들레르의 글에서 볼 수 있다.《범게르만주의의 기원》, viii쪽.)

*1차 대전

은 이들이 가슴 속으로 '독일적인 모든 것'은 격정적으로 찬양하고 그렇지 않은 모든 것은 멸시하는 체계를 세우고 있을 때, 프랑스 지식인들은 외국 문화에 대한 전적인 공정성(낭만주의자들의 세계주의를 생각하면)으로 고무되었고, 또 오랫동안 그런 상태에 있었다. 민족주의 지식인이란 근본적으로 독일인의 발명품이다. 이 글에서 빈번히 반복되는 하나의 주제가 그것이다. 50년 전부터 유럽 지식인들에 의해 채택된 도덕적, 정치적인 태도는 대부분 독일에서 유래하며, 독일적 승리는 이제 정신적으로 세계적 완성을 보고 있다.[16]

독일은 민족주의 지식인을 창출하고 모두가 아는 힘의 성장을 거기서 끌어냄으로써 다른 모든 나라에서도 이러한 부류가 필요하도록 만들었다고 할 수 있다. 특히 독일이 몸젠 같은 인물들을 갖게 되자, 프랑스는 민족적 광신주의에서 뒤떨어져 나라의 존망을 위협받을까봐 바레스 같은 이들에 집착하게 되었음은 부인할 수 없다. 자기 나라를 보존하려는 프랑스인이라면 누구나 최근 반세기 동안 이 나라가 광신적인 민족 문학을 갖게 된 것을 기뻐해야 한다. 그렇더라도 잠시 이해관계를 떠나 인종의 명예에 충실한 프랑스인이면 세상이 그런 일을 기뻐하도록 강요함에 비애를 느끼리라.

보다 일반적으로는 현대 지식인들, 특히 프랑스 지식인들이 돌연히 닥친 국내외 정치 상황으로 현실주의적 태도를 지닐 수밖에 없음을 인정할 수 있다. 그러나 이 상황이 아무리 심각하다 할지라도 지식인들이 탄식하면서 감수하고, 그로써 그들의 가치가 얼마나 축소되는지, 문명이 얼마나

---

16 오늘날은 얼마나 더 진실인지. 노발리스와 횔더린을 마구 자기들 스승이라고 내세우는 우리의 (초현실주의) 시인들, 후설과 하이데거를 자처하는 (실존주의) 철학자들, 글자 그대로 세계적으로 승리를 거둔 니체주의와 함께.(1946년 판 각주)

위협받는지, 세계가 얼마나 추악해지는지가 보인다면 사태의 심각성이 적어질 것이다. 그런데 바로 이 점이 보이지 않는다. 오히려 흔쾌히 이 현실주의를 행사하는 모습이 보인다. 자기들의 민족주의적 분노가 그들을 위대하게 하고 문명에 기여하며 인류를 미화시킨다고 믿는 것이다. 우리는 일시적 사건들로 직분에 어긋나는 일이 벌어진 것이 아니라 세상을 교육하는 이들의 도덕관이 심각하게 변하고 있음을 절감한다.

나는 또한 현대 지식인의 애국심을, 그중에서도 새로워 보이는 두 가지 특징을 가리키고자 한다. 그중 두 번째 특징은 적어도 민중 사이에서는 이 정념이 활활 타오르도록 내버려두지 않는다.

첫 번째 특징은 15세기 저술가의 다음 페이지와 아주 대조적이다. 이 페이지에 서명한 작가는 그의 도시를 얼마나 깊이 사랑하는지 몸소 보여 주었기에 더욱 눈길을 끈다. 기차르디니는 말한다. "도시, 국가, 왕국은 사멸하기 마련이다. 자연에 의해 또는 사고로 모든 것은 어느 날 종말을 맞는다. 그러니 시민은 조국이 망하더라도 자신의 파멸만큼 고통스러워하지 않는다. 조국은 운명이란 운명은 모두 겪었다. 그러한 재난이 일어나게 된 순간에 태어나 비극을 함께 한 자에게 은총은 멀리멀리 사라졌다." 조국에 대해 이런 구절을 남긴 저자 같은, 애착을 지니고 비애 속에서도 조국이란 주제를 공식화하지도 않고 그처럼 비상하게 초연한 판단을 내린, 그런 사람이 지금도 있는지 묻고 싶다. 더욱이 우리는 여기서 현대의 가장 커다란 불경함 중 하나에 맞닥뜨린다. 그것은 자기들의 나라 위로 어떤 우월한 질서의 발전이 존재한다는 것, 모든 것이 그렇듯 그 질서에 의해 민족이 휩쓸려 없어진다는 것을 믿지 않으려는 태도이다. 고대인들은 그들의 도시를 진정 숭배했어도 운명 앞에서는 머리를 숙였다. 고대 도시는 신의 가호 아래 세워졌으나 결코 그 스스로 신성하며 반드시 영속하리라고 믿지는 않았다. 고대의 모든 문학은 그들이 세운 것이 오래가지 않고 얼마나 위태로운지, 수명은 오직 신들에 달렸으며 신은 언제든 그것을 몰수할 수 있음을 표현한다.[17] 투키디데스는 아테네가 더는 존재하지 않는 세계의 모습을 인정하는가 하면 폴리비우스는 카르타고의 정복자가 도시를 불태우는 화염 앞에서 이렇게 꿈꾸는 것을 보여 준다.

그러면 로마 역시 운명의 날을 맞으리니

그리고 비르길리우스는 이 아무 가치도 없는 들밭의 일꾼을 칭송한다.

로마의 일과 파멸할 운명의 왕국들[18]

그들의 도시를 하늘에 도전하는 탑으로 — 그들 지식인의 배려로 — 만드는 것은 현대인들의 일로 예약되어 있었다.

현대 지식인들의 애국심에 들어 있는 또 다른 특징은 그들의 정신적 유형을 민족정신의 유형에 기어코 맞추려는 것이다. 자연히 그들은 다른 유형의 민족정신에 대해 자기 것을 위협적으로 휘두른다. 50년 전부터 라인 강 양편에서 얼마나 많은 학자들이 프랑스적 학문, 독일적 학문이란 명분으

17　이 점은 '테베에 맞서는 7인'의 성가에서 특히 드러난다. "이 도시의 신이여, 우리의 집, 우리 가정들과 함께 이 도시가 파괴되는 일을 하지 마십시오. … 오! 그처럼 오래 우리의 땅에 살고 있는 당신, 당신이 이 땅을 배반하렵니까?" 6세기가 지난 후 《아이네이스》에서 이것이 다시 드러난다. 여기서 바다 건너 트로이의 보존은 주노 신*의 보호에 달렸다. 도시를 영원히 지킬 트로이들의 유혈에 의한 내부 여건 탓은 아니다.

18　res romanœ et peritura regna.

*빛과 혼인을 가리키는 로마의 여신

로 자기들의 사상을 단정 짓는지, 또 그때부터 수많은 우리 작가들이 얼마나 신랄하게 프랑스적 감성, 프랑스적 지성, 프랑스적 철학이 가슴속 깊이 울리기를 원하는지, 반면 상대방은 아리안 사상, 아리안 회화, 아리안 음악의 구현을 선언하고, 또 이에 대해 전자는 그러한 거장은 유대인 어머니를 가졌다고 응수하면서 유대의 천재를 존중하는지를 우리는 알고 있다. 여기서 문제는 어떤 학자나 예술가의 정신적 재능이 자기 민족이나 인종의 날인을 받았는지, 어떻게 받았는지, 그것이 아니다. 주목할 것은 현대의 지식인들이 그런 의지를 지니는지, 그리고 그것이 얼마나 새로운지의 문제다. 라신과 라브뤼예르는 자신들의 작품이 프랑스적 정신을 시위하는 것으로 자신에게나 세상에 제시할 꿈도 꾸지 않았고, 괴테나 빙켈만 역시 그들의 저작을 독일적 천재로 돌릴 생각은 조금도 없었다.[19] 그런데 주로 예술가에 한정되지만 상당히 놀라운 현상이 나타났다. 그들의 직업은 개인성을 확인하는 활동을 하는 것이고, 1백 년 전에는 낭만주의와 더불어 그처럼 격정적인 의식을 소유했던 이들이 오늘날엔 어떤 면에서는 그런 의식을 포기하고 자신을 일반 존재의 표현처럼 또는 집단정신의 시위처럼 느끼려 하니 상당히 놀랍다. '비인격적이며 영구적인' 위대한 전체를 위해 개인을 포기하는 것이 또 다른 낭만주의를 만족시키는 것은 사실이다. 예술가의 이런 동향이 자신이 향유하는 것을 키우려는 의도를 품고 있으며

---

19 이 점에서 또다시 독일인들은 우리가 비난하는 정념의 창조자들 같다. 레싱, 슐레겔 같은 이들이야말로 시인을 민족혼의 표현자로 규정한 최초의 문인들이다(프랑스 문학의 보편주의에 격분하여). 프랑스 플레이아드 문인들*도 그들의 감성에 민족적 표현 양식과 국민 언어를 부여하려 했다. 그러나 결코 이 감성 자체에 민족적 성격을 부과하고 그것을 다른 민족의 감성에 대립되도록 하지는 않았다. 정신적 체계를 가진 민족혼은 확실히 현대의 창조물이다. 학자들의 민족화는 학문을 위한 언어인 라틴어의 소멸로 장려되었다. 이 소멸이 얼마나 문명에 제동을 걸었는지는 아무리 말해도 부족할 것이다.

*르네상스기 롱사르를 비롯한 일곱 시인을 가리키는 칠성시파를 뜻함.

(바레스 같은 이는 이를 숨기지 않는다) 개인의 자아의식이 민족의 자아 의식에 의해 백배나 깊어진다는 것도 사실이다. (동시에 예술가는 이 제2의 의식에서 새로운 서정적 주제를 발굴한다.) 이로써 예술가 스스로 민족적 천재의 표현이라고 하는 것, 민족에게 내놓은 그의 작품이 민족 전체의 영광이 되도록 하는 것이 자신의 이해와 무관하지 않다는 것도 인정할 수 있다.[20] 동기가 무엇이든 이처럼 그들의 가치를 온통 민족에 돌림으로써(그것도 소란하게) 위대한 이들, 또는 그렇다는 이들은 우리가 그들에게 기대하는 바에 어긋나게 되었음은 말할 필요도 없다. 그들은 민중의 허영에 아첨하여 오만을 키웠으며, 이를 가지고 각자 자기 이웃에 대해 우월하다고 했다.[21]

이에 대한 지식인의 입장을 다시금 정확히 파악하려면 르낭의 말(소크라테스 이래 모든 사상가가 이에 서명하리라) 한마디를 상기하는 것보다 좋은 방법은 없을 것 같다. "사람은 그의 언어에도 그의 민족에도 속하지 않는다. 그는 그 자신에게 속할 뿐이다. 그는 자유로운 존재, 다시 말해 도덕적 존재이기 때문이다." 이에 대해 바레스는 동료들의 박수를 받아가며 대답한다. "도덕적이란 그의 인종으로부터 벗어나지 않으려는 것이다." 이는 분명 민족들이 일찍이 정신의 사제에게서 들은 적이 없는 군집 정신에 대한 찬양이다.

---

20 니체의 의견으로는 바그너가 그런 경우였다. 바그너는 그의 동향인들에게서 독일 예술의 메시아로 추앙받으면서 "이 빈 땅을 채워야만 한다."라고 생각했을 것이다. 그러나 그의 모든 예술적 구성과 심오한 철학은 근본적으로 보편주의이다.(《이 사람을 보라》, 58쪽 참조.) "내가 바그너에게서 결코 용서하지 않은 것은 그가 독일에 대해 양보한 것이다." '로렌의 천재', 또는 프로방스 천재 같은 사도에 대해서도 같은 말을 할 수 있을 것 같다.

21 정신적 민족주의가 가끔 초래하는 것이 있는데, 그 씁쓸함이 충분히 음미되지 않는다. 1904년 페트라르카 6백년제 축제 때 괴테와 셰익스피어의 나라(라틴계가 아닌)들은 아무도 초청 받지 못했다. 대신 루마니아인들을 초청했고, 우루과이인들을 초청했는지 아닌지는 모르겠다.

현대의 지식인들은 더 능숙하다. 그들은 태어난 곳의 흙을 한시도 떠나지 않고 "뿌리를 옮기지 않아야만" 자기들의 사상이 알차게 탐스러운 열매를 맺으리라고 선언한다. 사람들은 자기의 베아른, 자기의 베리, 자기의 브르타뉴를 대표해서 일하는 자에게 축하를 보낸다.* 사람들은 시인에게만 이 법칙을 요구하지 않고 비평가, 모럴리스트, 철학자, 순수한 지적 활동을 하는 성당 사제에게도 요구한다. 현대의 지식인들은 그의 흙으로부터 벗어나기를 거부해야 좋다고 해야 정신의 연대기에서 한 자리를 보장받는다. 플루타르코스는 "인간은 태어난 땅에 꼼짝없이 뿌리를 박고 사는 식물이 아니다."라고 가르쳤다. 또 안티스테네스는 그의 동료들이 자기들은 토착인이라며 자부하자, 그들은 이 명예를 달팽이, 메뚜기와 함께 공유하고 있다고 대답했다. 하지만 이 계급의 감정은 분명히 변했다.

내가 비난하는 것은, 결정적인 것은 인종이라고 느끼고 자기 땅에 붙박으려는 지식인의 의욕이 아니라, 그것이 정치적 태도나 민족주의적 선동이 될 때 비난하는 것임을 밝혀야만 하는지. 정치 정념을 깨끗이 배제한 다음 구절만큼 그런 제한 조건을 잘 드러내는 것은 없어 보인다. 이 구절은 "그의 대지와 죽은 자들"에게 주는 한 현대 지식인의 송가이다.

> 내가 늙은 느티나무 밑에 앉았는데, 그러자 이번에는 그 느티나무가 내게 말했다.
> 내 그늘 아래서 고딕 노래들을 읽어봐. 꼭 읽어. 전에 나는 살랑거리는 내 잎사귀 사이로 그 후렴 가락을 들었지. 네 조상의 영

---

*베아른은 피레네 산맥 아래의 프랑스 서남단 지방. 베리는 동과 서 사이 한복판에 위치한 지방. 브르타뉴는 파리로부터 서남쪽에 위치한 대서양 연안 지방으로 모두 오랜 역사를 지닌 고장이다.

혼은 나보다 훨씬 오래된 그 노래 가운데 있어. 보이지 않는 조상을 알고 그들의 지나간 기쁨과 괴로움을 함께 나누기를. 덧없는 생명아, 너는 그리함으로써 얼마 안 되는 햇수 속에서 오랜 세기를 살리라. 경건하게 조국의 흙을 경배하라. 한줌 흙을 쥘 때라도 언제나 그 흙의 신성함을 생각하라. 옛 조상을 모두 사랑하라. 이 대지에 섞인 조상의 그 유골이 수세기 전부터 나를 키웠으며 그 정신은 그들의 막내둥이, 보던 중 가장 훌륭한 자식인 네게로 전해진다. 선인들에게 그들의 무지, 그들 사고의 허약함, 심지어는 그들을 가끔 잔인하게 만들었던 공포의 환영(幻影)을 비난하지 말라. 그러려면 차라리 너 자신이 그들의 자손임을 비난하는 것이 나을 터이다. 그들이 너를 위해 일했고 괴로워했으며 소망했음을, 그래서 너는 그들에게 오직 빚지고 있음을 알아라!²²

---

22 아나톨 프랑스, 《문학 생활(La Vie littéraire)》, II, 274쪽. 프랑스 작가들에 대해 내가 지적한 민족주의적 욕구는 정치적 효과와는 또 다른 효과를 냈다. 50년 전부터 얼마나 많은 작가들이 '프랑스식으로' 느껴야 한다는 염려 끝에 자기들의 재능을 왜곡시키고 진정한 자질을 무시했는지 충분히 말할 수 없으리라. 《스파르타 여행(Voyage de Sparte)》*이 그 좋은 예이다. 이 작품은 여러 곳에서 만약 저자가 그리스의 하늘 아래서 로렌의 혼을 느끼도록 스스로 구속하지 않았더라면 얼마나 훌륭했을지 보여 준다. 여기서 우리는 이 시대 작가들의 야릇한 특징과 만난다. 그들 자신을 위한 정신적 자유의 추방. 어떤 '규율'에의 갈증(모라스와 마리탱의 행운은 여기서 나온다), 이 갈증은 대부분의 경우 근본적인 지적 허무주의에서 발생한다. (바레스의 이 허무주의에 관해서는 쿠르티우스, 〈바레스와 프랑스 민족주의의 지적 근거〉 참조. 《진실을 위한 동맹(l'Union pour la vérité)》(1925. 5.)에서 발췌. 모라스에 관해서는 기그랑의 같은 책 19쪽과 디미에르, 《악시옹 프랑세즈 20년》, 330쪽 참조.) "그(모라스)의 마음보다 더 황폐한 마음을 보지 못했다." 그러나 현대 작가들의 심리 자체, 정치적 행위 밖의 것은 우리의 주제가 아니다.

*작가 바레스의 그리스 여행기

2. 그들은 지식인의 활동에 정치 정념이 끼어들게 한다.

지식인은 정치 정념을 채택한 것으로 만족하지 않는다. 그들은 지식인으로서 마땅히 해야 할 활동의 옆에 정념을 두는 것이 아니라 이 정념을 활동에 도입하였다. 예술가, 학자, 철학자의 직업에 그 정념이 뒤섞이고 — 그들이 원해서 — 또 그 정념이 일의 본질을 물들여 작품의 특징이 되도록 허용한다. 하지만 우리는 초연한 지성의 거울이 된 작품 가운데서는 사실 그런 정치적 작품을 보지 못했다.

시라면 그리 놀랄 바 없다. 시인들에게 작품과 정념을 떼어놓으라고 요구할 수는 없다. 정념은 작품의 본체이며, 다만 그들이 정념을 낭송하려고 시를 쓰는지, 아니면 시를 위해 정념을 좇는지를 알아야 한다. 이렇든 저렇든 민족 정념이나 당파 정신을 전율의 소재에서 제외해야 할 이유가 없다. 그다지 많지는 않지만 우리의 정치 시인들은 베르길리우스, 클라우디아누스, 루카누스, 단테, 도비네, 롱사르, 위고 같은 이들의 모범을 따랐을 뿐이다. 그러나 우리는 클로델이나 단눈치오의 작품에서 표현되듯이, 순박함이라고는 찾아볼 수 없고 차갑게 상대를 멸시하는, 의식적·유기적 정념, 그처럼 정치적이고 동향인의 깊은 질투심과 외국인의 어김없는 약점에 딱 맞춘 이류급 시인들의 이 정념이 《비극》이나 《끔찍한 해》의 보편적 감동과는 다른 것임을 부인할 수 없으리라. 비스마르크의 계획인 듯 현실적이며 정확한 민족적 의도를 지녔고, 또 이 실용성을 웅장한 서정시로 꾸민 《대형 범선》 같은 작품은 (정치 시편이라 해도) 시의 역사상 새롭다. 이 새로움이 속인에게 얼마나 큰 영향을 미치는가는 오늘날 이탈리아의 민중혼이 보여주고 있다.[23] 그러나 시인들이 능란하게 예술을 정치 정념에 봉사하도록 만드는 것은 철학적 서정이라고 할 문학 장르에서 뚜렷이 보이고, 바레스의 작품은 이 장르의 찬란한 상징이다. 진정 철학다운 영혼의 상태(범신론, 고도의 회의적 지성주의)에서 우러나오는 감동과 전율로 시작된 이 장르가 이윽고 오로지 민족의 정념과 민족 감정에만 기여하기 시작했다. 이 서정성은 추상화에 따르는 권위와 겹쳤고, (바레스는 이 정신이란 옷을 놀랍도록 잘아챘다. "그는 도구를 훔쳐 갔다"고 어느 철학자는 말했다.) 프랑스뿐만은 아니겠지만, 그러자 이 장르가 지식인들이 최소한 독해력과 사고력은 지녔다고 믿는 매우 중요한 속인들의 정치 정념을 날카롭게 만든 것을 우리는 알고 있다. 한편 시인들, 특히 우리가 지명한 시인들을 보면 기존의 실제 정치 정념에 협력한 것이 서정성인지, 아니면 반대로 자양분을 구하는 서정성에 이 정념이 봉사한 것인지는 알기 어렵다. 판단은 제 3자에게 맡기자.(Alius judex erit.)

그러나 작품에 정치 정념을 도입하는 또 다른 지식인들이 있는데, 이들 역시 각별한 의식을 지니고 있고 이들의 신분 위반은 시인보다 더 주목할 일 같다. 즉 소설가와 극작가들로서, 가능한 한 최대로 객관적인 태도로 인간 영혼의 운동과 갈등을 그리는 직분을 맡은 지식인들이다. — 셰익스피어, 몰리에르, 발자크 같은 이들의 작품은 우리가 이 자리에서 말하는 순수성을 지니고 작품이 만들어진다는 점을 입증하였다. 정치적 목

---

23 《대형 범선(La Nave)》*이 발표되자 베니스 범선 동맹이 단눈치오에게 보낸 연설문은 시인이 동포들에게 실천 행동을 선동하는 새로움을 보여 준다. "당신의 재능이 '우리의 바다'의 오랜 지배에, 지금은 폴라에 맞서 무방비 상태인 베니스를 새로 찬란히 빛나게 하는 날, 베니스 범선 동맹은 제3의 이탈리아가 마침내 세계를 향해 출범하기를 바라면서 감격에 겨워 당신에게 감사한다."

*단눈치오의 작품을 각색한 이탈리아 오페라

적에 수그리면 그 어느 때보다도 더 직분을 그르친다는 것은 현대의 많은 소설가들이 입증한다. 이 작가들이 단편소설들에 편향적 사상을 심어놓기 때문이 아니다.(발자크는 언제나 그렇다.) 자연을 올바로 관찰하여 그에 맞는 감정과 행동을 주인공들에게 부여하는 대신에 작가 자신이 요구하는 정념을 씌우기 때문이다. 전통주의자는 잘못이야 어떻든 언제나 고상한 영혼을 보여주는 반면에, 신앙이 없는 인물은 아무리 노력해도 저열하기만 한 소설들,[24] 민중의 인물은 모든 덕성을 지녔고 비열한 행위는 부르주아에게만 속하는 소설들,[25] 작가가 외국인과 교제하는 자국민을 그리면서 모든 도덕적 장점은 드러내놓고 자국민에게 부여하는 그 소설들을 나는 인용할 수 있다.[26] — 이런 작품 방식은 이중의 해를 끼친다. 그것은 독자의 마음속에다 정치 정념을 잔뜩 불어넣을 뿐만 아니라 예술 작품이 지닌 빼어난 세련미를 소멸시킨다. 관객들은 진실하게 느껴지고 또 오직 진실만 염려하는 공연 앞에서 강한 감명을 받고 자신을 돌아본다.[27] 다만 예술가와 그의 활동 가치라는 관점에서도 편파성은 중대한 타락의 전조임을 덧붙이자. 세상이 고귀하게 치장해주는 예술가의 가치, 그것은 인간 정념의 기를 돋우는 것이 아니라 즐기는 것이며, 실제적인 것을 추구하는 평범한 사람들의 욕망과 기쁨, 또 고통의 원천을 유희의 감정 속에

---

[24] 발자크와 비교해 보자. 이 작가는 보수주의적이지만 진실에 맞는 일은 그의 소설의 보수주의 독자들 특히 크리스트교인들의 비위를 맞추지 않고 드러낸다. 발자크 보수주의를 심히 책망하는 세이에르 같은 예를 보라.(《발자크와 낭만주의의 모럴(Balzac et la morale romantique)》, 27쪽 이하, 84쪽 이하.)

[25] 《부활》,《장 크리스토프》(이 점에서 조르주 상드의 방식을 쇄신한다). 반면 소설 《레미제라블》에서 부르주아 층이 꽤나 정의롭게 그려진 것을 보지만 여기엔 상당한 악의가 섞여 있다.

[26] 예를 들어 전쟁 전(제1차 세계대전) 알자스-로렌 지방에 정착한 프랑스인들을 묘사하던 프랑스 소설(《콜레트 보도쉬(Colette Baudoche)》). 1918년 이래 독일인들이 이에 대칭되는 소설을 지은 것을 확인하자.

[27] 노트 G를 보라.

서 찾는 것이다. 이 사치스런 활동으로 이루어진 전형이 민족이나 계급에 봉사하기 시작하고 이 초탈의 꽃이 공리적으로 된다면, 나는 《지그프리트(Siegfried)》의 저자가 숨을 거둘 때 《바위 위의 처녀들(Vierges aux rochers)》의 시인처럼 읊조리겠다. "그러자 세상은 세상이란 가치를 잃어버렸다."

지식인의 활동을 정치 정념에 봉사하게 한다고 내가 지금까지 지적한 이들은 시인, 소설가, 극작가, 한마디로 예술가들이다. 다시 말해 스스로 그럴지라도 결국 정념의 지배가 압도적으로 작품 속에 허용되어 있는 이들이다. 그러나 초연한 정신 활동이 결여되면 훨씬 더 충격이고, 특수한 직분에 따른 위엄이 있기 때문에 그 활동이 대중에게 미치는 영향이 더 큰 지식인들이 있다. 내가 말하는 것은 역사가들이다. 바로 앞에서 말한 시인들처럼 일이 어느 정도가 되었는가가 새롭다. 역사가 당파 정신이나 민족 정념에 봉사하는 것을 보려고 인류가 이 시대를 기다려 온 것은 분명 아니건만 반세기 전부터는 일부 독일 역사가들처럼, 20여 년 전 이래로는 프랑스 왕정주의자들처럼 강렬한 의식과 체계를 지니고 그렇게 하는 역사는 전대미문이라 해도 좋으리라.[28] 후자의 경우는 더욱 주목된다. 보포르(Beaufort), 프레레(Fréret), 볼테르, 티에리, 르낭, 퓌스텔 드 쿨랑주 같은 이들의 언술이 실용 사관을 확실히 비난하고 일종의 초연한 역사 헌장을 선포했음이[29] 이 나라가 인류의 지성사에서 차지하는 불멸의 명예일

---

28 A. J. 뱅빌. 지금은 P. 각소트를 추가하자.(1946년 판 각주)

29 예를 들어 퓌스텔 드 라 쿨랑주의 저서 《프랑스와 독일의 역사 서술 방식(De la manière d'écrire l'histoire en France et en Allemagne)》을 보라. 이 저자가 독일의 역사가들에게 하는 비난이 요즈음 일부 프랑스 역사가들의 태도에 그대로 들어맞음을 주목하게 된다. 다만 차이점은 독일인은 조국을 찬양하기 위해 역사를 왜곡하고 프랑스인은 정치 체제를 찬양하려는 목적을 갖고 있다는 점이다. 넓게 보아 독일의 비뚤어진 철학은 민족 전쟁을, 프랑스의 비뚤어진 철학은 내란을 초래한다고 할 수 있다. 수많은 사례를 들

것이기 때문이다. 어쨌든 정녕 낯선 것은 이 편파성을 공공연히 언명하는 것이다. 또 이 편파성이 마치 합당한 방법론인 양 그에 빠지려는 의지이다. 진정한 "독일 역사가라면 무엇보다 독일의 위대성을 드높일 사실들을 말해야만 한다"고 독일의 한 거장은 선언한다. 이 학자는 또 마치 "로마의 이름을 지닌 독일사"처럼 로마사를 썼다는 이유로 몸젠을 찬양하며, 몸젠 자신도 이를 자부하고 있었다. 또 어떤 학자(트라이치케)는 "역사의 의미에 거슬리는 허약한 객관성"을 무시한 것을 영예로 친다. 또 다른 이는(기제브레헤트) "학문은 국경 넘어 초연한 것이 아니라 민족적이고 독일적인 것이다."라고 가르친다. 우리의 왕당파도 예외가 아니어서, 그중 한 사람이 클로비스 이래 우리의 왕들이 1914년 전쟁을 예견했으리라 바라는 책《프랑스사》의 저자이다.[30] 그는 시대의 정념에 비추어 과거를 펼치는 역사가를 옹호했다. 만약 다 같이 지식인의 직분이 세속인의 정념을 억제하는 것이라고 한다면, 그가 역사 서술에 부여하려는 이 편파성은, 바로 현대 지식인이 자기 직분을 심하게 타락시키는 방식이다. 그로써 그는 그 어느 때보다 더 박식하게 세속인의 정념을 강화시킬 뿐만 아니라, 오직 진실만 탐하는 인간이 있을 수 있음을 세속인이 깨닫지 못하게 하고, 나아가 세속인이 공공 광장에서 낯선 연설을 새겨들을 기회를 박탈한다. 저 높은 연단에서 들리는 그 연설은 상당히 대립되는 정념 역시 상당한 근거가 있음을 알려주고 지상의 도시에 그 역시 필요함을 깨닫게 하며, 또한 뭇 독자들이 최소한 잠시라도 완고함을 벗어던지고 유연하게 자신을 초월하도록 인도한다. (아마도 이에 최상의 표본을 제시할 이가 르낭이었으리라.)

지 않더라도 이것이 프랑스 철학의 도덕적 우월성을 입증하는 것을 재론해야 하는가?
30 《보편 평론(Revue universelle)》(1924. 4. 15.) 현대인들은 특히 이 의지를 주관주의에 굴복하게 했다. 반면 그들의 선배들은 주관주의에 맞서 열심히 투쟁했다.

어쨌든 트라이치케 같은 이들과 그 비슷한 프랑스인들은 실상 역사가가 아니라고 밝히자. 그들은 이기기를 바라는 그들의 명분을 공고히 할 의도로 역사를 사용하는 정치인들이다. 그렇다면 그들의 역사 방법론의 스승은 르냉 드 티유몽이 아니라, 그건 당연히 전대 왕정의 남용을 지적하면 연금을 박탈하겠다고 메즈레이를 위협했던 루이 14세든가, 프랑스 역사가 황제의 위상에 맞게 기술되는지 경찰 각료를 시켜 감시했던 나폴레옹이다. 그런 와중에도 진짜 능란한 자들은 초탈의 가면을 뒤집어쓰고 있다.[31]

심리학자, 역사가, 모럴리스트라고 하면서 정신적 임무, 초연한 행위를 저버렸다고 내가 이 자리에서 고발한 사람들 다수가, 만약 이 고백이 그들의 신망을 해치지 않는다면 이렇게 응수할 것 같다. "우리는 정신에 봉직하지 않는다. 세속적인 것, 정치 당파, 민족에 봉사한다. 다만 검이 아니라 글로써. 우리는 세속의 정신적 민병이다."

초연한 지적 행위의 스펙터클을 펼쳐야 함에도 실질적 목표로 방향을 돌린 이들 중에는 또한 비평가들이 있다. 오늘날 비평가들이 작가가 아끼는 어느 당파에 기여하거나, '민족적 천재성'을 드러내는 작품, 아니면 자기들의 정치 체제에 부합하는 문학 이론, 또는 그렇게 순수한 명분을 표명해야 중요시하는 것은 누구나 알고 있다. 현대의 지식인은 정의를 결정하는 것이 유용성이기를 원한다고 나는 말해왔다. 그런데 그들은 또한 유용성이 아름다움도 결정하기를 원한다. 역사상 이 역시 그들의 창안이다. 하지만 그런 비평을 하는 자는 사실 비평가가 아니라, 비평을 그들의 현실적 의도에 써먹는 정치인이다. 정치 정념은 이로써 완성을 기하고 그 명예는 곧 현대인의 몫일뿐이다. 루이 14세나 나폴레옹은 자신들을 숭배하는

---

31 노트 H를 보라.

사회적 유형을 보장하기 위해 문학비평을 이용한다는 건 꿈도 꾸지 못했을 것 같다.[32] 이 새로운 일이 결실을 보고 있음을 덧붙이자. 예를 들어 프랑스처럼 문학에 헌신적인 나라에서 프랑스 왕정주의자와 함께, 민주주의의 이상은 반드시 저질 문학과 결부된다고 선언하는 것은, 빅토르 위고나 미슐레를 엉터리 문인으로 치는 이들 곁에서 그 이상을 실제로 내리치는 것이다.[33]

그러나 현대 지식인이 정치 정념을 작품에 반영하려는 의지를 무엇보다 뚜렷이 드러낸 것은 철학, 엄밀히 말하면 형이상학이다. 19세기까지 형이상학은 아무도 넘보지 않는 초연한 관조의 성곽이었다고 할 수 있다. 수학자가 수학의 분과인 수(數) 이론에 대해 "이는 우리 학문의 진정 순수한 분야이다. 응용과의 접촉으로 더럽혀지지 않는다."라고 경탄하며 추앙한 것을 우리는 온갖 형태의 정신적 노력 중에서 철학에 수여할 수 있었다. 그런데 그들의 초월적 고찰을 민족적 우월성으로 과시하거나 만인이 이를 받아들이도록 할 필요가 있다고 한다는 건 아무도, 플로티노스, 토마스 아퀴나스, 데카르트, 또는 칸트 같은 이들처럼 현실의 모든 편애로부터 초탈한 사상가들뿐만 아니라 플라톤이나 아리스토텔레스처럼 그들의 계급이나 국가의 우월함을 뼛속 깊이 지녔던 사상가들도 생각지 못했다. 그리스 철학자들의 도덕은 동향인들에 관계된다지만, 형이상학은 보편적이다. 도덕적으로 빈번히 계급이나 민족의 이익을 편드는 교회조차도 형이상학에서는 신과 인간밖에 알지 못한다. 형이상학자들과 고귀한 계보의

---

32 어쨌든 예수회 교인들은 얀센주의를 쓰러뜨리려고 이러한 구상을 했다.(라신,《포르루와얄(Port-Royal)》, 1부 참조.)
33 이를 채택한 정치비평가들의 문학적 무감각에 대해서는 디미에르,《악시옹 프랑세즈 20년》중에서 통찰력 있는 페이지(334쪽) 참조.

학자들이 조국은 찬양하고 다른 나라들은 격하하기로 사색의 방향을 돌리고 온갖 것을 파고드는 재능을 다해 동향인들의 지배 의지를 공고히 하는 것은 이 시대다. 피히테와 헤겔이 게르만 세계의 승리를 존재 발전의 최상의 필수조건으로 드는 것을 우리는 알고 있다. 또한 역사는 이 지식인들의 행위가 그들의 속인들 마음속에 영향을 미쳤음을 보여주었다. 이 애국적 형이상학의 모습은 독일에서만 나타났음을 서둘러 부언하자. 프랑스에서는 민족주의 지식인의 시대인 지금도 여전히, 적어도 프랑스의 영광에 형이상학 이론을 바치는 진지한 철학자는 보지 못했다. 오귀스트 콩트, 르누비에, 베르그송은 세계 발전에 필요한 귀결로서 프랑스의 헤게모니를 제시할 것은 결코 꿈꾸지 않았다. 앞서 말한 예술처럼, 그러면 형이상학이 얼마나 타락하는 건지 말해야만 할지? 여러 신들을 섬길 고귀한 처녀를 자식들의 영광만 부르짖는 성마른 여자로 변질시킨 것은 독일 철학자들의 영원한 오점이리라.

3. 지식인들이 그들의 교리로 정치 정념 놀이를 한다.

그러나 어느 것보다도 더 지식인이 난폭하게 전통과 단절하고 과감하게 현실에 적응하여 세속적 대결을 벌인 것은 세상에 내놓기 시작한 그들의 교리이고 가치 기준이다. 스무 번의 세기 동안 어느 정도는 초월하기 위해 현실적 정념은 수치스럽게 여기라고 설교한 것이 그들이었다. 그런데 그들이 역사를 아연케 할 의식과 지식으로 정념을 실현하기 시작하였다. 또 최상의 미덕을 그들에게 안겨주는 운동을 벌이고 있다. 그렇지만 그들은, 어떤 식으로든 세속적인 것 너머에 자리 잡은 존재를 충분히 경멸하지는 못하였다. 이 문제의 주요한 양상을 말하고자 한다.

A. 그들은 특수한 것에 대한 집착을 찬양하고 보편적 감정을 지탄한다.

우리는 우선 그들이 남다르게 여기는 사람들의 욕망을 찬양하기 시작하는 것을 보았다. 또 보편성의 경향은 경멸한다고 공언하는 것도 보았다. 톨스토이나 아나톨 프랑스같이 지금 대부분의 동업자들이 기껏해야 연민으로 대하는 작가들을 제외하면, 50년 전부터 유럽에서 이름을 떨친 모럴리스트는 모두가 부르제, 바레스, 모라스, 페기, 단눈치오, 키플링과 같은 이들이고 또한 독일 사상가들인데, 그들은 자기 인종과 민족이 남다르고 남들과 대립된다고 느끼는 인간의 적응력을 찬미하였다. 반면 보편적 인간으로서 인종학적 차이를 초월하려는 열망은 모멸감을 주었다고 할 수 있다. 스토아학파 이래 추상적이고 영원한 존재감을 지니고 민족적 이기주의의 해체를 설교해왔던 그들이, 그와 같은 감정은 모조리 지탄하고 이기주의의 도덕성을 선언하기 시작했다. 마침내 에라스뮈스, 몽테뉴, 볼테르 같은 이들의 후예가 인도주의를 도덕적 타락이라고 비난하는 꼴을 보게 될 것이다. 더 심한 것은 '실천 감각이 전무'하다면 지적 타락이라는 것이다. 이 유별난 지식인들에게는 실천 감각이 지적 가치의 척도가 되었다.

나는 내가 여기서 의미하는 인도주의(humanitarisme)와 보통 이 말이 가리키는 것, 즉 구체적인 사람에 대한 사랑을 필히 구분하고자 한다. 전자는 인간이라는 추상적 자질과 '인간 존재의 완전한 형태'(몽테뉴)에 대한 감각이다. 이러한 운동들(보다 정확히 말하면 인문주의(humanisme)라 할 것이다) 중 첫째는 관념에 집착하는 것이며, 세속적인 정애(情愛)는 어떤 것도 포함하지 않는 순수한 지적 정념이다. 우리는 인간이라는 개념에 파묻혀서 개별 인간은 보지도 않으려는 존재가 있다는 것을 알고 있다. 정신의 대가들이 띠고 있는 이러한 인간애는 에라스뮈스, 말브랑슈, 스피노자, 괴테 같은 이들의 유형이고, 그들은 아무도 이웃의 품 안으로 달려들려고 조바심 낼 것 같지 않다. 둘째는 마음의 상태인데, 그 때문에 평민들의 일이다. 이는 모럴리스트들 사이에서 고도의 지적 자세가 물러나고 감상적 열광이 입장하는 시대에 틀을 갖추었다. 즉 18세기에 주로 디드로를 거쳐 19세기에는 미슐레, 키네, 프루동, 로맹 롤랑, 조르주 뒤아멜과 함께 번성했다. 많은 고매한 이들 사이에서 이 교리가 인기 없는 이유는 이 인도주의가 감정적 형태만 갖추었지 개념적 형태는 잃었기 때문이다. 이들은 정치 이데올로기의 병기창에서 두 가지 사상, '상투적 애국자'와 '누구나 껴안기'를 찾아냈는데, 어느 것이나 모두 혐오스러웠다.[34]

나는 인간의 추상적 자질을 기리는 인도주의만이 인간 모두를 사랑하도록 하는 유일한 것임을 부언하겠다. 인간을 구체적으로 바라보면 당장 각기 다른 분량으로 이 자질이 나누어지므로 우리는 르낭과 함께 이렇게 말할 수밖에 없다. "사실 우리는 어느 정도는 사람이며 어느 정도는 신의 자식이다. 파푸아인이 불멸의 존재이어야 할 이유를 모르겠다." 현대의 평등주의자들은 평등은 추상으로만 존재한다는 것,[35] 또 구상의 본질이 불평

---

34 두 가지 인도주의는 다르다. 무엇이 다른가는 괴테가 1789년 사건들에 자신이나 친구들이나 무감동했다고 말할 때 잘 표현되었다.(《시와 진실(Dichtung und Wahrheit)》) "우리의 작은 서클에서는 신문도 뉴스도 관심이 없었다. 우리가 할 일은 인간을 아는 것이었다. 인간사에 대해서는 그들 마음대로 하도록 두었다." 17세기 예수회에서 제도화한 '인문주의'인, 인문학은 "근본적으로 인간인 것에 대한 연구"이며 애타주의를 훈련하는 것은 아니다. 이 점에 관해 고대인의 흥미 있는 글을 보라.(노트 I)

등이란 것을 깨닫지 못하고서 아연할 정치적 졸렬함 외에도 보기 드물게 저속한 정신을 드러냈다.

내가 이제까지 정의한 그런 인도주의는 더구나 국제주의와는 무관하다. 국제주의는 민족적 이기주의에 대한 하나의 항의지만 정신적 정념을 위한 것이 아니라, 또 다른 이기주의, 또 다른 세속적 정념을 위한 것이다. 그것은 일정한 범주의 사람들이 — 노동자, 은행원, 기업가 — 그들의 실제적이고 특수한 이익을 위해 국경을 건너 단합한 운동이다. 그들이 민족정신에 반대하여 일어선 이유는 그들의 이해관계를 충족시키는 데 그 정신이 방해된다는 것뿐이다.[36] 이 같은 운동에 비하면 차라리 민족 정념이 이상적이고 이익을 넘어서는 운동 같다. — 결국 인도주의는 세계주의와 전혀 다른 무엇이다. 세계주의는 모든 나라와 그 나라들의 모든 문화적 이익을 향유하려는 단순한 욕망이고, 대체로 도덕적 독단이 배제되어 있다.[37] 하지만 남다르다고 느끼도록 민중을 부추기는 지식인 운동으로 되돌아가자.

이런 지식인의 운동사에서 특히 놀라운 것은 그들이 얼마나 완벽하게 이 운동을 수행했는가다. 그들은 민중이 자신들을 가장 탁월하게 느끼게 하는 것, 즉 학자보다는 시인, 철학보다는 전설을 부추겼다. 그들이 잘 알게

---

35 교회가 너무도 잘 파악했던 점이 이것이다. 다음과 같은 진실의 귀결과 함께. 사람들 사이의 사랑은 추상적 인간에 대해서는 예민해지고 구체적 인간의 이해관계는 물리칠 때 창조할 수 있다. 인간을 형이상학적으로 명상하게 하고 역사 연구로부터는 고개를 돌리게 할 때다.(말브랑슈를 보라.) 현대 지식인들과는 전적으로 상반되는 방향이다. 거듭 말하지만 현대의 방향은 인간 사이의 사랑의 창조를 유도하지 않는다.

36 마찬가지로 인류는 국가 정신이 이익이 되면 채택한다. '국가사회주의'당이 이를 증언한다.

37 어떤 민족주의자들은 지성인답게 세계주의의 가치를 잘 알고 존중하려 하지만, 그 때문에 민족주의를 희생시키지는 않는다. 그들은 세계주의가 '개명한 민족주의'라고 선언했다. 폴 부르제는 이런 사례로 괴테와 스탕달을 든다.(《파리 타임즈》, 1924년 6월호) "전자는 깊숙이 독일인이면서 프랑스 사상의 모든 흐름을 파악하려 했고, 후자는 깊숙이 프랑스인이면서 이탈리아를 잘 알고자 했다." 이 두 대가가 깊숙이 독일적이고 깊숙이) 프랑스적이면서 어떤 점에서 약간이라도 '민족주의'(개명한 것이라 해도)를 드러냈는지 의아하다. 폴 부르제 씨는 분명 민족이라는 것과 민족주의를 혼동하고 있다.

되었듯이 순수한 지적 산물보다는 시가 더 민족적이고 자신을 더 남다르게 해 준다.[38] ─ 지식인들은 특수하고, 보편적이지 않을수록 더 기리도록 그들을 고무했다. 이탈리아의 한 젊은 작가가 최근 이탈리아어를 자랑한 일이 있는데, 그 이유가 이탈리아어는 이탈리아 안에서만 통용되기 때문이며, 프랑스어를 경멸한 이유는 이 말이 세계적으로 인정되고 있기 때문이다.[39] ─ 지식인은 그들이 언어, 예술, 문학뿐 아니라 의상, 주택, 가구, 음식 등 모든 것에서 탁월하다는 자의식을 갖도록 부추겼다. 우리는 반세기 전부터 진지한 작가들이 자기 나라 국민에게 프랑스의 유행, 프랑스식 머리 모양, 프랑스식 식당, 프랑스식 요리, 프랑스식 자동차 모양 등에 충실하고 오직 조국 이야기만 화제로 삼도록 유행을 자극하는 것을 보고 있다. 심지어 악덕조차 탁월하다고 느끼도록 지식인들은 고무했다. 그런 독일 역사가들은 국민이 야만성까지 포함해서 자신들의 개성에 도취하도록 유도한다고 퓌스텔 드 쿨랑주는 말했다. 그러한 모럴리스트들의 활동은 프랑스에서도 활발하다. 그들은 동포들이 불의(不義)와 예지, 광신주의와 명석함, 비열함과 위대함을 함께 지니고서 '나누어질 수 없는 전체'로서 '민족 결정론'을 받아들이기를 원한다. 또 다른 이(모라스)도 공언한다. "좋든 궂든 우리의 취향은 우리 것이다. 우리 자신을 우리 삶의 유일한 심판관으로, 모범으로 간주하는 것은 언제나 우리 몫이다." 여기서 다시 주목할 것은 그러한 발언 자체가 아니라, 그것이 지식인들, 즉 지금까지 그들의 동향인이 다른 인간과 공동체임을 자각하도록 권유하였던 사람들, 프랑스

---

38 동부 유럽 작은 나라들의 민족주의 선전물을 보면 사상 서적은 보기 드물고 대부분 시인의 시화집이다. "지성만이 모든 사람이 인식하는 단 하나의 공동의 것"이라며 지성에 너무 큰 몫을 돌리는 사람들에 반대하여 에밀 부트루가 1915년 8월 화해위원회에서 행한 연설을 보라.

39 《문학소식(Les Nouvelles littéraires)》, 1926. 9. 25.

에서는 몽테뉴, 파스칼, 볼테르, 르낭의 후예에 의해 말해진다는 사실이다.

어떤 지식인도 이렇듯 민족의 특수성 찬양에 나서리라고 예견할 수는 없던 일이지만, 탁월한 지식인이라고 내가 불렀던 사람들인 교회 인사들이 특히 주목된다. 그들은 수 세기 동안 적어도 이론상으로는 사람 사이의 차별 감각이 약화되기를, 사람들이 모든 이를 품어 안는 신(神)의 본질 안으로 입장하기를 찬미했다. 이제 그들이 설교단에서 "그들의 프랑스 정신에 충실하고", "독일적 의식의 불변성", "이탈리아다운 열렬한 심정"[40]을 위해 남다르다는 감정을 찬미하는 것은 진정 주목할 일이다. 사도의 말을 빌려, "그리스인도 유대인도 스키타이인도 없으며 크리스트만이 전부이다."라고 천명한 이가 오늘 그런 교회에 들어가면, 허리에는 칼, 손에는 깃발을 든 민족의 영웅 여인[41]이 제단에 올라 신도들의 숭배를 받는 것을 볼 테니 어찌 생각할 것인지 궁금하다.

적어도 지금 보듯이 이렇게 분명하게 민족적 특수성을 찬미하는 것이 교회 역사상 얼마나 새로운가는 아무리 말해도 지나치지 않다. 멀리 성 아우구스티누스가 "영원한 나라"의 품속에서 모든 조국애의 소멸을 설교한 시대로 돌아갈 것도 없다. "우리는 강산이 달라 갈라져 있는 까닭에 우리가 하나의 본성을 지니고 있음을 잊은 것 같다."[42]라고 분노하여 언명하

---

40 이것이 크리스트교의 말을 민족은 특수하다는 설교와 화해시키려는 이 박사들의 재주이다. "우리는 보편주의라는 이상을 민족이라는 현대적 현실과 실제로 연관되도록 만들고자 한다. 민족이라는 형태는 크리스트교인도 포함한 모두의 삶의 형태이다."(A. 루아지, 《전쟁과 종교》, 18쪽에서 인용된 파스퇴르 비트의 발언)

41 교회가 지난 20여 년 사이에 다음과 같이 계율을 바꿔 놓았음을 보는 것도 시사적이지 않은가.
"살인을 저지르지 말거라.
실제로든 해도 된다고 하든."을

"살인을 저지르지 말거라.
권리가 없이 스스로 원하지 않으면"으로.

42 어쨌든 우리의 **도덕적 인종** 이론을 보라. 이 책의 1946년 판 서문.

는 예수를 가리키는 보쉬에로 거슬러오를 것도 없다. 우리는 1849년만 해도 고위 주교단 회의에서 "민족주의 운동은 이교(異敎)의 잔재이며, 언어가 각기 다르다는 것은 죄악의 결과이고 인간 타락의 결과"라고 선언했음을 알고 있다. 이 선언은 물론 가톨릭 고위 인사인 프랑수아 조제프가 왕국 인민의 분리주의적 의지를 분쇄하려는 의도로 도발한 것이지만, 흥미 있었다. 나는 감히, 하지만 오늘의 교회는 이에 관심이 있을지라도 그런 발언을 하지 않으리라고 말하겠다. 그들은 내게 교회가 원해도 교회 사제들이 자기 나라에서 무섭게 평판이 떨어질 것을 무릅쓰고서 그럴 수는 없다고 반격할 것이다. 그러면 세속인이 불쾌해하고 혼란스러워할 진실을 말하는 것이 지식인의 직분이 아니었다는 것 같다.

그렇게까지 요구하지는 말자. 아직도 이렇게 공언할 사제가 유럽의 그 어떤 설교단에 남아있는가. "크리스트교인은 세계주의자이면서 애국자이다. 이 두 자질은 양립 불가능한 것이 아니다. 세계는 사실 공동의 조국이며, 또는 보다 크리스트교적으로 표현하면 공동의 유형지이다."(퓌 사제 르 프랑 드 퐁피낭의 사목교서, 1763년, 〈자칭 현대 무신앙자 철학에 대해〉. 여기서 '무신앙자들'은 교회의 세계주의 권리를 거부하는 이들이다.)

일부 지식인들은 더 심하다. 민족적 특수성을 예찬하면서 그것이 교회의 근본정신, 특히 중세의 대박사들 가르침에 순응하는 것이기를 바란다. (가톨릭을 크리스트교에 대립시키는 명제이다.) 이 박사들 중 가장 민족적인 이들도 민족적 특수성을 불가피한 조건으로 간주하는 데서 그쳤으며, 열등한 지상 세계를 전부 신의 의지로 알고 존중해야한다고 했음을, 그리고 사람들이 속으로 그런 감정의 날을 갈도록 했고 이 예리한 칼날이 도덕 증진의 실천이라고 제시하는 것은 꿈도 꾸지 않았음을 상기해야 할지? 지금까지 교회가 애국심을 추앙할 때 높이 산 값진 애국심은 동포 사이의 우애, 또한 타인에 대한 인간의 애정이지 타인과의 대립이 아니다. 애국심은 인간애의 확장이지 제한[43]이 아니다. 그러나 얼마 전부터 — 정확히 지난 전쟁 당시 베네딕토 15세*에게 독일 민족주의의 오만을 규탄하지 말도록 질책한 이래 — 성부(聖父)는 그렇게 행동함으로써 주(主)의 가르침을 따른 것뿐이며 그 가르침은 자기 민족에 대한 인간애를 설파한 것이라는 교회 내부의 학파가 가장 주목된다. 예수를 민족주의의 사도로 조작하는 교회인들이다. 신념과 행동을 다 바쳐 세속적 정념에 봉사하려는 현대 지식인들의 결의를 이보다 더 잘 상징하는 것이 있을지?

그 기이한 크리스트교인들은 이렇게 자기들의 생각을 표현한다. "예수는 사람들에게 선행을 베풀기 위해 그의 조국 국경 너머를 쳐다보지 않았다. 그 여인이 가나안 지방 여인임에도 그 딸을 치료해주고서 이스라엘 집의 길 잃은 양들에 대해서만 사명감이 있다고 밝혔다.(마태복음 15장 24절) 예수는 첫 제자들을 이스라엘로 보내는데, 다른 곳들로 돌아가지 않도록 함에 유의하자. 이방인의 길로도 가지 말고 사마리아인의 고을에도 들어가지 말라. 차라리 이스라엘 집의 잃어버린 양에게 가라.(마태복음 10장 6절) 외국인들에게 복음을 전해주는 것은 나중 일이며, 먼저 우리 사람들에게 전해야

---

43 예를 들어 보쉬에의 다음과 같은 구절이다. "만약 우리가 모든 사람을 사랑해야 한다면 솔직히 크리스트교인으로서는 그것이 전혀 이상하지 않다. 그러나 우리는 그보다 더 절박한 이유에서 동향인들을 사랑해야 한다. 자신과 가족, 친구들에게 보내는 모든 사랑은 조국에 대한 사랑 속에서 하나가 된다."(《성서에서 발췌한 정치론(Politique tirée de l'Ecriture sainte)》, I, vi) '자신에 대한 모든 사랑을 …'에 주목하자. 이것은 "조국애는 진정한 자기애"라는 생에브르몽의 말을 정당화한다. 교회는 이처럼 계속 애국심을 단 하나의 사랑으로 제시할 것 같다.(교회와 민족주의에 대한 《서한들(Lettres)》의 앙케트, 1922~1923) 이는 대중의 인기가 요구하듯이 이 정념을 고양하도록 하리라. 크리스트교의 원리를 위반하지 않고서. 유감스럽게도, 애국심은 사랑과는 다른 것으로 "외국인에 대한 증오"를 포함한다며 현실적 인사들이 궐기하고 있다.(모라스, 《마르크 상니에의 딜레마(Dilemme de Marc Sangnier)》). 누가 우리에게 진실을 전할 것인가?

*1914~1922 교황 재위

할 것이다. 이스라엘의 집이란 말은 의미가 충만하고 조국애가 넘친다. 한 핏줄, 같은 언어, 같은 종교, 같은 정통을 지닌 한 집단의 인간존재가 하나의 집을 이룬다. 이 특수성이 수많은 칸막이를 친다."⁴⁴ 그들은 한 걸음 더 나아간다. "예수가 카이사르에게 조공을 바치도록 허락하고, 한 떼의 사람들이 사막에서 바친 왕관을 물리친 때 무엇보다 감동적인 것은 예수의 신중함이나 초연함보다 그의 조국애이다. … 예수의 설교가 지니는 으뜸가는 특성은 그의 절대적인 민족적 성격이다."⁴⁵ 만약 마음이 내킨다면 독자들은 이 박사들이 얼마나 확고한 토대 위에 명제를 정립하였는지 보리라. (그중 하나는 예수가 출생 1주일 후 할례를 받아들여 그의 나라의 제도에 강렬한 집착을 보여 주었다는 것이다.) 우리의 주의를 끄는 것은 이 크리스트교인들이 그들의 주인을 생애의 한 순간은 민족적 이기주의의 스승이었다고 만들려는, 그 악착스러움이다.

교황청은 최근 프랑스 민족주의라고 할 것에 대해 언급했는데, 민족주의에 대한 교회의 태도를 이와 달리 볼 수 없다. 이 발언은 노골적인 반크리스트교적 민족주의만 비난했는데, 그러한 민족주의는 아주 드물다. 그리고 이 비난에는 우월하다고 자처하고 세계주의를 배척하려는 민중의 의지에 대해서는 한마디 비난도 없다. 더욱이 교황청의 견해를 공식 표현하는 간행물에서는 세계주의자에게 이렇게 대답한다. "그렇다. 모든 사람은 한 아버지의 자식이다. 그러나 애초부터 갈라져서 그들은 이제 모이지 않는다. 파괴된 가정은 더 이상 재결합되지 않는다. 물론 나는 모든 살아있는 자들의 우애를 기쁘게 인정하고 싶지만, 그렇다면 죽은 자는 모두 우

44　A. 뤼간, 《인간애의 위대한 사회 법칙(La Grande Loi sociale de l'amour des hommes)》, II권, III장.
45　르 P. 올리비에, 《예수의 우애(Les Amitiés de Jésus)》, 142쪽.

리의 조상이란 말인가? 그들이 우리 모두를 사랑했는가? 그들 모두가 우리를 위해 고통을 겪었고 일했는가? 어떤 이들은 지구의 한쪽 끝, 흡사 다른 세계에서 살았고, 또 어떤 이들은 우리에 반대해서 일했다. 우리 아닌 다른 이들을 위해 자신의 상속물을 지키거나 더 부유하게 되기를 바란 것이다. 부채(負債)가 어디에 있는가? 단란한 가정이, 오는 자 누구에게나 문을 열어준다면 그것은 가정이 아니라 여인숙이다."⁴⁶ 크리스트교의 사제들이 주의 진정한 가르침을 공언하고 "예수의 복음서는 조국을 상정하는 것이 아니라 폐지한다."라고⁴⁷ 주저 없이 선포하는 것은 교회를 떠난 이들을 찾아서 들어야 할 말 같다.

현대 지식인들이 보편 감정을 질타하기 시작한 것은 비단 민족 이익만 위해서가 아니라, 계급 이익을 위해서다. 우리 시대는 모럴리스트들이 부르주아 세계(또는 노동자 세계)를 향해 이렇게 말하는 것을 보고야 말 것이다. 다르다는 감정을 누그러뜨리고 본래 한 공동체 안에 있다고 느끼기는커녕 오히려 다르다는 그 감정을 돌이킬 수 없게 깊이 느끼도록 힘써야 한다고. 그래서 멋있고 고귀한 것은 이 노력이며, 반면 하나로 융화하려는 모든 의지는 저열함, 비겁함, 또한 나약한 정신의 신호라고 하는 것을. 잘 알려진 대로 이것이 《폭력에 대한 성찰》의 주제이며 이 주제는 현대의 기라성 같은 지식인 사도(司徒) 전원에 의해 고양되고 있다. 이러한 지식인의 태도에는 분명 민족에 관한 것보다 더 야릇한 새로움이 있다. 이 가르침이 책임져야 할 것, 더구나 적수를 해치기 위해 이 가르침이 각 계급에

---

46 《가톨릭 신앙 호교 사전(Dictionnaire apologétique de la foi catholique)》(1919년)의 〈조국〉항목에서 우리를 위해 무언가를 이룩한 사람들만을 사랑하려는 의지, 곧 흔치 않은 실질적 정신에 주목하게 된다.
47 루아지,《전쟁과 종교》, 6쪽. 어쨌든 현직에 있는 일부 성직자들이 같은 말을 하고 있다. (기요 드 지브리,《그리스도와 조국(Le Christ et la Patrie)》)

게 일깨우는 지금까지 보지 못한 증오의 책임이 어떠한가는, 부르주아 계급에 미친 영향으로는 이탈리아의 파시즘, 반대 계급에 미친 영향으로는 러시아의 볼셰비즘으로 측정할 수 있다.[48]

여기서 또 한 번 우리는 현실주의가 교회를 비호하려 추구하는 것을 보았다. 또한 가톨릭 박사들이 도덕의 이름으로 부르주아 계급에게 이렇게 권하고, 그것이 교회의 가르침에[49] 따르는 것이라고 애써 증명하려는 것을 보았다. 즉 상대편 계급과 다르다는 것을 확실히 자각하고 종교적으로 그 계급 고유의 의식에 빠지며, 특히 (조아네) 소유 개념을 내부적으로 강화하라는 것이다. 우리는 이 주장의 근거가 얼마나 애매한지 알고 있다. 교회는 사실 계급 구분을 인정한다. 교회는 신자들이 이를 인정하고 더 나아가 존중하도록 권장한다. 마치 이러한 구분이 신에 의해 타락한 지상에 부과된 것처럼. 교회는 특권층이 그들 신분을 받아들여 그에 준하는 행동을 하고 '신분의 의무'를 준수할 것을 권한다. 교회는 심지어 이 의무를 준수하는 것이 신을 기쁘게 하는 '기도'라고 말하리라. 교회는 전에는 차별의 감정을 높이 세우기를 권하지 않았고, 더구나 도덕의 이름으로 그렇게 한 일이 없다. 오히려 교회가 도덕의 이름으로 당부했던 것은 개인의 내재

---

48 이탈리아 파시즘과 러시아 볼셰비즘이 《폭력에 대한 성찰(Réflexions sur la violence)》의 저자를 서로 찬양하는 것은 알려져 있다. 이 저자는 사실 다른 계급보다 어느 한 계급의 이익을 위해 보편적 방식으로, 심한 편견 없이 계급 이기주의를 설교했다. 그의 이기주의 설교에는 위대하기도 한 불편부당함이 있는데 그의 제자들은 이 점을 물려받지 못했다.

49 예수 그리스도의 가르침에 대해서도 마찬가지다. R. 조아네는 이렇게 말한다. "나는 부르주아가 순수할 때는 크나큰 크리스트교를 지니는 것을 나타내고 싶었다. 부르주아를 부르주아라는 이유로 크리스트의 이름으로 짓밟는 것은 좀 지나친 역설 같다." 그런데 저자는 복음서 원문을 인용하지 않는다. 성 토마스의 몇 가지 해석을 인용할 뿐이며, 그 해석이 "대단히 현실주의적"이라고 찬양한다. 저자에 따르면 그는 명백히 크리스트의 사상을 구현하고 있다. 이 저작은 실용 정신을 이상화하는 현대 지식인의 욕구를 말해주는 더 없이 완벽한 사례이다.(소유에 관한 크리스트 교리는 토마신 신부의 《보시론(Traité de l'aumône)》 참조.)

적 특수성이 특권 상황 아래 있다고 믿지 말라는 것이다. 또 지위와 신분의 불평등에도 불구하고 사람이라면 누구나 가진 공통의 인간성을 자각하라는 것이다.[50] 예수 크리스트는 화해한 인간, 즉 자신과 타인들 사이의 모든 대립 감정을 가슴속에서 뿌리 뽑은 사람만을 환영한다고(화해에 관한 보쉬에의 설교를 보라) 교회는 항상 분명하게 말한다. 크리스트교의 이 가르침이 논란의 여지가 없다는 것은 더 이상 논할 필요도 없으리라. (나는 가르침을 말하는 것이지 실천을 말하는 것이 아니다.) 그럼에도 현대의 박사들이 대거, 크리스트교의 설법에서 부르주아 이기주의의 성화(聖化)를 찾아내려는 그 악착스러움은 아무리 되새겨보아도 모자랄 것이다.[51]

특수주의에 대한 지식인들의 이런 찬양에 주목해야 할 또 다른 유형을 언급하자. 특수한 도덕은 찬양하고 보편 도덕은 경멸하는 것이다. 우리는 반세기 전부터 행동파뿐 아니라 어느 진지한 철학자 학파 전체가 무릇 민족은 그 민족에게 주어진 특수한 천재성, 역사, 지리적 위치, 특수한 환경의 영감을 받아 권리와 의무의 개념을 세워야지, 이른바 시공간을 초월하는 인간 의식의 지시를 받으면 안 된다고 가르치는 것을 알고 있다. 또 계급이란 계급을 둘러싼 특수한 필요, 특수한 목적, 특수한 조건을 놓고 결정된 선악에 따라 자체적으로 구축되어야 한다고 가르친다. '정의 자체', '인간성 자체', 또는 '싸구려' 일반 도덕이라는 감각으로 더 이상 방해받을

---

50 크리스트교 신학의 입장에서는 부르주아의 신분은 **등급**이 아니라 **직분**이다.
51 이 점에 관한 교회의 근본적 입장은(나는 근본적이라고 하겠다. 왜냐하면 응용하면 반대의 논거를 찾을 수 있기 때문이다. 그러나 다시금 야릇한 것은 이 응용이다.) 다음의 구절로 정의될 것이다. "말브랑슈는 보쉬에처럼 사회적 불평등과 부정의는 원죄에 따른 것이므로 그대로 감수하고 외적 처신을 이에 맞추어야 한다고 하는 편이다. 자선 이외의 다른 방법으로 이 부정의를 바로잡으려고 하지 말아야 한다. 그렇게 하면 분명 평화는 어지럽혀지고 얻는 것은 없을 것이기 때문이다. **마음속으로도 이 상황과 조건에 어떤 중요성도 부여하면 안 된다. 진정한 삶은 그것이 아니기 때문이다**."(H. 졸리, 《말브랑슈(Malebranche)》, 262쪽.)

게 없다는 것이다. 우리는 오늘날 바레스를 따르는, 모라스를 따르는, 소렐을 따르는 무리, 게다가 뒤르켐을 따르는 무리[52]와 함께 붕괴의 현장에 입회하고 있는데, 플라톤 이래 칸트까지 영원하고 초연한 인간 중심으로 선(善)의 관념을 주장했던 정신이 지식인들에게서 완전히 붕괴하고 있는 것이다. 하나의 인간 집단만이 인간 행위에 대한 도덕 심판관이 되도록 만든 이런 가르침이 어떤 종말을 부르는지 우리는, 탐욕은 신격화되고 폭력은 법규가 되며 계획이 집행되는 동안은 고요한 1914년 독일의 사례에서 그것을 모두 보았다. 또한 유럽 어디서나 부르주아 계급의 사례가 그것을 보여줄 것이다. 아마 우리는 노동계급의 사례에서도 이를 목격하리라.[53] 그 교리가 그들 계급에 불리해지지 않는 한.

1914년 독일의 행위 앞에서 일부 프랑스 도덕주의자들이 분노했으나 나는 놀랍지 않았다고 감히 말하겠다. 17년 전, 내가 이미 말한 법정 사건 당시 바로 그 도덕주의자들이 그들의 동포에게 '가소로운 형이상학자'들이 휘두르는 절대 정의 개념을 물리치고 '프랑스식' 정의만 내세우도록, 특유의 천재성, 특유의 역사, 특수하며 영원하고 현재적인 필요에[54] 맞추라고 주장했던 것이다. 우리는 이 사상가들의 명예, 다시 말해 정신적 명예를 위해 이렇게는 말해 두겠다. 1914년의 분개는 도덕적 신념에 따랐던 것이

---

52 뒤르켐의 명제와 프랑스 전통주의자들의 명제의 관계에 대해서는 D. 파로디, 《프랑스 현대철학(La Philosophie contemporaine)》, 148쪽 참조.

53 "독일만이 독일적 방식의 심판관이다."(폰 디스푸르트 소령, 1914. 11.) 민족 도덕이라는 철학은 근본적으로 독일적인 것 같다. 플라톤이 《국가》에서 선을 정의한 것은 모든 민족을 위해서가 아니라 그리스인을 위해서였음을 헤겔과 첼러(Zeller)가 기필코 입증하려는 것은 크게 주목할 만하지 않은가.(P. 자네, 《정치사상사》, I, 140쪽 참조.)

54 바레스는 1898년에 이렇게 쓰고 있었다. "교수들은 아직도 정의와 진실을 논한단 말인가. 체면을 차리는 인사라면 정의란 특정한 두 사람 사이, 특정 시대, 특정 상황에 따라 검토해야 한다는 것을 알고 있는데도." 1914년 독일이 독일을 비난하는 자들에게 가한 반격의 핵심이 바로 이것이다. ─ 바레스 이전에는, 메스트르나 보날이라 해도 '체면을 차려' 상황에 따라 정의를 고려한 모럴리스트는 한 사람도 없음을 거듭 말해야 하는가.

아니며, 다만 천진한 사람들 앞에서 민족의 적을 악인으로 만들려는 것이었다고.

지식인들의 이 경향은 그들이 얼마나 단호하게 세속적 정념에 봉사하려는지 — 또 통제하려는지 — 가장 잘 나타내는 운동 중 하나인 것 같다. 동포들이 오직 개인의 도덕만 알고 보편 도덕은 일체 거부하도록 이끄는 것, 그것은 타인과 다르고자 하는 사람들의 욕망을 자극하는 솜씨를 보인다. 그들 자신이 민족적 정념을 어떤 방식으로든 성취하려는 기예의 명수이다. 오직 자신만을 심판관으로 두고 다른 사람들의 의견은 모조리 경멸하겠다는 것은 사실 민족을 위한 분명한 힘이다. 오만은 어느 제도에서나 힘이 된다. 누가 무슨 소리를 하든, 제도의 조직 원리는 비아(非我)에 반대하는 자아의 확인이다. 지난 전쟁에서 독일을 패배하게 만든 것은 저 신도들이 말하는 '지나친 자존심'이 아니다. 그들은 못된 마음이 실제 나약함의 원인이 되기를 바라지만 사실은 물질적 힘이 자존심만큼 크지 않았기 때문이다. 자존심이 그에 맞는 물질적 힘을 찾게 되면 인민의 패배를 부르지 않는 것을 로마와 비스마르크 시대의 프로이센이 증명한다. 30년 전 프랑스가 자기 행동을 알아서 심판하고 영원한 도덕은 조소하도록 이끌었던 지식인들은 자기들이 가장 고상한 민족 이익의 감각을 지녔다고 하였다. 그 이익이란 극히 현실적이고, 무사무욕(無私無慾)의 정념으로는 할 수 있는 일이 없기 때문이다. 다시 말하지만 이런 종류의 이익에 종사하는 것이 지식인의 직분인지는 알 수 없는 일이다.

현대의 지식인들이 멸시의 함정에 빠뜨려버린 것은 보편 도덕뿐 아니라 보편 진실도 있다. 이 점에서 세속의 정념에 봉사하는 지식인의 실력은 실로 천재적이다. 남과 다르다고 자처하려는 이들에게는 진실이 분명 커다란 장애물이다. 진실을 채택하면 곧 자신이 하나의 보편 세계 속에 들어 있음을 느낄 수밖에 없는데, 진실이 그렇게 만든다. 하지만 그런 세계는 환상일 뿐이고 존재하는 것은 특수한 진실뿐이라고, "로렌의 진실들, 프로방스의 진실들, 브르타뉴의 진실들이 있고 수세기에 걸쳐 아껴온 그 진실들이 합쳐져서 안락한 것, 존중할 것, 프랑스에서 진실인 것"을[55] 이룬다고 배우면(이웃에서는 독일에서 진실인 것에 관해) 가슴이 벅차다. 달리 말하면, 파스칼은 무례한 정신일 따름이고 피레네 산맥 이편에서 진실인 것이 저편에서는 완전한 거짓이다. — 인류는 계급에 관해서도 똑같은 가르침을 듣고 있다. 부르주아의 진실이 있고 노동자의 진실이 있다고 배운다. 더 심하게는 우리가 노동자냐 부르주아냐에 따라 정신의 직무가 달라야 한다. 소렐은 노동자들에게, 당신들의 불행의 근원은 당신의 계급에 맞는 사고방식에 따라 사유하지 않는 것이라고 가르친다. 그의 제자 조아네는 자본주의 세계에 대해 같은 이야기를 한다. 이 차별 감각을 자기 계급 안에서 한껏 키우는 현대 지식인들의 탁월한 재간이 어떤 결과를 만드는지 우리는 아마 곧 보게 되리라.

특수한 것을 숭배하고 보편성을 경멸하는 것은 현대 지식인의 가르침을 특징짓는, 가치관의 전도인데 아주 일반적이다. 지식인은 정치보다 높은 단계인 사상계에서 이를 공언한다. 우리는 20년 전부터 사고를 업으로 삼는 이들 거의 전부가 채택한 형이상학이 인간 의식의 최상 상태를 이 의식 — '지속' — 으로 제시하는 것을 알고 있다. 이 상태에서 우리는 우

---

55 《병사에게 보내는 호소(L'Appel au soldat)》. 프랑스의 전통적 가르침은 — 바레스는 자신이 후예라고 하는데 — 이를 비교하라. "너희들은 어느 곳 출신이든 다른 나라 출신이라 가정하고 믿어야 할 것만 믿어야 한다."《포르루와얄 논리학(Logique de Port-Royal)》 III, xx.) 민족주의적 진실이란 도그마가 도덕적 진실만 겨냥한다고 믿어서는 안 된다. 우리는 요즈음 프랑스 사상가들이 아인슈타인의 원리를 프랑스인들이 좀 더 방어했어야 하는데 그러지 못하고 채택되었다고 분개하는 사례를 보았다.

리 내부에 있는 가장 개별적인 것, 우리 아닌 모든 것과 구분되는 것을 스스로 간파한다. 그러면 우리는 우리가 다른 사람들과 공통될 뿐이라고 믿게 하는 사고 형태(개념, 이성, 언어 관습)로부터 해방된다. 이 상태는 고유한 것, 모든 것과 다른 것을, 외부 세계를 인식하는 최상의 유형으로 두고, 일반 존재를 발견하려는 정신을 경멸할 뿐이다. 우리 시대는 지금까지 몰랐던 이것, 우연을 찬미하고 영원은 경멸하라는 형이상학의 설교를 보리라.[56] 실제 — 실용 — 스타일을 높이고 이상적 스타일, 형이상학을 낮추려는 현대 지식인의 의지가 얼마나 뿌리 깊은가를 이보다 더 잘 보여줄 수 없다. 철학사를 보아 개별적인 것을 이처럼 깊이 숭배하는 것은 독일 사상가들(슐레겔, 니체, 로체)이며, 반면 형이상학의 보편 숭배는(경험적인 것에 대한 어느 정도의 경멸까지 합쳐서) 그리스가 인간 정신에 물려준 유산임을 상기하자. 이 점에서도 현대 지식인의 가르침은 근본적으로 게르만적 가치의 승리, 헬레니즘의 파산을 드러낸다.

마지막으로 지식인들이 보이는 이 특수성의 설교 가운데 또 다른 형태가 있음을 주목하고 이를 언급하고자 한다. 그것은 모든 것을 시간 안에서만 높이 평가하는 태도이다. 그 시간이란 모든 것이 어떤 특수 상태의 연속으로서 하나의 '생성', 하나의 '역사'가 되는 때이다. 특수한 사건의 연속 아래 역사가 항구성을 보이고 시간을 초월할 때는 아니다. 나는 무엇보다

---

56 **우연을 위한 우연의 예찬.** 그렇지 않으면 영원을 향한 계단으로서 라이프니츠와 스피노자까지 "이상한 일들"을 깨달을 것을 무척 권장한다. — 르누비에는 어떤 종류의 세계주의에는 심히 적대적이었으나 "특이하며 표현될 수 없는" 것의 인식이 철학적으로 가치 있다고 하지 않았다.(G. 세아유, 〈르누비에의 다원론(Le pluralisme de Renouvier)〉, 《형이상학과 도덕 평론》(1925) 참조.) 그는 결코 이러한 현대적 형이상학 헌장에 서명하지 않았으리라. "소크라테스 이래 철학자들이 특수성을 인식하는 것은 무엇보다 경멸하고 일반성을 인식하는 것을 무엇보다 존중하도록 하기 위해 투쟁했다는 것은 인정할 수 없다. 왜냐하면 결국 가장 존중할 인식은 가장 소중한 현실 인식이어야 하지 않는가? 그렇다면 소중한 현실로서 구체적이고 개별적이 아닌 것이 있는가?"(윌리엄 제임스)

역사적으로 이 관점만이 진지하고 철학적이며 반대로 영원한 눈으로 역사를 보려는 욕구는 환상에 빠진 유아적 취미이니 미소를 보낸다는 그들의 주장에 관해 논하고자 한다. 그런 개념화가 모든 현대 사상에 혼을 불어넣고 있음을 내가 지적해야만 하는가? 어느 문학 비평가 그룹 전체에 이 관념이 존재하는 것, 그들의 고백이나 작품을 대하는 태도를 보면 작품의 미학보다는 '시대의 의지', '현대 정신'[57]을 훨씬 더 찾고 있다는 것, 그런 관점이 어느 역사학-모럴리스트 학파 전체에서 보이는 것, 그들이 특정 교리에 탄복하는 것은 그것이 옳거나 선해서가 아니라 자기 시대의 모럴을 잘 구현하기 때문이라는 점, (이런 이유에서 특히 소렐은 베르그송주의에, 니체는 니콜라우스 쿠자누스의 철학에 경탄한다) 특히 우리의 모든 형이상학자에게서 그 관점을 발견하는 것을 지적해야 하는지. 진화, 지속, 창조적 진화, 다윈론, 완전 경험, 구체적 보편 등 어느 것을 설교하든 간에 그들은 절대가 시간 속에서, 세부적 상황 안에서 발전한다고 가르치는 것이다. 플라톤 이래 칸트까지의 변화에도 불구하고 존재를 숭앙한 정신 형태는 쇠락했다는 선언이다.[58] 코스모스(Cosmos)가 질서 있고 단일한 존재의 장소에, 우라노스(Ouranos)는 생성·변동하는 존재의 장소에 놓인다면 우리는 피타고라스와 함께 현대의 형이상학은 모두 우라노스를 형이상

---

57 어느 주요한 문예지가 최근 한 비평가(피에르 라세르)에 대해 '현대 문학'에 대한 이해 능력이 없다고 비난했다.

58 이상하게도 이 역사적 형이상학이 시인들에게서도 보인다. 우리는 "이 순간"을 숭배하는 클로델을 알고 있다.("그 순간은 과거의 같은 양의 연결로서가 아니라 모든 다른 순간들과 틀리기 때문에") 이미 랭보는 말하고 있다. "절대적으로 현대적이어야 한다." 또한 일부 크리스트교인은 **어떤 시간에 관계될** 때만 교리가 가치 있다고 하는 것을 상기하자. 이 점에서도 역시 특수주의는 독일인들에 의해 시작된 것 같다. "크리스트 교회의 전 역사를 통해 한결같은 모럴이 제시된 것이 아니다. 각각의 모럴은 어떤 특정 시기에만 완벽한 가치를 갖는다."(슐라이어마허). 모든 것을 발전으로 파악하려는 이 의지의 독일성에 관해서는, 파로디, 《도덕문제와 현대사상(Le Problème moral et la Pensée contemporaine)》, 255쪽 참조.

학 가치의 정상에 올려놓고 코스모스를 심히 낮게 평가한다고 말할 수 있다. 형이상학이라는 고도의 부류에 속하는 지식인이, 오직 실제만이 고려할 만한 것이며 초감각적인 것은 조소해야한다고 세속인에게 가르치는 것이 다시금 주의를 끌지 않는가?[59]

B. 그들은 현실적인 것에 대한 집착을 찬양하고 정신적인 것에 대한 애정을 비방한다.

그러나 지식인들은 자신들의 교리에 따라 세속인들의 현실주의를 찬양했는데, 특수한 것을 찬양하고 보편적인 것을 비난하는 수준을 넘어섰다. 그들은 도덕 가치의 정상에다 구체적 이득과 세속적 힘의 소유, 그리고 그것들을 획득하는 수단을 두고 있다. 정신적 재산, 비실질적인 초탈한 가치의 추구는 사람들의 경멸에다 바쳤다.

그들은 우선 국가에 관해 그렇게 했다. 우리는 스무 번의 세기 동안 국가는 정의로워야 한다고 인류에게 설파해 온 이들이, 국가는 강력해야 한다고 선포하며 의로움을 비웃는 것을 보았다. (드레퓌스 사건 당시 프랑스의 유력한 박사들의 태도를 연상하게 된다.) 우리는, 국가란 권위가 있어야 강력하다는 데 설득당한 그들이 전제 정권, 자의(恣意), 국가이성의

---

59 특수성에 대한 현대 종교의 관점이 존재의 종교와 발전의 종교를 대립시키는 최근 학파(네오 토미즘)의 출현으로 손상된 것 같지는 않다. 일부 보편주의적 선언에도 불구하고, 이 학파의 지도자들에 따르면 인간 존재가 자신과 자신들의 집단에만 속한다는 것은 분명하다.(이 점에서도 집단이 국가를 초월한다.) 그들 중의 누구는 마치 2세기의 그 크리스트교인처럼 자발적으로 이렇게 말하리라. "인간 그것은 우리뿐이다. 다른 자들은 개, 돼지에 불과하다." 그들 자신을 위해 일하면서 세계를 위해 일한다고 주장하는 이 특수주의를 더 이상 인용할 것은 없으리라. 그들이 지지하는 집단 그 자체가 세계적이라는 것밖에는("나는 로마인이다. 그러므로 나는 인간이다."(모라스), "나는 독일인이다. 나는 인간적이다."(피히테) 등.) 그 같은 교리에도 불구하고 어떻든 이 주장들은 세계적인 것이 얼마나 아직도 권위가 있는지를 명백히 보여 준다.

정부를 옹호하고, 맹목적으로 권위에 순종하라는 종교를 변호하고, 자유와 토론에 입각한 제도들을 비난하는 것을[60] 보았다. 자유주의에 대한 비난, 특히 이 시대 문인 대다수의 그런 비난은 역사가 진정 놀라워할 시대적 사건이며, 특히나 프랑스 문인의 입장에서는 다른 무엇보다 놀랍다. 우리는 그들이 강력한 국가를 뚫어져라 쳐다보며 프로이센식 규율 국가를 찬양하는 것을 보았는데, 거기서는 누구나 자기 부서를 지키며 또 상부의 명령을 받들고 민족의 영광을 위해 일하며, 개별 의지에게 남겨진 자리는 없다.[61] 우리는 그들이 언제나 강력한 국가를 철저히 믿고(또한 다음에 말할 또 다른 이유로) 국가에서는 군사적 성원이 우세하고 이들이 특권을 가지며 이 특권이 민간인에 의해 승인(《병사에게 보내는 호소》, 드레퓌스 사건 동안의 수많은 작가들의 선언을 보라)되기를 원하는 것을 보았다. 칼 앞에서 법복을 낮추라고 설교하는 이 사상가들은 특히나 몽테스키외와 르낭의 나라에서는 새로운 일이다. 마침내 우리는, 국가는 스스로 강력하려 해야 하고 정의로운 것은 비웃어야 하며 다른 국가들과 똑같이, 그리고 특히 다른 국가들과의 관계에서 그래야 한다고 설교하는 그들을 보았다. 그리고 이를 위해 영토를 확장하려는 국가 통치자의 의지가 확고하다는 것, '유리한 국경선'을 탐내는 것, 인접국 지배의 욕망을 떠받치는 것, 또한 이런 소유를 보장할 수단을 찬미하는 것을 보았다. 그 수단이란 기습 공격, 간계, 불성실한 서약, 조약을 무시하는 것이다. 우리는 이런 식으로 마키아벨리즘을 옹호하는 것이 50년 전부터 독일 역사학자를 있는 대로 고취시키는 것을 알고 있다. 프랑스에서는 무척 이름 높은 학자들이 그

---

60 노트 J를 보라.
61 '프로이센식 모범'을 숭배하는 것은 영국 지식인들도 마찬가지다.(엘리 알레비, 《19세기 영국민사(Histoire du peuple anglais)》, 에필로그, II권, 1장 참조.)

것을 공언했다. 그들은 왕들이 다만 실용 정신의 귀감이었고 교활한 농민 같아(J. 뱅빌을 보라), 근린 관계에서 그 바보 같은 정의를 존중하지 않았으니 프랑스가 왕들을 존경할 것을 권한다.

나는 소크라테스가 《고르기아스》의 현실주의자에게 준 유명한 답변을 들어 이런 지식인의 태도가 얼마나 낯선 것인지 느끼도록 하겠다. 소크라테스는 대답했다. "너는 테미스토클레스, 키몬, 페리클레스 같은 이들의 인격 속에서 지각없는 면모를 찬양했다. 동료 시민이 좋아하는 건 모두 대접하여 시민이 입맛 당기는 음식만 먹게 하고 그것이 실제 영양가 높고 타당한가를 알게 할 생각은 없는 그런 이들이 국가를 키웠다고 아테네인들은 외친다. 그러나 그러한 확장이란 불어터진 것이며 썩고 곪아 종양이 된 것임을 그 시민들이 보지 못하는 것이다. 고대의 정치인들은 성문과 병기고와 성벽과 공물(貢物)과 기타 유사한 어리석은 짓들로 도시를 가득 채웠고 절제와 정의를 그에 접목시키지는 못했다." 지금 이 시대까지 적어도 이론상으로는(우리가 이 자리에서 논하는 것은 이론이다) 이 구절에서 선포된 정신적 우월성을 명시적이든 아니든 세상에 가치의 기준을 제시했던 뭇 인물들과 교회, 르네상스, 18세기가 채택해 왔다고 말할 수 있다. 오늘날 우리는 바레스든지 그와 마찬가지인 이달리아 모럴리스트들이 (라틴계만 보아도) 정의를 위해 힘을 경멸하는 태도를 얼마나 조소하는지 짐작한다. 도시를 잠시 강대하게 만든 사람들에 대한 준엄한 심판도, 본업에 충실한 지식인의 완벽한 모델인 소크라테스에게 성문, 병기고, 성벽들은 '어리석은 것들'이다. 중요한 것은 정의와 절제이다. 오늘날 그 일을 맡은 이들에게 정의는 어리석은 — '망상' — 것이며, 중요한 것은 병기고와 성벽들이다. 오늘의 지식인은 스스로 국방 장관이 되었다. 현대의 모럴리스트, 그중에도 가장 존경받는 이들이 세속적 이익을 지키는 유능한 파수꾼이 되어, 소크라테스를 단죄한 재판관들을 두말없이 승인했다.[62] 이는 크리톤이 스승의 두 눈을 감겨준 그 저녁 이래 인간 정신의 교육자들에게서 아직 보지 못한 일이다.

나는 현대 지식인들이 국가는 강력해야 하고, 정의로움은 비웃어야 한다며 간청해 왔다고 했는데, 그들은 사실 이런 주장에 훈계와 도덕 교육의 성격을 부여했다. 이 점이 바로 그들의 커다란 독창성임은 아무리 강조해도 지나치지 않을 것이다. 마키아벨리는 군주에게 우리가 아는 방식의 행동을 권고하면서도 그 행위들에 어떤 도덕성도, 어떤 아름다움도 부여하지 않았다. 그의 도덕관은 세상 모든 이와 같았으며, 그가 비애를 품고 도덕은 정치와 양립불가라고 인정할 때도 그 점은 달라지지 않았다. "군주는 언제나 선행을 행하려 해야 하지만 부득이할 경우에는 악에 빠질 줄도 알아야 한다."라는 말은 악이 정치에 도움이 된다 해도 악은 여전히 악이란 의미이다. 현대의 현실주의자들은 현실주의 모럴리스트들이다. 그들에게는 국가를 강대하게 하는 것은 내용이 무엇이든 도덕적 성격을 부여받는다. 정치에 도움이 되는 악은 악이 아니라 선이 된다. 이것이 헤겔, 범게르만주의자들, 바레스에게서 분명한 입장이다. 자기들은 도덕을 논하지 않는다고 집요하게 선언하지만, 샤를 모라스와 그의 제자들 같은 현실주의자들도 마찬가지다. 선악의 가치를 제시하는 것은 모두 도덕이라고 한다면, 이들 박사들은 아마 사생활 문제는 적어도 분명하게는 말하지 않겠지만 정치에서는 아주 분명하게 도덕성을 공언하고 있다. 그들이나 헤겔이나 정치에서는 실질적인 것이 도덕이며, 모두들 도덕이라고 부르는 것도 실질

---

62 소렐,《소크라테스의 재판(Le procès de Socrate)》

에 반대된다면 부도덕이다. 그것이 사이비 애국심이라 할 저 유명한 운동 — 완벽한 도덕 — 의 실상이다. 모라스에게는 실질적인 것이 신이고, 그의 '무신론'은 신의 부정이라기보다 인간과 인간의 정치 업적 속에 신이 자리 잡도록 신의 자리를 옮겨온 것이라고까지 말할 수 있으리라. 이 작가가 의도하는 것이 정치의 신격화[63]라고 하면 적절한 표현이 될 것이다. 이렇게 도덕성의 자리를 옮겨놓은 것은 현대 지식인들의 가장 중대한 업적이고, 역사가의 커다란 주목을 받아야 한다. 깊은 사려 끝에 발언한다는 이들이 세상 사람들에게 자기들의 정치적 이기주의는 신성하며 그것을 누그러뜨리는 건 모두 저열하다고 하면 인류사의 방향이 어떻게 달라지는지 알고 있다. 이 가르침의 결과라면 우리는 10년 전 독일의 사례로 목격했다.[64]

정치와 도덕의 관계에 대해 우리가 지금까지 들어온 가르침은 두 가지뿐임을 보면 지식인들의 창안이 더 눈에 띈다. 하나는 "도덕이 정치를 결

---

63 어떤 동기에서든 그 점을 비난한 정신의 파수꾼들이 이를 분명히 보여 준다. 좀 더 구체적으로, 모라스의 작품은 국가 창설(또한 국가를 요새화하는)에 바치는 인간의 정념을 종교적 찬양의 대상으로 삼았다. 이로써 지상의 것이 초월이 된다. 모라스가 동시대인들에게 크게 영향을 미친 비밀은 이 초월적인 것을 이동시킨 것이다. 비종교적이 된 프랑스에서 특히 그의 동시대인들이 — 감사에 넘치는 그들의 태도로 미루어 — 분명 그러한 교리를 갈망하고 있었다. "마침내 그들은 우리를 신으로부터 해방시킨다. 마침내 우리 자신을 숭배하게 되었다. 그것도 선해지려는 것이 아니라 위대해지려는 우리의 욕망으로. 그들은 우리에게 현실 속의 이상을 보여 준다. 천상이 아니라 지상에 있는 이상." 이 면에서 모라스의 작품은 니체의 작품과 동일하다.("지상에 충실 하라"는 뜻에서) 나만 독일 사상가가 무질서를 향하는 인간의 정념을 신격화한 반면, 프랑스 사상가는 조직적 정념을 다룬 것에 차이가 있다. 현실만이 유일한 이상이라 한 것은 베르그송과 제임스*의 작품도 마찬가지다. 이러한 **신성한 것의 세속화**는 루터의 저술과도 비교된다.

64 마키아벨리즘의 도덕성은 다음 구절에서 분명하게 선언되었다. 열린 정신의 소유자라면 누구나 이 구절이 국적이 어디든 이 시대의 **모든** 현실주의적 학자들이 가르치는 말(어조만 빼고는)이란 것을 인정할 것이다. "군주는 타국과의 관계에 있어 가장 강한 자의 법이 아닌 한 법이나 법률을 인정해서는 안 된다. 국가 관계는 운명, 그리고 세속 정부의 신성한 권리를 책임지고 장악한다. 그리고 그 권리를 개인의 도덕률 위로 들어 올린다. 우세한 도덕 질서 안에서라." 그 질서의 내용은 이 말 속에 들어 있다. **공공안녕이 최상의 법이니!**(피히테, 앙들레르에 의해 인용, 위의 책, 33쪽.) 마키아벨리보다 더 나아간 것이다.

*미국의 생리학, 심리학을 아우른 철학자 윌리엄 제임스를 말함.

정한다"는 플라톤이고, 다른 하나는 "정치는 도덕과 관계가 없다"는 마키아벨리이다. 이제 들리는 소리는 제3의 것이니, 모라스는 "정치가 도덕을 결정한다"고[65] 가르친다. 진정 새로운 것은 이 독단을 제시하는 것 자체가 아니라, 사람들이 그것을 새겨듣고 있다는 사실이다. 이미 칼리클레스가 힘이 유일한 도덕이라고 공언한 바 있지만, 사상계는 그때 그 말을 경멸했다.(상기해보면 마키아벨리 역시 적어도 프랑스에서는 동시대 모럴리스트 대부분에 의해 심히 모욕을 받았다.)

지금 세상은 또 다른 현실주의 모럴리스트들이 하는 말도 듣고 있는데, 그들 역시 나름의 신망을 얻고 있다. 곧 국가의 통치자들이다. 여기서도 위에서 본 것과 같은 변화가 보인다. 전에도 통치자들은 현실주의를 실천했었지만, 그것을 존엄하게 생각지는 않았다. 루이 11세, 샤를 5세, 리슐리외, 루이 14세는 자신들의 행위가 도덕적이라고 주장하지 않았다. 그들은 복음서의 가르침이 도덕이라고 여겼으며, 자신들이 그에 적응하지 못한다고 도덕 자체의 자리를 옮기려 하지 않았다.[66] 그들과 함께 — 폭거에도 불구하고 그들이 문명을 혼란시킨 바는 없다 — 도덕이 침해되었으나 도덕 관념 자체는 불가침으로 남았다. 그러나 무솔리니는 스스로 자신의 강권 정치가 도덕적이라고, 이 정치에 반대하는 모든 것이 부도덕이라고 공언하

---

65 이 작가의 가르침은 이렇게 표현할 수 있다. "정치적 관점에서 선한 것은 모두가 선하다. 나는 다른 선의 기준은 알지 못한다." 개인적 도덕은 한마디도 언급할 수 없다고 하는 구절이다.

66 리슐리외의 《정치 유서(Testament politique)》, 《왕세자 지침서인 루이 14세의 회고록(Les Mémoires de Louis XIV pour l'instruction du Dauphin)》에 나타난 선악 일람표는 뱅상 드 폴의 서명을 받을 수 있을 것이다. 거기에는 이런 구절도 보인다. "왕들은 체결할 조약을 유심히 살펴야 한다. 그러나 일단 체결한 다음에는 **경건하게 준수해야 한다**. 나는 많은 정치가들이 이와 반대로 가르치는 것을 알고 있다. 나는 크리스트교 신앙이 이 격언과 반대로 주장하는 것은 개의치 않는다. 명예의 손상이 생명의 손실보다 더 중요하니만큼 위대한 군주라면 서약을 배신하느니 차라리 그 개인과 **국가의 이해**를 희생해야 한다. 군주가 서약을 위반하는 것은 그의 명예, 따라서 **가장 커다란 주권의 힘**을 손상하는 것이다."(《정치 유서》, 2부 6장)

고 있다. 전에는 단순히 현실주의자에 지나지 않던 정부 인사가 오늘날엔 작가와 마찬가지로 현실주의의 사도이다. 인격 대신 직책의 위엄으로 이들 사도에 무게가 실린다. 더욱이 요즈음의 통치자는 군중에게 직접 알리느라고 모럴리스트로 처신하고 자신의 행위를 도덕, 형이상학, 신비함과 맺어 놓는다. 리슐리외라면 왕에게만 보고하고 실무만 논하며, 불멸의 관점들은 다른 사람들에게 맡길 것이다. 무솔리니, 베트만 홀베크, 에리오 같은 이들은 반드시 그런 높이에 이르렀어야 했다.[67] 만약 지식인이 세상을 향해 초연하게 발언하는 이들이라면, 지금 내가 지식인라고 부를 이들이 얼마나 있을지. 나는 그런 그들의 행동에 대해 해명을 들을 권리가 있다.

현실 정치의 설교자들은 흔히 교회의 가르침을 내세운다. 교회가 그들의 명제를 비난할 경우 교회를 위선자로 취급한다. 그런 태도는 19세기 이전 교회의 가르침을 보면 논거가 박약하지만 이 시대에는 아주 공고하다. 지금도 세력 확장의 전쟁을 격렬히 비난하는 이런 글을 신학자의 펜촉으로 쓰는지 의문이다. "우리는 합법적 경계선 너머로 세력을 확장시키려는 욕망과 야심, 지금의 관계가 화평의 관계여도 이웃 군주의 세력이 강하다는 공포감, 정착할 만한 제법 안락한 땅을 소유하려는 욕망, 마지막으로 경쟁자의 것을 뺏으려는 욕망에서, 혹은 상대방의 소유가 타당치 않다는 판단 아래 신분이나 재산 또는 합법적으로 획득한 권리가 어쩐지 불편하여 무력으로 그걸 제거하려는 목적으로 선포하는 전쟁이 얼마나

---

67 작가도 비슷하다. 동료들에게 발언하는 마키아벨리라면 모럴리스트일 필요가 없다는 사치를 누리겠지만 대중에게 말하는 모라스는 그렇게 할 수 없다. 민주주의에서는 작가가 면책권을 갖지 못한다. 더구나 도덕적 행위와 겹치려 하는 정치적 행위는 이 행위가 어떤 조건에서 성공하는지 감각이 있다. 이런 면의 거장이 다음과 같이 말했다. "종교와 도덕을 개혁하지 않는다면 근원적인 정치 개혁은 없다."(헤겔) 모든 보수주의 단체 중에서도 악시옹 프랑세즈의 영향력이 특별한 것은 그 정치운동이 도덕적 가르침과 겹치는 점에 기인한다. 다른 이해관계가 이 도덕성을 거부하도록 함에도 불구하고.

부당하고 언어도단인지 알고 있다."[68] 반면 오늘날은 모든 정복 사업을 정당화하려는 선동의 글만 중요시된다. 그 논리는 예를 들면, "공동의 재산, 지켜야 할 공공 안녕의 필요성, 부당하게 빼앗긴 것의 회복, 반란자들의 진압, 무고한 인명의 방어"[69]이고 이것만 내세우면 전쟁은 정당해진다. 또 다른 논리로, 침략에 대비한 방어 때문에, 또는 "국가의 권리 행사에 장애가 되는 방해물을 제거하기 위해[70] 국가 입장에서 불가피하다면 그 전쟁은 정당하다."[71]라고 선언한다. 교회는 지난 세기 초에도 두 호전국 사이에서 정당한 것은 어느 한 편뿐이라고 가르쳤는데, 이제는 이 명제를 다 버리고 전쟁이 양편에서 각각 정당할 수 있다는 결론을 공언하고 있는데, 이는 중대한 문제다. "두 적대국이 각각 자신의 권리를 확신하지는 않는다. 하지만 국가적 자문을 받아 권리의 개연성을 간주하게 되면"[72] 그렇다는 것이다. 또한, 전에는 상대방이 도덕적으로 불의를 범한 경우에만 전쟁이 정당하다고 했다. 그런데 이제는 의도야 사악하든 아니든 물질적 피해 때문에

---

68 《양심 사례 사전(Dictionnaire des cas de conscience)》(1721년 판)의 〈전쟁〉항목. 그러한 도덕성을 지니고서는 유럽의 어떤 국가도 영토 형성이 불가능했음에 주목하게 된다. 그것은 전형적인 비실제적 가르침, 즉 우리의 견해로는 진정한 지식인의 가르침이다. (세속 세계가 이 가르침에 대해 취할 대우에 관해서는 노트 E를 보라.) 빅토리아 여왕의 입장에서도 제국의 확장은 정당한 명분을 갖지 못한다.

69 이는 알폰소 데 리구오리의 주장인데, 오늘날 교회의 가르침 속에서는 빅토리아 여왕의 주장보다 우세하다.

70 구세 추기경.《도덕 신학(Théologie morale)》, 1845)

71 이것이 스콜라 철학의 전쟁 교리인데, 토마스 아퀴나스에 의해 엄격하게 정식화되었다. 이 교리에 따르면 전쟁을 선포하는 군주(또는 국민)는 신의 법관으로 행동한다. 타국이 저지르고서 보상하지 않으려는 부당한 짓을 심판한다. 특히 전쟁을 선포한 군주는 승리한 경우 오직 그만이 죄가 있는 자를 벌준다. 그는 그 승전으로부터 어떤 개인적 이득도 얻어서는 안 된다. 높은 도덕성을 지닌 이 교리는 지금은 교회에 의해 깨끗이 버림받았다.(반데어폴,《크리스트교 앞에서의 전쟁(La Guerre devant le christiannisme)》, IX)

72 이것이 1914년 프랑스-독일의 분쟁 앞에서 교황청이 채택한 이론인 것 같다. 그 견해에 따르면 독일은 신학이 "극복할 수 없는" 무지라고 부르는 것의 혜택을 입었다. 이는 할 수 있는 한 최대로 상대방의 변명을 이해하기 시작했다는 뜻이다. 물론 우리가 독일이 이 이득을 가질 권리가 있다고 느끼려면 우리의 선의가 필요하다.

전쟁을 수행해도 정당하다고 하는데, 이 역시 중대한 사태다.[73] (예를 들면 우발적인 국경 침범 사건) 나폴레옹과 비스마르크는 그 어느 때보다도 지금 자신들의 못 행적을 정당화할 근거를 교회의 가르침으로부터 찾아낼 것이다.[74]

지금의 지식인들은 이 현실주의를 민족뿐 아니라 계급에 대해서도 설교한다. 그들은 부르주아 계급에 하듯 노동계급에게 말했다. "조직하시오. 가장 강한 자가 되시오. 권력을 장악하고, 이미 권력을 장악했으면 지키도록 힘쓰시오. 적대 계급과의 관계에서 자애심, 정의, 또 이미 오래전부터 속아온 다른 '허풍'이[75] 우세한 것을 조소하시오." 그들은 더구나 "필요가 그것을 원하니 그처럼 되시오."라고 말하지 않는다. (바로 이것이 처음 보는 일이다.) "도덕, 미학이 그처럼 요구하니 그렇게 되시오. 강해지려는 것은 고상한 정신의 표식이며, 정의를 원하는 것은 저열한 정신의 흔적"이라고 말한다. 그것이 니체와[76] 소렐의 가르침이며 그것이 사색한다는 유럽 전체의 갈채를 받고 있다. 그리고 사회주의가 마르크스 교리를 위해 유럽을 홀리고, 프루동의 교리에는[77] 경멸을 보낼 때 유럽은 열광한다. 지식인들은

---

73 이것이 몰리나의 교리이다. 정당한 전쟁이라는 양쪽의 명분과 같다. 전쟁의 권리에 대한 교회의 이 가르침이 스콜라 철학을 완전히 대신했다.

74 바캉과 망주노의 《신학 사전》(1922년 판, 〈전쟁〉 항목)에 이 글이 나온다. 나는 고상한 도덕적 권위로 자신을 엄호하려는 모든 침략자 항목에게 이 글을 권한다. "전쟁이라는 수단을 택하는 것은 국가수반의 권리일 뿐 아니라 의무다. 그가 책임진 전체적 이해관계를 수호하기 위해서다. 이 권리와 의무는 엄밀한 방어전에만 해당되지 않는다. 인접국의 야욕적 정책으로부터 진정 공격의 위험을 느껴 일어나는 공격전에서도 요구된다." — 같은 항목 안에 키플링이 백인의 짐이라고 명명할 식민 전쟁 이론도 있다.

75 이것은 소렐의 말이다.(필자의 《크리티아스의 감정》, 258쪽 참고.) 《폭력에 대한 성찰》에는 다음과 같은 구절도 보인다. "미래를 향해 진군하는 정의의 명령을 극히 이상적으로 집행해야 한다고 민중에게 가르치는 자들. 이들을 아무리 저주해도 지나치지 않으리라." 한편 저자는 부르주아 층을 향해 이렇게 가르치는 이에게도 똑같은 증오를 표한다.

76 노트 K를 보라.

77 《폭력에 대한 성찰》, VI, 〈폭력의 도덕성〉. 그들은 소렐이 비난하는 정의는 법정의 정의라

또한 한 나라 내에서 겨루는 정당들에 대해서도 같은 언사를 썼다. "그들은 각각의 정념에 따라 자기편에게 말했다. 최고의 강자가 되시오. 그리고 당신들을 구속하는 모든 것을 제거하시오. 상대방과 함께 정의와 화해를 이룬 정권 수립이라는 어리석음을 치우시오." 법을 무시하고서, 자기들을 인정하지 않는 시민은 모두 간단히 치워버리는 이탈리아 정부에 대해 어느 나라에서든 대다수의 '사상가'가 경탄하는 것을 우리는 알고 있다. 사람의 정신을 가르치는 아리스토텔레스의 제자들은 국가가 조직적 파벌이 되어서는 안 된다고 인류를 이끌어 왔다. 그러나 이제 "무솔리니 각하와 모라스 각하의 생도들은 바로 그러한 국가를 존경"하도록 가르치고 있다.[78]

'강한 국가'에 대한 요즘 지식인의 찬양은 이렇게 나타나는데, 우리는 그 가르침이 선인들을, 적어도 위대한 선인들을 경악케 하리라 믿는다.

1. 이성의 권리에 반대하여 관습권, 역사의 권리, 과거의 권리를 확인하는 것(물론 그것들이 무력정권에 기여하는 한)인데, 관습권의 확인이란 다음과 같은 사실을 말한다. 지금의 전통주의자들은 데카르트나 말브랑슈처럼 단순히, 관습이란 상당히 좋은 것이니 항거하느니보다 순응하는 편이 한결 현명하다고 가르치지 않는다. 그들은 관습 그 자체가 하나의 권리 그 자체이고, 따라서 관습을 존중하는 것이 이익이 될 뿐 아니라 정의라고 가르친다. 독일이 알자스에 '역사적 권리'가 있다는 것, 또는 프랑스 왕정이 '역

고 하리라. 소렐에 따르면, 법정의 정의는 허위 정의이며 "법복의 가면을 쓴 폭력"일 뿐이다. 그러나 정의가 진정한 정의일 경우에는 그가 존중하리라고 보이지는 않는다.

78 불관용에 대한 일부 정치학자들의 변명은 아무리 강조해도 지나치지 않을 것이다. 이 변명은 의식적이고 당당하다. 그런 자부심은 지금까지는 존중받는 종교의 수호자들에서만 가끔 보였다. G. 기그랑《민족주의 철학》, 47쪽)의 인용 구절과 L. 로미에《민족과 문명(Nation et Civilisation)》, 180쪽)에서도 이 변명의 하나를 보라.

사적 권리'가 있다는 것은 순수한 정치적 입장이 아니라 도덕적 입장이다. 그들은 '건전한 정의'의 이름으로 이것이 부과되어야 하고 이에 반대하는 이들은 그릇된 관념을 가진 것이라고 공언한다.[79] 정의가 기정사실에 의해 결정된다는 것은 분명 새로운 가르침이며 스무 세기 동안 소크라테스의 정의관과 함께해 온 이들에게는 특히 그렇다. 여기서 다시, 인간을 가르치는 그리스 정신이 프로이센 정신으로 대체되고 있음을 말해야하는지? 이 자리에서 말하는 정신 — 지중해에서든 게르만에서든 유럽의 모든 박사들이 말하는 정신 — 그것은 헤겔의 정신이다. "세계 역사가 세계 정의다." (Weltgeschichte ist Weltgericht.)

2. 경험에 근거하는 정치를 선양하다. 즉 한 사회는 그 사회를 강대하게 만들 수 있음이 입증된 원칙들에 의해 통치되어야 한다. 사회를 정의롭게 하려는 '환상들'에 의해 통치되면 안 된다. 실험적 정치를 숭배하는 지식인들이 오직 실용만을 찾는 점이 새롭다. 우리는 이 말이 사회를 강력하게 할 뿐 아니라 정의롭게 만드는 원칙들을 존중해야 한다는 의미라고 할 수 있다. 그러나 사상계는 이미 텐과 오귀스트 콩트의 추종자들 이전에 순수하게 이성적인 성치에 반대하는 정치를 권유했다.[80] 우리의 '경험주의적 조직가'보다 훨씬 이전에 스피노자는 정치학이 실험적 학문이기를 바랐고 국가가 지속하려면 이성만큼 관찰도 필요하다고 당부했다.(유토피

---

[79] "현대 과학은 이해를 위한 연역적 요구가 아니라 사실로 확인된 존재를 진리의 척도로 삼았다."(폴 부르제) 여기서 '진리'란 물론 도덕적 진리이다. 과학적 진리를 뜻한다면 이 구절은 동어반복일 것이다. 여기서 사실이란 또다시 오직 저자의 정념에 부응하는 것이다. 오송빌이 부르제 씨에게 민주주의란 **사실이며**, 그것도 불가피한 사실이라고 하는 것은 이 믿음이 어떤 '선입관'이란 뜻이다. 그러자 그들은 불현듯 "나룻배가 물의 흐름을 거스를 수 있다"는 것을 알았다. 혁명가들의 말은 다른 소리가 아니라 이것이다.

[80] 노트 L을 보라.

아주의자에 반대하는 그의 격분을 보라.《개론》I, 1) 그러나 스피노자는 지켜본 끝에 국가가 우수한 군대와 순응하는 국민을 가져야 할 뿐 아니라 시민의 권리 및 이웃 국민의 권리도 존중해야 한다고 믿었다.[81] ― 오늘날의 실험적 정치는 그것을 채택한 이들을 보면, 충격을 주려는 자세만 취할 뿐 실제로는 성사시키지 못한다. 우리는 그들이 얼마나 무서운 얼굴, 얼마나 경멸적인 뻣뻣함, 절대를 장악하려는 얼마나 어두운 확신을 지니고 정치라면 "사실 밖에 모른다."라고 공언하는지 알고 있다. 그것은 특히 프랑스 사상가들에게는 새로운 장르의 낭만주의인데, 나는 그것을 실증주의적 낭만주의라고 하겠다. 그 주의의 위대한 대표들이 누구인가는 독자들이 상상할 수 있으니 내가 그들의 이름을 들 것도 없다. 이 신앙은 기껏해야 단순 일변도의 정신을 부각시키고 있는데,[82] 그것이 곧 19세기의 성과물로 보인다. 만약 과거로부터 무엇인가 추출할 가르침이 있다면 그건 모조리 사실 검토이다. 즉 실현된 의지만 검토하는 것이다. 이 태도가 이제부터 세상을 채우려 하는 것을 보면, 실현되지 못한 의지는 평가할 가치조차 없거나 그 이상일 수도 있다.[83] 사실에 대한 신앙은 또한 자기만이 '역사의

---

81 우리의 경험론자들이 특히 감사해 하지 않는 또 다른 사상가는 다음 구절의 저자이다. "프랑스 민족을 이루는 거대한 대중을 일단 흔들어 놓으면 어떤 위험이 있을지를 고려하라. 그 격동을 어떻게 통제할 것이며 그 결과를 어떻게 예측할 수 있는가? 새로운 계획이 분명 이롭다 할지라도 양식 있는 사람들이라면 누가 구 관습을 폐지하고 오래된 격언을 바꾸고, 또 1300년 동안 지속되어 온 국가에 다른 형태를 부여하려 하겠는가?" (J. J. 루소)

82 노트 M을 보라.

83 한 사람의 사실의 신도(폴 부르제)는 "진실한 과학 정신은 특권을 정당화할 필요를 느끼지 않는다. 특권은 기본적이며 불가피해 보이는 사회적 조건이다."라고 말한다. 그러나 바로 그 사람이 이 특권에 대해 일으키는 반란에 대해서는 비난할 필요를 느낀다. 그 반란 역시 "기본적이고 불가피한 사회성임에도." ― 그들은 내게, 이 반란은 사회성의 조건이 아니라 정념의 성격을 지녔다고, 따라서 반사회성이라고 응수할 것이다. 그런데 사실 그것은 독단적 입장이다. (가톨릭의 가르침으로) 사회적이 되었건 (모라스 학파처럼 강제로, 또는 뱅빌 학파처럼 노련하게) 침묵하도록 되었건 간에, 그들은 사회성을 정념과 **관계없는 것으로** 본다. 무엇보다도 이상한 것은 이처럼 사회성 **자체**를 따지는 그들이, 적에 대해서는 추상개념을 즐긴다고 비난하는 점이다.

176

의미', '역사철학'을 발견한다고 주장하는데, 이 점도 이전 시대에는 없었던 것 같은 정신의 나약함을 드러내는 일이다. 보쉬에와 헤겔이 역사철학을 수립할 때 그들은 확실히 텐이나 콩트, 또는 그들의 소란스런 제자들이나 마찬가지로 형이상학자들이 아니었다. 그러나 그들은 적어도 그렇다는 것을, 그렇지 않을 수가 없다는 것을 알고 있었으며, 그들은 천진하게 스스로가 '순수한 학자'라고 믿지도 않았다.

3. 정치 형태는 '현재 있는 그대로, 또 언제나 그대로일 인간'에 적응해야 한다는 주장. 인간은 친하지 못하고 피비린내를 풍기니 영구적인 강압 정권과 군사 제도가 필요하다는 뜻이다. 인간성의 불완전함을 긍정하려는 이 많은 오늘날 목자(牧者)들의 응용은 무엇보다 야릇한 태도로 보인다. — 그러한 응용이란, 그들의 직분은 헛된 것이라고 선언하고, 본질은 인식하지 않는다고 증명하는 것임을 생각해보라. 이 모럴리스트들, 이 교육자들, 이 공인된 인간 영혼의 지도자들이 인간의 잔인함을 목격하면서 "인간은 그렇다.", "인간은 그렇게 이해해야 한다.", "인간이란 결코 바뀌지 않으리라."라고 공언하는 것을 보면, 그렇다면 그들의 존재 이유가 무엇인지 묻고 싶다. 그들이 "우리들은 긍정적 인간들이지 유토피아주의자들이 아니다.", "우리들은 무엇이 될 가능성이 아니라 현재 있는 사실에 전념한다." 라고 대답하는 것을 들으면 우리는 망연해진다. 모럴리스트란 본질상 유토피아주의자이고 도덕적 행동의 본질은 바로 그 목적을 창조·확인하는 것임을 모르는 것을 보면 어지러워진다. 그러나 그들이 그 모든 것을 결코 모르지 않고 그들에게 소중한 제도의 유지에 필요한 건 언제까지나 유지하겠다는 것임을 간파하면 정신이 맑아진다.[84]

인간의 악의는 고칠 수 없다는 도그마를 채택하는 데는 또 다른 뿌리가 있다. 어떤 이들은 인류를 숙명적·영구적으로 비참한 벽에 갇혀버린 존재라고 간주하면서 낭만적 쾌감을 갖는다. 이런 관점에서는 오늘날 일부의 정치 작가들과 함께 진정한 비관적 낭만주의가 싹터 왔다고 할 수 있고, 루소나 미슐레의 낙관주의를 형성시킨 증오가 그렇듯이 그 비관주의의 절대성은 거짓이라고 말할 수 있으리라.[85] 그런데 그 오만하고 이른바 과학적이라는 태도는 단순한 영혼들에게 커다란 영향을 미치고 있다. 이 교리는 문학계 밖에서 결실을 보았는데, 우리는 그 소리를 듣자 오직 인간의 이기주의만 믿고, 아직도 인간이 나아질 수 있다고 믿는 순진한 이들을 조롱하는 인류가 떨쳐 일어났음을 모르지 않는다. 현대의 지식인은 분명히 새로운, 이 일을 완수하여 사람에게 인간의 신성함을 부정하도록 가르칠 것이다. 스토아학파는 고통을 부인함으로써 고통을 소멸시킨다고 하였다. 고통이라면 이론의 여지가 있겠지만, 도덕적 완전성에서는 이것이 엄연히 진실이다.

나는 또한 '강력한 국가'론이 현대 지식인에게 불러일으킨 두 가지 가르침을 들겠는데, 정신의 사제들에게 그 가르침이 새롭다는 것은 말할 필요가 없으리라.

첫째는 그들이 인간은 조상과 인종, 환경이 했던 대로 행동하고 사고할수록, '개인주의'는 무시할수록 위대하다고 선언하는 것이다. 우리는 30년

---

[84] 여기서 나의 비난을 사는 입장은 근래의 모럴리스트파와는 관계가 없다.(로, 레비 브륄) 그들 역시 "있는 그대로의 인간을 보라" 하지만, 그건 어떻게 하면 인간을 낫게 만들 수 있는지를 알기 위해서다.

[85] 이 비관주의는 선구자들이 무슨 이야기를 하건 간에 17세기 거장들의 비관주의와는 하나도 관계가 없다. 라퐁텐과 라브뤼예르는 그런 비열함에 대해 결코 운명적이라거나 영원하다고 하지 않았다. 또 비관적 낭만주의자들이 희망을 꺾어버리는 힘을 가졌어도(조르주 구아요가 그들에게 의미했듯이) 그로써 가톨릭의 전통을 계승한다고는 주장할 수 없으리라.

전 드레퓌스 사건 당시 프랑스의 수많은 박사들이 던진 비난을 알고 있다. 그들은 민족이 믿어야 할 바는 주의 깊은 지도자들이 설교하는데, "스스로 진실을 추구하고자" 민족의 견해를 받아들이지 않고 개인적 견해를 가지려는 사람을 비난했다. 우리 시대는 정신의 사제들이 칭송할 만한 사고의 형태는 군집 형태이고 독립적인 사고는 경멸스럽다고 가르치는 것을 보리라. 반면 강력해지려는 집단에게 스스로 사고하겠다는 인간은 소용이 없다는 것은 분명하다.[86]

둘째는 그들이, 집단에게는 수가 많은 것이 권리라고 가르치는 것이다. 인구가 많은 민족이 그들의 여러 사상가들에게서 듣는 모럴이 그것이며, 반면에 다른 민족들은 그들의 여러 사상가들로부터 미약한 출생률이 지속되면 그 민족은 '합법적' 절멸의 대상이 되리라고 배운다. 정신생활에 속한다는 이들이 인정하는 수의 권리, 현대의 인류가 그것을 보게 된 것이다. 한편 어느 민족이든 강력해지려면 수가 많아야 하는 것은 확실하다.

강력한 국가, 또 그것을 보장하는 도덕적 방식에 대한 숭배를 지식인들은 정치 영역 너머에 있는 아주 평범한 대중에게 설교했다. 그것이 실용주의 설교이며, 50년 전 이래 유럽에서 영향력 있는 거의 모든 모럴리스트가 설교한 그 가르침은 정녕 인류 도덕사의 주목할 만한 전환이다. 그들은 이천 년 동안 어떤 행위의 덕의 기준은 초연함에 있고, 선행은 보편성을 지닌 이성의 표명이며, 인간의 의지는 목적을 넘어 법칙을 추구할 때만 도덕적이라고 가르쳐 왔다. 그러던 그들이 이제는 도덕적 행위란 반대하는 주위에 대해 자신의 생존을 보장하는 것이고, 인간의 의지는 '힘의' 의지이

---

86 이러한 집단은 논리적으로 "통합적 민족주의" 신봉자는 모두 존중해야 한다는 그런 종류의 선언에 도달한다. "그날 저녁부터 자신의 두뇌로 누구나 사고할 수 있다는 어리석은 공상은 끝나야한다."《임페로(Impero)》(1926. 11. 4.)) 노트 N을 보라.

어야 도덕적이며, 선해지려는 마음은 '이성이라고는 모르는' 특수한 '생존 의지'이며, 어떤 행동이 도덕적인가는 목적에 잘 부합하느냐로 측정되고, 도덕이란 상황에 따른 도덕만 존재한다고 가르치기 시작했다. 이를 보면 그 운동의 중요성은 아무리 강조해도 지나치지 않을 것이다. 인간 정신의 교육자들은 이제 소크라테스에 반대하는 칼리클레스의 입장을 지지하고 있다. 나는 감히 이것이 어떤 정치적 전복보다도 더 중대한 혁명으로 보인다고 말하겠다.[87]

이제 이 설교가 지닌 특히나 놀라운 면을 몇 가지 지적하고 싶은데, 그러한 설교는 충분히 주목받지 않았을 것이다.

나는 현대의 지식인들이 인간 의지는 그 의지에 반대하는 주위를 희생시키고 살아남게 해야 도덕적이라고 가르친다고 누누이 말해왔다. 그들은 특히 인간은 인간을 에워싸고 있는 세계를 희생시키고 자기 존재를 확인할 줄 알 때 신성하다고 가르치고 있다.[88] 다시 말하면 예전의 도덕은, 인간은 우주와 하나로 융합될수록 신성하다고 했는데 현대의 도덕은 인간이 우주에 대립될수록 도덕적이라고 한다. 전자는 인간이 자연이란 '왕국 속에서 또 하나의 왕국으로' 자처할 것을 조금도 권유하지 않았다. 후자는 그렇게 자처하고 또 성서의 추락 천사들과 함께 "이제 우리는 하나님이

---

87 실용주의, 특히 니체적인 실용주의, 그리고 이 시대 고유의 모든 도덕적·정치적 가르침에서 그 실용주의가 차지하는 위치(자명하든 않든)에 관해서는, 베르틀로의 《공리적 낭만주의(Un Romantisme utilitaire)》, I, 28쪽 이하를 보라. 실용주의자의 새로운 태도, 특히 프랑스 모럴리스트에서 보이는 새로움을 지적하려면 몽테뉴의 이 말을 상기하는 것 이상의 방법이 없다. 바레스 이전의 모든 모럴리스트가 인정했을 말이다. "어떤 행동의 모럴과 미를 그 공리성에 의거해서 논쟁한다면 잘못이다."
니체(그는 자신의 원리에 충실하지 않다)는 "결국 공리성이란 다른 것과 마찬가지로 우리의 상상력의 활동일 뿐이고 언젠가는 우리가 그로 인해 멸망할 불길한 어리석음이다."라고 말한다.(《즐거운 지혜》, §354)

88 실용주의가 인본주의라고도 불리는 것은 이 때문이다. (F. C. S. 실러, 《플라톤인가 프로타고라스인가?(Plato or Protagoras)》(1908) 참조.)

아니라 우리 속에 있는 자신을 느끼고자 한다."라고 외칠 것을 권하고 있다. 전자는 '명상록'의 거장과 함께 "믿어라, 그러나 우리를 믿지는 말라."라고 선언하고 있었다. 후자는 니체와 모라스와 더불어 "믿어라, 그러나 우리를, 오직 우리를 믿어라."라고 대꾸하고 있다.

그럼에도 실용주의의 진정한 독창성은 이런 점이 아니다. 크리스트교는 이미 인간이 자연에 맞서도록 권했지만 정신적이고 초연한 속성을 명분으로 그 길로 인도했다. 실용주의는 실질적 특성을 명분으로 그렇게 인도하고 있다. 지난날의 인간은 정의 개념, 법 관념, 신의 감각을 획득할 수 있었기 때문에 신성했다. 오늘의 인간은 도구를 써서 물질의 거장이 될 수 있는 까닭에 신성하다.(호모 파베르에 대한 니체, 소렐, 베르그송의 찬양을 보라.)

한편 현대의 지식인은 무엇보다 실용과 창설, 인간의 위대한 제도들을 긍정하는 덕의 학파라는 이유로 크리스트교를 찬양하는 것을 상기하자. 교리의 이 놀라운 왜곡은 오직 정신만을 사랑하라는 교리의 원칙에 적용되었는데, 속인들만 이를 가르치지 않는다. 세속인들이 그들의 실용적 의지가 최상의 도덕적 권위의 보호를 받도록 힘쓰고 있고, 바로 예수의 목사들이 그것을 공언하고 있다. 내가 여기서 의미하는 실용주의 크리스트교는 오늘날 모든 크리스트교 교단에서 설교하고 있다.[89]

현대 지식인들이 구체적 이득, 그것을 얻어내는 마음의 형태를 찬양하는 것은 또 다른 가르침을 통해 표현된다. 전사의 삶과 그에 따르는 감정을 예찬하고 민간인의 삶과 그에 내포되는 도덕성은 경멸하는 것이다. 우

---

[89] 우리는 화해가 어떻게 이루어지는가를 알고 있다. 예수는 희생의 정신을 설교했고 그것은 뭇 인간 제도의 근본이라고 그들은 말한다. 마치 예수가 전투의 승리로 왕국을 확보하는 것이 희생정신이라고 설교한 듯이!

리는 유럽에서 가장 높게 평가받는 모럴리스트들이 50년 동안 설파하고 있는 교리를 알고 있다. '우리를 깨끗하게 해 주는' 전쟁을 변명하고 군인들을 '도덕적 아름다움'의 원형으로 존경하며, '폭력' 또는 배심원 앞이 아니라 밀실에서 분쟁을 해결하는 사람이 최상의 도덕이라고 선언한다. 한편 조약의 준수는 '나약한 자들의 무기'로, 정의를 요구하는 것은 '노예의 본성'으로 본다. 콜레오니*가 로피탈**보다 훨씬 우수한 모범이라는 주장은, 그들에 따르면 니체나 소렐의 제자들 — 세상에 대해 도덕가치의 단계를 제시하는 현대 문학인들 대다수 — 을 배반하는 것이 아니다.《용병대의 여행》을 평가하는 것은 이 작품의 저자***에게는 특이하지 않다. 바로 인간의 교육자, 최소한 도그마의 방식에 관해 말하는 이들로부터는 아예 들어본 적이 없는 실질적 행동의 이상화이다.

그들은 우리에게 이렇게 항변할 것이다. 호전적 생존이 니체와 그 일파의 찬양을 받는 것은 이해관계에 무관하다고. 초연한 행동의 원형이라고. 실제 이득 때문이 아니라고. 또한 시민 생활의 본성인 현실주의에 반대하기 때문이라고. 설령 그렇더라도 이 모럴리스트들에 의해 칭송된 생활양식은 기껏해야 세속적 부(富)를 주는 것이다.《폭력에 대한 성찰》의 저자와 그의 제자들이 무엇이라고 하건 전쟁은 상관(商館)보다 훨씬 많은 것을 가져다주며, 탈취는 교환보다 이득이 크다. 콜레오니가 프랭클린보다 많이 가졌다.(물론 성공한 전사에 대한 말이다. 니체나 소렐이나 실패한 상인에 대해서는 결코 말하지 않는다.)

---

*15세기 이탈리아의 대 가문 출신이며 중요한 전쟁에 종사한 콘도티에르 군인
**16세기 프랑스의 종교 내전 시기에 민간인들을 평정하도록 하는 정책에 자문한 것으로 알려져 있다.
***앙드레 쉬아레스

더구나 비합리적 행위들이 오직 실용성 때문에 오늘날 위대한 사도들의 찬양을 받고 있음은 아무도 부인하지 않을 것이다. 전투 본능은 그런 행위의 한 국면일 뿐이다. 그들의 역사가가 이 점을 아주 명확히 말했다. 니체, 소렐, 베르그송의 낭만주의는 공리적인 낭만주의이다.

우리가 여기서 특기하는 것은 현대 지식인들에게서 보이는 전사 본능에 대한 찬양임을 확실히 하자. 군사 정신의 찬양이 아닌 것이다. 니체의 이 판정이 뜻하는 것은 전사 본능에 대한 숭배이고, 그것은 규율이나 희생 같은 뭇 사회적 정신과 다르다. 이 판정은 독자적 학파인 프랑스의 한 모럴리스트에 의해 격찬을 받았다. "전투적 귀족의 가치를 논하는 기준은 강한 체질, 왕성한 건강이고, 또한 이 넘치는 활력을 보존하기 위해 필요한 요소들 — 전투, 모험, 사냥, 무도, 경기, 신체 단련 — 즉 강건하고 자유롭고 유쾌한 모든 활동이다.", "고상한 종족의 이 대담성, 광적이고 부조리하며 자발적인 대담성, 신체의 안전이나 생명에는 일체 개의치 않고, 넘치는 재산에 무관심과 경멸을 보내는 것", "먹이와 살육을 찾아 배회하는 멋지게 생긴 금발의 잔인한 인간", "모든 파괴, 승리와 잔인함에 대한 모든 욕망 앞에서 영웅들이 느끼는 엄청난 즐거움과 마음속 깊은 환희", 이 구절을 드는 모럴리스트(소렐, 《폭력에 대한 성찰》, 360쪽)가 그의 동료들에게 어떤 충고를 주는가는 의문의 여지가 없다. 그는 이렇게 부언한다. "만약 인간이 호머풍의 가치를 단순히 민족 고유의 잔인한 본성으로만 간주하게 된다면 자유가 치명적으로 위태로워질 것임은 자명하다."(소렐에 따르면 니체가 찬양한 가치가 바로 이 호메로스풍의 가치이다.)

여기서 다시 세상의 교육자들이 지금 최상의 것으로 여기는 도덕이 본질적으로 얼마나 게르만적인지, 그리스-로마적 사고는 얼마나 파탄을 일으킨 것인지를 통찰해야 할지? 우리 시대 이전의 위대한 인물들을 보면 어떨까. 프랑스에서는 (메스트르를 포함하여) 어느 진지한 모럴리스트도 '승리와 잔인함의 탐욕'[90]을 찬미한 것을 볼 수 없고, 프랑스의 어느 시인이라도 그런 경우가 없다. 전쟁으로 세계 제국을 건설한 민족의 로마에서도 사정은 같다. 키케로, 세네카, 타키투스뿐 아니라, 베르길리우스와 오비디우스, 루카누스와 클라우디아누스, 누구한테도 먹이 잡는 본능을 인간 덕성의 최상의 형태로 보는 텍스트는 없다. 반대로 이 본능을 시민 생활의 기초로 삼는 텍스트는 많이 있고,[91] 초기 그리스에서도 철학자들에 훨씬 앞서 신화가 이내 공적인 도덕의 상당 부분을 차지했다. 헤시오도스의 시를 보면 키크노스의 무덤이 아폴론의 명령에 따라 홍수로 쓸려 나가는데, 그건 이 영웅이 불한당이기 때문이다. 지중해의 모럴리스트들이 전쟁 본능을 옹호하는 것은 역사상 대경실색할 일이다. 반면 그들 가운데 일부는 이에 회의를 품으며, 호머의 가치가(이들이 이로써 무엇을 의미하는지는 우리가 보았다.) "코르네유의 가치에 아주 가깝다"고 해야 한다고 믿는다.[92] 마치 프랑스 시인의 영웅들이 의무와 국가관에 대해서만 민감하고 모험과 먹이 사냥, 살육을 사랑하는 이들과는 아무런 공통점이 없다는 듯이.

    우리는 니체의 이 텍스트들이 정치 목적을 떠나 전사 생활을 찬양하는 것에 주목하게 된다.[93] 사실 현대의 지식인은 사람들에게 전쟁은 그 자

---

90 "진정한 전사는 피를 흘리면서도 인간으로 남는다."(드 메스트르).

91 예를 들면 그들이 전사에게 하늘을 향해 이렇게 말하도록 할 때. "벗들이여! 세계를 지배하는 자들의 눈에는 지상에서 이루어진 모든 것 중 법의 왕국 위에 세워졌으니 도시(cités)라고 하는 이 인간사회 이상으로 마음에 드는 것이 없음을 아시오."(키케로, 《스키피오의 꿈(Songe de Scipion)》)

92 소렐, 위의 책에서 인용.

93 그리고 어떤 애국심이든. 니체와 소렐은 전쟁에 대한 사랑이 조국애와는 완전히 구분되는 것을, 입증한다. 비록 흔히는 그것들이 일치하지만.

체로 도덕을 포함하고, 따라서 공리성을 떠나 수행되어야 한다고 가르친다. 특히 바레스의 것으로 이름난 이 명제는, 한 젊은 영웅의 전적인 지지를 받았으며, 이 영웅은 프랑스인 한 세대 전체에 영혼의 교육자였다. "나의 조국에서 사람들은 전쟁을 좋아하고 은근히 전쟁을 바란다. 우리는 항상 전쟁을 해왔다. 어느 지방을 정복하고, 어떤 나라의 주민들을 몰살하고, 이해관계가 얽힌 분쟁을 조정하기 위해서가 아니다. 실상 우리는 어떤 목적도 없이 전쟁을 하고 있다."[94] 프랑스의 예전 모럴리스트들은 ― 보브나르그, 비니 같은 군인들까지도 ― 전쟁을 슬픈 필요로 간주했다. 그런데 그들의 후예는 전쟁을 고상한 무용지물로 천거하고 있다. 바로 이 점에서도 실용이 아니라 일종의 기예라고 설교하는 종교가 사실은 빼어난 실용이다. 무익한 전쟁이 유익한 전쟁을 위한 최선의 대비이다.

이 가르침은 신체 단련에 도덕적 가치를 부여하여(우리는 그 점을 니체에게서 보았다) 스포츠의 덕성을 선언하도록 현대 지식인을 인도하는데, 그들이 스무 번의 세기 동안 정신 상태만 좋은 것이라고 인간에게 권해 왔기에 더욱 주목된다. 스포츠 모럴리스트들은 누구를 향해서든 그들의 교리가 지닌 실제 본질을 돌려 말하지 않는다. 젊은이는 조국의 위대함을 위해 신체적 힘을 단련해야 한다고 바레스는 명료하게 가르친다. 현대의 교육자는 더 이상 리케이온의 산책자나 클레르보의 고독한 이들이 아닌

---

94 에른스트 프시카리, 《태양과 잠의 대지(Terres de soleil et de sommeil)》. 또한 《무기를 들자(l'Appel des armes)》에서 작가의 동정을 듬뿍 받고 있는 작중 인물의 입으로 말한다. "나는 이 세상에는 병사라고 불리고 전쟁을 한다는 사실을 이상으로 여기는, 마치 사냥꾼들이 잡아들일 매치가 아니라 사냥 자체에 취미가 있듯, 승전이 아니라 전투 자체에 취미가 있는 사람들이 상당수 필요하다고 본다. 우리가 해야 할 바는 군사적 이상을 보존하는 것이다. 그런데 존재 이유를 상실했고, 이제 이상적인 방향 감각이 없다. 그것은 민족의 군대가 아니라, 이렇게 표현할 수 있다면, 군사적 군대인 것이다." 이 모럴리스트가 숭배하는 것은 그의 표현에 따르면 **순수한 군사주의**다. 그는 말한다. "대포는 있을 수 있는 최상의 절박한 현실이며 현대 세계의 유일한 현실이다." 물론 이 현실이 이 '영혼주의자'와 그의 신도들에게는 신이다.

펠로폰네소스 작은 마을의 교사로부터 영감을 받는다. 적어도 우리 시대는, 정신적이라는 그 사람들이, 우리가 존경해야 할 그리스는 체육관이 있는 스파르타이지 플라톤이나 프락시텔레스의 정치 도시가 아니라고 가르치고, 또 다른 이들은 영예롭게 기려야 할 고대는 로마이지 그리스가 아니라고 가르치는 새로운 사태를 마주할 것이다. 강건한 체격과 견고한 성채만을 인류에게 설교하려는 이들에게는 그 모든 것이 당연히 따라 온다.[95]

현실주의 설교가 현대의 지식인들을 이런 가르침으로 유도하는 것이 지식인의 역사에서 얼마나 새로운 일인지, 이천 년 전부터 그 계급이 인류에게 주어 온 가르침과는 얼마나 단절인지 충분히 주목받지 못하고 있다.

1. 용기를 찬양. 더 정확히 말하면 죽음과의 대결을 최상의 미덕으로, 그 외의 미덕은 모두 제아무리 고상할지라도 그 아래에 두도록 권고하는 것이다. 그것이 니체, 소렐, 페기, 바레스 같은 이들의 노골적인 가르침인데, 시인이나 군대 지도자들은 항상 그래왔던 것이지만 지식인, 즉 세상을 향해 철학적 명상의 이름으로 가치 척도를 제시하는 이들에게는 아주 새롭다. 소크라테스에서 르낭에 이르기까지 그들은 용기를 미덕으로 여기긴 하지만 차선의 것으로 보았고, 어쨌든 모두 플라톤과 함께 분명히 이렇게 가르쳤다. "미덕의 맨 앞줄에는 예지와 절제가 있다. 용기는 그 다음 줄에

---

[95] 드 메스트르 이후 프랑스 전통주의자들이 대체로 그리스를 폄하하는 편인데 범게르만주의자들도 마찬가지이다.(특히 H. S. 체임벌린, 《19세기의 기원(La Genèse du XIXe siècle)》, t. I, 57쪽을 보라.)
어느 교조주의적 잡지(《우리 시대(Notre Temps)》, 1927. 8.)의 〈실용적 이상주의를 위해〉라는 암시적인 제목의 글에는 이런 구절이 나온다. "**이데올로기보다 스포츠를** 택하도록 훈련받은 젊은이는 우리가 위대한 세기의 여명기에 있느냐고 묻는 이들에게 그렇다고 대답해 준다." 교회인들도 이에 뒤지지 않는다. 나는 《가톨릭 생활(La Vie catholique)》(1927. 9. 24.)에서 권투 챔피언을 무척이나 찬양하는 구절을 보았다. 이 구절이 이렇게 끝나는 건 사실이다. "결국 터니(Tunney)는 확고한 신앙심을 실천하는 가톨릭 교인이며, 그의 두 누이는 경건한 신도임을 말하자."

설 뿐이다."[96] 그들이 사람들이 그들을 존경하도록 하는 운동들은 현실의 갈증을 채워 주는 것이 아니라 그 갈증을 절제하도록 하는 것이다. 정신의 사제들이 영혼의 상석에 정복하고 창건하는 데 불가결한 형태를 놓는 것은 이 시대에 와서 처음 보는 일이다.[97] 그럼에도 니체나 소렐 같은 이가 분명히 한 용기의 실천 가치를 이러한 미덕을 찬양하는 이 시대의 모럴리스트들이 하나같이 찬양하는 것은 아니다. 그래서 다른 이들의 가르침을 살피게 된다.

2. 명예를 찬양. 실질적인 이해관계가 없는데 사람이 생명을 무릅쓰는 모든 운동을 가리키는데 ― 정확하게는 명예에 대한 배려이다 ― 실제로 빼어난 용기를 지닌 학파이고 사물을 정복하도록 인간을 인도하는 이들에 의해 언제나 권해졌다. (실제로 가혹했음에도 불구하고 결투 제도가 모든

---

[96] 《법률》, 1권. 플라톤의 원문은 다음과 같다. "덕의 순서에서는 지혜가 첫째다. 절제가 그 다음에 오고, 용기가 마지막을 차지한다." 플라톤은 여기서 용기라는 말로 죽음에 임하는 자세를 말한다.(특히 "무례하고 부당하고 부도덕하면서도 전쟁터로 행군할 줄 아는" 병사들에 대한 대목과의 연관 관계를 보라.) 그는 더욱이 스토아학파가 했듯이 정신력, 불행에 맞서는 정신력을 용기의 선두에 놓지는 않았던 것 같다. 그에게는 언제나 정의가 먼저이고 마음의 유형은 그 다음이다.(그의 교리에 따르면 그것은 하나의 결과일 뿐이다.) 바레스는 용기를 최고의 서열에 놓았지만, 그 용기는 스토아학파다운 인내심이 아니라 죽음에 대한 적극적인 대결이다. 니체와 소렐에게는 그것이 본연의 대담성이다. 때문에 고대의 모든 모럴리스트와 그들의 제자들에 의해(플라톤의 《라케스》, 아리스토텔레스의 《윤리학》, Ⅷ, 스피노자의 《에티카》, Ⅳ, 69. 그 밖에도 시인들을 보라.) "용기를 다스리는 우리의 이성"(롱사르) 그 용기가 격하된 것에 분개한다.
죽음과의 대결은 설령 정의를 위해서일지라도, 지금과는 달리 고대 철인들의 찬양을 받지는 못했던 것으로 보인다. 지금과 같지 않았다. 《파이돈》에서 소크라테스를 찬양하는 것은 그의 정의 때문이지, 정의를 위해 죽을 줄 알았기 때문이 아니다. 이 문제에 대한 고대인의 사상은 특히 스피노자에 의해 표현된 것 같다. "자유인이 가장 생각하지 않는 것이 죽음이다." 이 구절은 용감하게 죽음을 택하는 자에게 감탄한다는 뜻이 아니다. 그 일이 상당히 중요하다고 믿기 때문에 용감하게 무릅쓰는 자에게 감탄하는 것이다. 죽음에 대한 중대성으로 (하느님 앞으로의 소환), 적어도 모럴리스트들에게 용기를 존중하도록 고취한 것은 크리스트교가 아닌가 생각하게 된다. 이 문제에서 생시몽의 다음 구절을 떠올리지 않을 수 없을 것 같다. "죽는 일에만 순하게 길들여진 귀족"(《회상록》, 세루엘 판, XI, 427.) 현대 작가라면, 프랑스의 공작이라 해도 용기에 대해 그런 어조로 말할 수 없을 것이다.

[97] 그리고 보존하기 위해.

군대의 목표로 내내 지켜졌음을 생각하게 된다.)[98] 이처럼 현대의 많은 모럴리스트들이 이 충동에 높은 지위를 주는 것은 이 점에서 그들 단체에서 처음 보는 일인데, 몽테뉴, 파스칼, 라브뤼예르, 몽테스키외, 볼테르, 르낭의 나라에서는 특히 새롭다. 그들이 명예를 찬미한다면 그것은 인간의 영광을 기리는 종교와는 다르다.[99] 어쨌든 여기서 무엇보다 주목할 것은 인간의 영광을 위한 이 종교가 오늘날 교회인들에 의해 과감하게, 더구나 인간을 신에게 인도하는 덕성으로 설교되는 점이다. 크리스트 교단의 저 높은 곳에서 다음과 같은 소리가 울릴 때 우리가 어떻게 아연하지 않겠는가. "위대함에 대한 사랑은 신에게로 나아가는 하나의 길이다. 그것이 영웅적인 도약과 올바른 영광을 추구하는 길과 완전히 하나가 되면 신을 망각했거나 신을 모른다 했던 사람일지라도, 잠시 산을 오르더라도 현기증과 높은 기압에 익숙해지듯, 다시금 신을 창조하고 최후의 정상에 오르게 된다."[100] 우리는 예수의 진정한 제자가 크리스트교도 박사에게 준 이 교

---

98 바레스의 작품에서 명예의 종교에 감탄하는 인상적인 사례가 보인다. 《레반트 국가들에 대한 앙케트》, Ⅶ장, 〈산 속 늙은이의 마지막 신도들〉) 이 종교가 지적 지도자에 의해 이용되면 실질적인 결과를 낳을 수 있기 때문이다.

99 특히 몽테뉴의 경우이다. 잘 알려져 있듯이 몽테뉴는 감각이 양심의 판정을 받기 때문에 명예를 높이 올린다. ("영예를 배려해서는 아니다.") 이 때문에 바레스에 따르면 몽테뉴는 "우리의 선입관을 갖지 않은 외국인"이다. 바레스는 모럴리스트와 시인을 혼동하고 있는 것이다. 바레스 이전에는 독단론을 펴는 어떤 프랑스 작가라도 영예를 사랑하는 것에 이렇게 높은 도덕적 가치를 부여하지 못했다. 1890년대 이전의 프랑스 모럴리스트들은 보브나르그, 비니처럼 군사적이라 할지라도, 아주 약하다. (탁월한 논문인 르비두아, 《우리 문학에 비춰 본 명예심(l'Honneur au miroir de nos lettres)》, 특히 몽테스키외에 관한 부분을 보라.)

100 세르티앙주 사제의 《영웅주의와 영광(L'Héroïsme et la gloire)》과 "세상의 명예에 관한" 보쉬에의 두 가지 설교를 비교하라. 지난 3백 년 동안 교회가 세속적 정념에 얼마나 양보했는지 알 수 있을 것이다. (또한 니콜, 《진정한 가치관에 대해(De la véritable idée de la valeur)》를 볼 것.) 세르티앙주 사제의 설교(《영웅적 생애(La vie héroïque)》)는 교회인의 본능적인 전투의 정념을 말해주는 기념비적 문헌으로 읽는다. 진정 철모를 쓴 세속인의 선언이다. **약간만 수정하면**, 사생결단으로 임하는 흑색모 중령의 일정을 발췌한 것이다. "기느메르를 보십시오. 매처럼 날카로운 눈매를 가진 이 영특한 소년 영웅, 유연한 헤라클레스, 천막 아래서 조금도 늘어지지 않는 아킬레우스, 흑운 사이를 날아가는 롤랑,"**

훈이, 그 박사 역시 특히 주(主)의 말씀을 잊어버렸다는 그것임을 상기하지 않을 수 없다. "진복팔단(眞福八端)과 산상수훈, 복음서, 초기 크리스트교 문헌 그 어디에도 하늘의 왕국에 이르는 덕성 가운데 군사의 미덕에 대해서는 한 마디도 말씀하지 않았음을 당신은 눈여겨보았는가?"[101] (르낭, 《슈트라우스에게 보내는 첫 편지(Première lettre à Strauss)》)

우리는 영광이란 정념, 다른 지상의 정념에 크리스트교의 설교자가 동참하는 것을 비난하지 않는다. 우리가 비난하는 것은 그의 설교로 교회 제도가 이에 동의하는 듯 믿게 되는 점이다. 우리는 크리스트교인이라면 크리스트교의 계율을 한 치도 위반해서는 안 된다고 요구하지는 않는다. 계율을 위반했으면 위반한 줄 알 것을 요구한다. "추기경 전하, 만약 누군가가 당신의 오른뺨을 치면 어떻게 하시겠습니까?"라고 묻자, "나는 내가 해야만 할 바를 잘 알고 있다. 그러나 내가 어떻게 할지는 모른다."라고 대답한 라비주리 추기경의 말이 그러한 이중성을 놀랍도록 잘 표현한 것 같다. 나는 내가 해야 할 바를 알고, 그러므로 내가 어떻게 가르쳐야 하는지 잘 알고 있다. 이렇게 직언하는 이는 설령 어떤 것은 위반하더라도 크리스트교 도덕은 지키게 된다. 행동 자체는 아무 문제가 아니며, 행동에 대한 판단, 그것이 중요하다.

자신의 죽음이든 적수의 죽음이든 개의치 않는 프랑스 하늘의 시드, 이보다 더 맹렬하고 격노한 협객을 보았는가? 그의 동료들이 보통 '어린애'라고 부르는 이 주인공은 공격이 주는 야생적 환희, 힘겨운 전투, 분명한 승리만 즐길 뿐이다. 그에게 승자의 오만은 매력적이며, 또한 무서운 것이었다."

101 또한, 토마스 아퀴나스에 따라 명예에 대한 정의를 생각해 보자. 이것은 세르티양주 사제가 찬양하는 명예에 대한 정의가 아니다. "명예는 (인간적 영광에 대한 사랑처럼) 좋은 것이다. 원칙적으로 자비이고 신을 영광스럽게 한다면. 또는 목적상 이웃을 이롭게 한다면."

*1차 대전 중 프랑스의 영웅이었던 전투기 조종사
**이슬람 군대를 물리친 중세 프랑스의 전쟁 영웅

다시 말할 필요도 없지만, 우리는 사람들이 명예와 용기를 숭배하도록 설교하는 것을 탄식하는 것이 아니다. 문제는 그것이 지식인들에 의해 설파되고 있는 점이다. 재삼 말하지만, 문명은 인류가 각각 맡은 일을 분담할 때만, 즉 세속적 정념을 행사하고 그에 어울리는 덕성을 찬양하는 사람들 옆에 그 정념을 낮추고 세속을 초월하는 선행을 찬미하는 계급이 존재할 때만 가능한 것 같다. 우리가 심각하게 여기는 것은 이 계급이 이제 그 직분을 지키지 않는 것이고, 인간의 오만을 허물어뜨려야 할 사람들이 군 지휘관들 같은 영혼을 찬양하는 점이다.

그들은 적어도 전시에는 세속인과 국가들이 지식인에게 그런 설교를 하도록 강제한다고, 오늘날 그들은 민족의 모든 도덕적 원천을 자신들을 위해 동원하려 한다고 우리에게 변명할 것이다.[102] 우리가 또한 놀라워하는 것은 지식인들이 이를 설교 하는 것 자체가 아니라, 얼마나 온순하게 아무 혐오감도 없이 얼마나 열렬하게, 기쁘게 설교하고 있는가이다. 성직자들이 세속인과 똑같이 세속화되고 있는 것이 사실이다.

3. 냉혹함에 대한 찬양과 인간애(연민, 자비, 은혜)에 대한 경멸. 이 점에서도 현대 지식인들은 현실주의 모럴리스트들이었다. 그들은 '실천하려면' 세상에 대해 냉혹해야 하며 자비는 방해가 된다고 호소하고 말지는 않았다. 그들은 민족과 당에 대해, 자라투스트라가 그의 제자들에게 이르듯 "냉혹하라. 무자비하라. 그렇게 지배하라."라고 설교한 것만도 아니다. 그들은 냉혹함은 고매한 도덕이고 자비는 수치라고 선언했다. 니체 저작의 요체를 이루는 이 가르침은 위대한 사도를 배출해 본 적이 없는 나라에서

---

102 최근의 폴 봉쿠르 군사 법안을 보라.

는[103] 놀라울 것도 없다. 하지만 뱅상 드 폴의 나라, 칼라스 옹호자의 나라에서는 무척 놀라운 일이다. 니체의 《도덕의 계보》에서 발췌했으리라 싶은 다음과 같은 구절은 프랑스 모럴리스트의 붓끝에서는 참으로 새롭다. "이 왜곡된 동정심은 사랑을 변실시켰다.[104] 그것은 자비심이라고 일컬어졌다. 누구나 자비심을 받을 만하다고 믿었다. 우둔한 자, 약한 자, 불구자들이 한 방울의 자비심을 받았다. 밤마다 이 재앙의 씨앗이 퍼져갔다. 그리고 지상을 정복했다. 고독을 채웠다. 어떤 고장을 가든 치욕스런 생명만 연장시키려 비열한 몸짓을 하는 이 쇠약한 모습과 부딪치지 않는 날이 없을 것이다."[105] 여기서 다시 우리는 현대의 현실주의자들이 그들의 선대보다 얼마나 더 나아갔는가를 헤아릴 수 있다. "군주들은 흔히 나라들의 보존을 위해 자비심과 인류애에 거슬려 통치할 수밖에 없다."라고 마키아벨리가 선언할 때, 그는 단순히 실제로 필요하면 자비심이 결여될 수 있다고 밝히는 것이지, 자비심이 영혼의 품위를 떨어뜨리는 것이라고 가르치는 것은 아니다. 그런 가르침은 필경 19세기가 인간의 도덕 교육에 바친 것이었다.

현대의 지식인들은 가끔 반인간애를 설교하는 것이 위대한 선인들의 가르침을 계승할 뿐이라고, 특히 스피노자의 유명한 명제를 들어 주장한다. "동정심이란 이성에 따라 사는 영혼에게는 나쁘고 불필요한 것이다."

---

103 이 시사적 발언은 라비스의 것이다.(《프로이센 역사 연구(Etudes d'histoire de Prusse)》, 30쪽)
104 여기서 사랑은 분명 우수한 계층에 대한 사랑이다(물론 설교자 출신인). 또한, 이 사랑은 분명 "비뚤어지지 않은" 연민을 허용한다.
105 샤를 모라스, 《악시옹 프랑세즈》, IV, 569쪽. 니체의 이 외침을 연상케 된다. "인류여! 모든 낡은 끔찍한 것 가운데 그보다 더 끔찍하게 낡은 것이 있었는가?" 이 독일의 거장은 "그것이 아마도 진실이 아닌 한."이라고 덧붙인다. 다음에 보겠지만, 이 점에서 많은 프랑스 거장들과 일치한다.

여기서 동정심이 과소평가되는 것은 반인간애 때문이 아니다. 그건 인간애에 이성의 길잡이가 있어야 한다는 의미이고, 그런 이유는 이성만이 "우리가 확신을 갖고 타인을 구조하도록 하기 때문이다." 저자는 동정심이 열등해지는 것은 이성적 선행과 비교할 때뿐이라고 분명하게 지적하면서 다음과 같이 덧붙인다. "내가 여기서 이성에 따라 사는 사람만 고려하는 것은 확실하다. 만약 누가 이성도 동정심도 아니면서 타인을 도와주게 되었다면 그 사람이야말로 비인간적이란 말을 들어 마땅하다. 왜냐하면, 그때의 그는 인간과 닮은 점이 하나도 없기 때문이다." 덧붙여 냉혹함의 사도들이 더구나 정의의 광신자로는 자처할 수 없음을 말하자. 그들은(미슐레, 프루동, 르누비에) 사랑을 정의에 희생시킴으로써 아마도 냉혹함에 도달했을 테지만 그건 유쾌한 냉혹함이 아닌데, 현대의 현실주의자들이 설교하는 건 바로 그런 냉혹함이다. 그들은 그것만이 번성한다고 하는데,[106] 아마 그 말이 타당할 것이다.

냉혹함의 찬양이야말로 무엇보다 큰 영향력을 미치는 현대 지식인의 설교로 보인다. 예를 들어, 지금 지각 있는 프랑스 젊은이들 대다수가 얼마나 냉혹함을 존경하는지, 반면 그 형태가 어떻든 인간애는 얼마나 조소를 받는지는 너무도 진부하여 지적할 것도 없다. 우리는 힘만 인정하고 고통의 하소연에는 아랑곳하지 않는 이 교리들을 젊은이들이 숭배하는 것을 알고 있다. 그건 전쟁과 노예제가 불가피하다고 선언하고, 그러한 비전에 상처를 받아 그것을 변혁시키려는 사람들은 실컷 경멸해버리는 교리들이다. 이 숭배와 젊은이들의 문예 미학, 이 시대의 거장들, 즉 소설가, 시인들에 대한

---

[106] 그들의 냉혹함은 분명 다음의 멋진 표현과는 공통점이 없다. "정의로운 인간은 정념을 이성에 종속시키는데, 그의 마음이 냉랭하다면 이것이 슬퍼 보이겠지만 사랑하는 마음이라면 숭고하게 보일 것이다."(르누비에)

젊은이들의 존경심을 대조해 보면 좋겠다. 이들에게는 보기 드물 정도로 인간적 동정이 결여되어 있는데, 젊은이들이 그들을 특히 존경하는 것은 분명히 이 때문이다. 이 젊은이들이 '철'의 교리에 가담하는 것이 어둡고, 심각하면 오만하다는 것에 주목하기 바란다. 현대의 지식인들은 이른바 교양 있다는 사회에서 진정 냉혹한 낭만주의를 만들어낸 것으로 보인다.

또한, 그들은 적어도 프랑스에서는 (특히 바레스와 함께, 사실은 플로베르와 보들레르 이후) 경멸의 낭만주의를 창조했다. 그러나 그 경멸이 근래 우리들한테서는 미학이 아닌 다른 이유로 실천된 것 같다. 우리는 경멸이란 고자세로 혼자 기뻐하는 것이 아님을 안다. 경멸의 실천에 노련해지면 경멸의 대상에 타격을 주고 실제 피해를 입힌다. 사실 바레스가 유대인들에게 암시하는 세련된 경멸, 어떤 왕당파 박사들이 20년 전부터 아침마다 민주주의 제도에 쏟아내는 세련된 경멸은 그 대상들을 진정 해쳤다. 적어도 예술적이고 수도 많은 이 영혼들에게는 해가 되었다. 오만하게 집행된 제스처가 그들에게는 논쟁적 주장과 마찬가지이다. 현대 지식인들은 사실주의 역사에서 명예의 자리를 차지할 만하다. 그들은 경멸이 실제로 효력 있음을 깨달았다.

또한, 그들이 잔인함에 대한 숭배를 창조했다고도 말할 수 있으리라. (니체는 "모든 우월한 문화는 잔인함으로 이루어져 있다."라고 선언하기 때문이다. 《피, 관능, 죽음》의 저자*가 여러 군데서 명백하게 밝히는 교리이다.) 그렇긴 하지만 잔인함의 숭배는 — '실현하려면' 필요하다는[107] — 적어도 프랑스에서는 예술적인 몇몇 민감한 이들에 한정되어 있다. 그것은 냉혹함

---

107 이는 마키아벨리의 견해이다.《군주론》, XVIII) 이 점을 보아도, 그는 그렇다고 하여 잔인함을 고매한 문화의 대상으로 삼지 않는다.

*바레스

이나 경멸에 대한 숭배처럼 학파를 이루지는 않으며, 다음과 같이 말했던 사람들의 세상에서는 정말 낯설다. "비겁은 잔인의 어머니"이다.(몽테뉴) 또는 군사적인 모럴리스트의 말을 인용하면 "영웅이 영광으로 여기는 것은 외국인들에게 기아와 빈곤을 가져다주는 것이 아니라 국가를 위해 그들이 고통을 받게 하는 것이다. 죽음을 주는 것이 아니라 그들이 죽음을 무릅쓰도록 하는 것이다."(보브나르그[108])

4. 성공이라는 종교는, 현실로 구현된 의지는 구현되었기 때문에 도덕적 가치를 내포하고, 반면 그 구현에 실패한 의지는 실패했다는 그 점만으로 경멸받아 마땅하다는 가르침이다. 이 철학은 수많은 박사들이 정치의 장에서 공언했다고 할 수 있고 — 독일에서는 헤겔 이후 모두가, 프랑스에서는 드 메스트르 이후 상당히 많은 사람이 — 사적으로도 마찬가지이며, 여기서 결실을 보았다. 이른바 사상계에서 오늘날 중요하게 치는 이는, 누가 '성공했다면' 두말없이 존경하고 불행한 노력에 그쳤으면 경멸하겠다고 선언하는 것이 자신들의 도덕적 권위라고 믿는 이들이다. 그러한 모럴리스트는 나폴레옹의 영혼은 '불운한' 인간이라 가치가 없다며 경멸한다. 또 다른 모럴리스트는 마자랭을, 또 누구는 보방을, 또 누구는 무솔리니를 마찬가지로 평가한다. 이런 점에서 지식인이 한 현실주의 학파를 휘어잡고 있음을 부인할 수 없다. 성공을 숭배하고 불운을 경멸하는 것은 확

---

108 제1제정 시기 한 영웅의 붓끝에서 나는 다음 구절을 읽는다. "내 손으로 그 범죄자들의 일부를 죽임으로써 **기쁨**을 맛볼까 나는 두렵다.(기쁨을 강조한 것은 바로 저자 자신이다. 여기서 범죄자들이란 라이프치히 전투 이후 프랑스인 포로들을 대량 학살한 독일인들을 말함.) 그러므로 나는 나의 칼을 칼집에 넣고 이 학살자들을 처치하는 문제는 우리의 기병들에게 맡겼다."(《마르보 장군의 회고록(Mémoires du général de Marbot)》, III, 344쪽.) 사람을 죽이는 기쁨을 이렇게 자책하는 것을 현대의 많은 문학인은 비방할 것이다. 프랑스에서는 전쟁 본능을 찬미하는 것이 일부 문인들보다 군인들에게서 훨씬 약하다. 마르보는 바레스보다 피를 훨씬 덜 좋아한다.

실히 이익을 얻기 위한 최상의 조건들이다. 더구나 이 가르침은 지식인, 특히 라틴계 지식인에게는 완전히 새로운 것임도 부인할 수 없다. 내가 말하고 싶은 것은 결과를 떠나 장점을 존중하도록 가르친 선조들이다. 그들은 아킬레우스만큼 헥토르를 추앙하고, 운 좋은 적수보다 퀴리아스를 찬양하도록 인간에게 가르쳤다.[109]

우리는 지금까지 현대의 모럴리스트들이 정의의 인간 대신 무기 든 인간을 찬양하는 것을 보았다. 그들은 또 후자를 위해 학문의 인간을 희생시키고, 세상에 대해 초연한 존재는 경멸하고 실천 활동을 숭배할 것을 설교하고 있다. 우리는 무엇을 알고자 하는 것 외에는 다른 정념이 없는, 서재의 학자 — '반동적 인간'에 반대하는 니체의 절규를 알고 있다. 그가 정신생활이 오직 감동, 서정, 행동, 편향적일 때만 존중하고 "진실이라는 그 끔찍한 낡은 것"에 바치는 체계적, '객관적' 추구는 조소하는 것을 알고 있다. "순수한 지적 애정을 가진 자들에게 특권을 주는 사회"에[110] 대한 소렐의 격분과 30년 전 바레스, 르메트르, 브륀티에르 같은 이들이 '지식인'들은 "군인들보다 열등한" 인간형이라고 통지한 사실은 알려져 있다. 계몽사상이 "완전히 패했기 때문에" 경탄하고, 데카르트가 전쟁에 가담했기 때문에, 프랑스 왕정의 변증론자들이 이념을 위해 죽을 각오도 되어 있었다는[111] 오직 그 이유만으로 그들을 존경하는 페기를 알고 있다. 그들은

---

109 "그리고 용기의 명예는 겨루는 데 있으며 이기는 데 있지 않다."(몽테뉴)

110 《고대 세계의 폐허(La ruine du monde antique)》, 76쪽, 《진보의 환상(Les illusions du progrès)》, 259쪽. 지적 감동이 지배적이면 그 사회가 우수하다는 표식이라고 하는 어떤 사상가를 말할 때 소렐의 즐거운 어조를 보라. 생트 뵈브의 저 유명한 구절을 다시 생각한다. 그러면 현대의 사상가들은 칼의 지성을 높이고 거울의 지성을 멸시한다고 말할 수 있다. 그들이 니체, 소렐, 페기, 모라스를 존중하는 것은 전자 때문이다.(지우앵, 《문학적 도덕적 개요(Esquisses)》, 52쪽 참조.) 거울의 지성을 멸시하는 것은 아리스토텔레스, 스피노자, 베이컨, 괴테, 르낭에 대한 멸시이다. 또한 폴 발레리도 엄밀한 칼의 지성은 아닌 것 같다.

111 《우리의 젊은 날》, 노트 O를 보라.

나에게, 하지만 그것은 대부분의 경우 문인들의 재담이며 서정 시인의 입장이니, 교리인 듯 보는 것은 타당치 않다고 항의할 것이다. 학구적 삶에 대한 니체, 바레스, 페기의 반대는 그들의 시인 기질에 따른 것이고, 또 회화성과 모험 정신이 결여된 데 대한 혐오이지 두말없이 초연함을 조소하려는 건 아니라고 할 것이다. 나는 그 시인들이 진지한 사색인으로 자처하고, (천진함을 깨끗이 배제한 그들의 어조를 보라.) 또 그들의 작품을 읽는 절대 다수가 그들을 진지하게 보리라고 답변하겠다. 학자를 평가절하 하는 것이 초연 정신에 대한 모욕은 아니라 할 수도 있겠지만, 많은 사람에게 초연하게 살아가는 태도를 조소하라고 하는 것이며, 그들이 설교하는 것이 그걸 희생한 실천 활동임은 달라지지 않는다. (적어도 그것은 학문인의 활동보다는 훨씬 실천적이다. 스피노자, 마비용의 활동보다는 게클랭, 나폴레옹의 활동 쪽이 세속적 재산을 얻기에 훨씬 적합함을 인정하리라.) 더욱이 이 사상가들이 학인을 경멸하는 이유는, 학인이란 창건하지 않고 정복하지 않으며, 자기 환경의 종(種)의 유지를 인정하지 않고, 인정한다 해도 실제 개발은 다른 사람들에게 미루는 인간형이기 때문인데, 박식한 이들이 무엇을 발견해도 혼자 알고 기뻐하는 것과 같다. 니체가 전사(戰士)를 위해 학문인을 경멸하는 것이 그의 의지를 보여주는 것이며, 그 의지가 그의 작품 전체에 영감을 줌은 아무도 부인하지 못하리라. 소렐, 바레스, 페기의 작품 정신이 또한 마찬가지이다. "행동의 값어치 앞에서 앎의 값어치는 모욕하라."[112]

---

[112] 그가 예술을 찬양하고 — 모든 현대적 도덕주의와 다름없이 — 예술이 철학에 비해 우월하다고) 공언하는 이유는 오직 이 때문이다. 예술이 그에게는 행동적 가치로 보이는 것이다. 이 관점을 제외하면, 그의 비판자들과 함께 이렇게 말하면 타당하리라. "결국 니체는 예술과 예술가들을 경멸하였다. … 그는 예술의 어떤 여성적 요소, 배우의 기계적 모방, 치장, 번쩍거리게 하는 것에 대한 애착을 비난한다. … 그가, 신의 인간인 카이사

이 의지는 오늘날 모럴리스트뿐 아니라, 그보다 훨씬 높은 데서 말하는 또 하나의 지식인에게 영감을 주고 있다. 내가 뜻하는 것은 자기의 본 영역인 사고는 미미하게 여기고, 행동과 의지 부분은 온통 숭배하도록 부추기는 지식인의 가르침이다. 우리는 반세기 전부터 사람들이 의미 있게 받아들인 인식 이론이, 분명한 개념과 범주, 낱말들로 이루어지는 영혼은 2등급으로, 이러한 지적 습속에서 벗어나 '순수 경향'과 '순수 의지', '순수 행동'에만 사로잡히는 '영혼'은 높게 치는 것을 알고 있다. 철학은 전에는 인간이 생각하므로 존재한다고 느끼고 "나는 생각한다. 그러므로 나는 존재한다."라고 말하도록 인간을 높이 들어 올렸다. 지금은 "나는 행동한다. 그러므로 나는 존재한다.", "나는 생각한다. 그러므로 나는 존재하지 않는다."(적어도 행동과 혼동되는 비천한 영역의 사고만 평가하도록)라고 말하도록 인간을 들어 올린다. 철학은 전에는 우리의 영혼이 개념에 매인 피타고라스의 영혼을 닮을 때만 신성하다고 가르쳤다. 이 철학이 오늘은 껍질을 깨는 병아리의 정신을 닮을 때만 인간의 영혼이 신성하다고 통고한다.[113] 현대의 지식인은 저 높은 교단에 서서 인간은 실제적일수록 위대하다고 장담하고 있다.

50년 전부터, 특히 프랑스에서 문학 전체가(바레스와 부르제를 보라) 본능과 무의식, 직관, 의지(여기서 의지는 독일적 의미, 즉 지식의 반대를

르 앞에서 시인의 모습을 광대로 취급하고 모독하므로 가장 위대한 시인이라고 셰익스피어를 칭송하는 웅변을 떠올리기를."(칼 슈베어, 《형이상학과 도덕 평론》, 1926년 4월, 201쪽.) 소렐에 따르면 예술이 위대한 것은 예술이 "점점 더 우리 시대에서 표명되는 그대로인 고도의 작품을 예상해 주기 때문이다."

113 《창조적 진화(Evolution créatrice)》, 216쪽. 베르그송주의의 진정한 공식은 "나는 성장한다. 그러므로 나는 존재한다."이리라. 현대 철학이 사상의 실천적 성격을 제1특징으로 삼고 의식 자체는 제2특징으로 삼는 경향에도 주목하자. "어떤 목적을 위해 수단을 고안하는 능력에 따라 사상을 정의해야 할 것이다. 사상 자체의 명료한 특성보다는." (루스탕, 《심리학 강의(Leçons de psychologie)》, 73쪽.)

뜻함)의 우선권을 집요하게 주장하고, 그것도 실천 정신을 명분으로 주장함을 말해야만 하는가? 그렇게 주장하는 이유는 우리들 — 개인인 우리, 민족인 우리, 계급인 우리 — 의 이익 확보를 위해 어떤 운동을 해야 하는지 지식이 아니라 본능이 알기 때문이다. 벌레가 '본능'에 의해 먹이를 죽이지 않고 마비시키기에 딱 알맞은 곳을 내리쳐 산 채로 새끼에게 주며 그 새끼는 이 먹이로써 더욱 번성하는 사례를 드는 문학의 열광을 굳이 말해야 하는가?[114] — 또 다른 학자들은 '프랑스의 전통'을 명분으로 이 '야만적'인 본능 찬양에 항의하고 '지성의 우선권'을 설교한다. 그러나 그들이 이렇게 설교하는 이유는 지성이야말로 우리의 이해관계가 요구하는 행위들을 찾을 줄 안다고 보기 때문인데, 그건 마찬가지의 실천 정념이다.

지적 활동은 실천적이고 오직 그런 뜻에서만 존중받을 만하다는 가르침에 관해 살피고자 한다. 그리스인들 이후의 사상가들이 지적 활동을 주로 어떻게 보는가는 분명했다. 미적 활동과 마찬가지로 그것이 어떤 이익을 가져오느냐는 고려하지 않고 행위, 그 자체에 만족할 때만 그 행위를 찬미하는 것이었다. 우리는 대부분의 사상가들이 기하학에 바치는 플라톤의 저 유명한 송가를 인준한 것을 알고 있다. 그가 모든 과목 가운데 기하학을 존중하는 것은 그것이 관조의 유형을 표상하기 때문이고, 그 유형이란 아무것도 결과하지 않는다. 사상가들은 또한 성과 때문에 학문을 사랑하는 자는 학문의 신성함을 심히 저주하는 것이라고 한 르낭의 선고를 인정했

---

114 조롱박벌. 이 사례는 《창조적 진화》에 등장했으며 문학의 세계에서 성공을 거두었다. (반박을 받기도 했다. 마리 골드스미스, 《비교 심리학(Psychologie comparée)》, 211쪽.) 바레스에서 보이는 합리주의자의 낭만적 경멸과 마찬가지인데, 본능의 실제 가치를 변명하는 것은 이미 루소에게서 보였다. "의식은 우리를 결코 속이지 않는다. 본능이 육신에 속하듯이 그건 영혼에 속한다. … 현대 철학은 사람들이 설명하는 것만 인정할 뿐, 본능이라 불리는 이 신비한 능력을 인정하지 않는다. 본능은 지식을 획득하지 않고도 어떤 목적을 향하도록 동물들을 안내하는 것 같다."《사부아 부사제의 신앙 고백(Profession de foi du vicaire savoyard)》》

을 것이다.[115] 이런 계산에 따라 지식인들은 세속인들에게 생의 가치를 초연함에 두는 인간 부류의 모습을 보여주었다. 따라서 그들은 실천 정념을 억제하거나 적어도 부끄럽게 여기고 있었다. 현대의 지식인들은 이 헌장을 난폭하게 찢어버렸다. 지식의 직분은 구체적 이득을 추구하는 때만 존중되며 이 목적에 무관심한 지성은 경멸 받을 행위라고 공언하기 시작했다. 여기서 그들은 우수한 지성이란 '생명 성장'에 근원을 둔 유형이라고 가르치는데, 그건 우리의 생존 보장에 최선인 것을 찾기에 몰두하는 것이다.[116] 또 거기서는 (특히 역사과학에서) 정치적 이해관계가 이끄는 대로[117] 작업하는 지성을 존경하고 '객관성'의 적용은 경멸할 뿐이다. 더구나 그들은 존경할 만한 지성이란 항상 민족의 이해와 사회질서의 요구에 따라 피어나는 지성이라고 선언한다. 반면 사회의 요구에는 눈길을 주지 않고 진실에 대한 욕구에만 끌리는 지성은 '원시적이고 거친' 행위로서, "인간의 고귀한 능력을 모독할"[118] 따름이다. 또한, 학문은 순수한 공리적(물질을 관

---

115 "만약 사람의 직업에서 비롯되는 유용성을 칭송의 기준으로 삼아야 한다면 쟁기를 발명한 이가 아르키메데스, 아리스토텔레스, 갈릴레이, 데카르트보다 훨씬 찬양받을 가치가 있으리라."(베일) 퐁트넬, 볼테르는 거의 모두가 필요 없다고 믿는 어떤 연구가 유익하다는 점을 열심히 지적했지만, 그들은 결코 무익하다고 하는 것에 몰두하는 사람을 경멸하려 하지는 않았다.

116 144쪽 참조.

117 또는 도덕성. 바레스는 역사에서 우연의 몫을 지적하는 학자는 '부도덕'하다고 비난한다. ― "존중이 역사를 죽인다"는 미슐레의 말과 비교해 보자.

118 이것은 알려진 대로 지성의 미래의 주장이다.(《지성당 선언문》,《르 피가로》, 1919. 7. 19. 이 선언에 대해서는 노트 P를 보라.) 이 추종자들은 이제 "수백 년 동안 교회가 지녔던 명백한 사명 가운데 하나는 지성 자신의 오류에 맞서 지성을 보호한 것"이라고 말하게 되었다. 지성의 오류란 사회질서(교회의 가르침이 그것의 기반인데)에 개의치 않고 지성이 표명하는 것이라면 모두 반박을 받지 않는다는 발언이다. 지성을 이렇게 실제적인 개념으로 정의하면 다음과 같은 종류의 결론을 내릴 수 있다. "진정한 논리란 우리의 도덕, 지성, 신체의 필요에 맞는 관념을 불러일으킬 감정, 영상, 표시의 (정상적) 결합이다."(모라스) 우리는 다시 프랑스 거장들이 남긴 전통적 가르침과 이를 비교하게 된다. "논리란 사물을 잘 인식하도록 이성을 이끄는 기술이다."《포르루와얄 논리학》) 지성을 실제 결과에 따라 평가해 보려는 것은 이런 놀라운 공식에서도 나타난다. "비판 정신의 가치는 명석함을 사용하여 **어떤 영향력을 주느냐에 따라 다르다**."(모라

리할 인간의 필요. "아는 것은 적응이다.") 원천을 갖는다는 교리(베르그송, 소렐)에 대한 그들의 애착에 주목하자. 그들은 즐기려는 욕구로 학문을 꽃피웠던 그리스인의 멋진 개념, 초연 행위의 전형은 경멸한다. 우리는 결국 그들이 유용한 과오('신화'를 뜻함)를 감싸는 것은 자기들을 영예롭게 변화시키는 것이며 자기들을 해칠 진실을 받아들이는 것은 수치라고 가르치는 것을 보았다. 다시 말해 실제 목적을 떠나 진실 자체에 민감한 것은 (니체, 소렐, 바레스가 이를 아주 명백하게 말한다) 상당히 경멸할 만한 정신 형태이다.[119] 여기서 현대의 지식인이 세속적인 것의 방어에 뛰어나다는 점이 드러난다. 세속적인 것은 진실이 소용없고, 더 공정하게 말하면 최악의 적을 치워버렸다. 오늘날 영혼의 거장들 사이에서 깊이 되살아난 것이 곧 칼리클레스의 천재성이다.[120]

마지막으로 현대 지식인이 실질적인 것의 숭배를 설교하는 것은 그들의 신학, 신에 대해 제시하기 시작하는 이미지에 의해서다. 그들은 우선 스토아학파 이래 무한이었던 신이 다시 유한이 되기를, 분명한 형태로 인격

스) 이와 함께 "내가 혐오하는 것 그것이 공리성이다."라고 하는 르낭에 대해 마시스가 내리는 준엄한 심판(《심판(Jugements)》, I, 87)을 보라. 마시스는 또 다른 데서도(위의 책, 107) "생활 행동, 그리고 사상 조건에 초탈한 자유주의 정신"에 관해 언급한다.

119 과학적인 것이 실용을 뜻하는 순간 '비과학적'으로 되는 것은 부인할 수 없다. "아이들을 경건하게 양육한다는 것은 과학적으로 키우는 것이다."라고 부르제는 말한다. 과학적이라는 것이 저자가 원하듯이 국가 이익에 부응하는 것이라면 이런 언명이 무척이나 지지받을 것이다.

120 프랑스의 전통주의자는 '사회적' 진실을 명분으로 무엇보다 애초의 진실을 비난한다. 몽테뉴와 볼테르의 후예가 **편견을 찬양하는 것은** 특히나 새롭다. 정신적 이해관계를 맡았던 이들이 현대 프랑스의 몇몇 거장처럼 이토록 뜨겁게 사회의 이해를 방어하려는 정념을 표하는 것을 본 일이 없다. 무사 무익한 지적 행위에 대한 비난은 바레스의 이성직록에서 온전히 표현되었다. "모든 문제는 프랑스에 비추어 해결되어야 한다." 독일 사상가는 1920년에 이렇게 대답한다. "우리는 고대 및 현대 문화와 과학 분야에서 쟁취된 모든 것을 무엇보다 독일의 입장에서 평가한다."(샤보의 《독일 민족에게 보내는 연설》 프랑스어 판 서문에서 인용. xix쪽) 유익한 과오를 숭배하는 것은 파로디가 인용·논평한 《베레니스의 정원》의 보기 드문 한 페이지를 보라.(《전통주의와 민주주의》, 136쪽.)

이 부여되기를 원하며, 곧 신을 메타 물리의 존재가 아니라 물리의 존재로 확인한다. 신인동형동성론(神人同形同性論)은 프루덴체 이래 빅토르 위고에 이르기까지 시인들 사이에서 범신론과 섞여 지냈는데, 양자의 경계가 어디인가에 개의치 않았다. 신은 마음이 흔들리거나 서정(敍情)이 필요한 데 따라 인격이거나 비결정적이거나 했는데, 페기나 클로델 같은 이들의 신은 과격한 자의식을 지니고 있어, 그들의 신은 사제 시복(侍僕)과 다르리라는 의지를 갖고 시복에게는 분명한 경멸을 표한다. 동시에 정치 박사들은 증오를 정밀하게 만들면서 무한의 종교에 반대하는데, 교회도 그런 모범을 보인 바 없는 비방의 과학이다. 더구나 그 증오가 무한의 종교를 보란 듯이 고사시키는 것은 실제적이지 않으며, 지상의 위대한 실체 — 도시와 국가[121] — 를 세우려는 염원을 해체시키기 때문이다. 현대 지식인들은 특히 신의 속성으로 실제 이득이 보장되기를 원했다. 구약 이후 신은 분명 힘이 셌다기보다는 정의로웠다고 말할 수 있다. 플라톤 사상에 따르면 신의 힘은 차라리 정의의 한 형태였을 뿐이며, 스피노자와 말브랑슈는 신의 힘은 제왕과 왕국의 창건 세력과는 하등 관계가 없다고 할 것이다. 특히 신의 성질에서 배제되어 온 것들이 있으니, 팽창의 욕구, 그러한 욕망의 충족에 요구되는 활력, 의지, 한사코 해내려는 정념이 그것들이다. 승리가 주는 매력, 그것은 가능한 모든 현실을 단번에 이룰 수 있는 완전하고 무한한 상태의 결과이다. 창조는, 개념 자체로는 권능, 팽창 개념과 본질상 분리될 수 없지만, 창조 안에서 그것을 교묘히 피해 갔다. 즉 세계

---

121 샤를 모라스는 이 점에서 스스로 그의 스승 메스트르와 갈라진다. 메스트르는 "언젠가는 모두를 품안에 맞아들일 신의 대양"에 관해 말한다. 그렇지만 《상트페테르부르크의 저녁(Soirées de Saint-Petersbourg)》의 저자는 금방 이렇게 덧붙인다. "나는 그럼에도 인격을 해치는 것은 삼간다. 인격이 없다면 불멸은 아무 것도 아니다."

는 신의 권세의 결과이기보다 신의 애정이 빚어놓은 것이다. 마치 햇살이 해에서 나오듯 세계는 신에서 나오며 신은 다른 것을 누르고 자신을 과대평가하는 심정을 갖지 않는다. 학설을 빌리면 신은 세계의 선험 원인이 아니라 내재 원인이다.[122] 이와 반대로 현대의 학자들(헤겔, 셸링, 베르그송, 페기)에게는 신이 본질적으로 팽창하는 어떤 것이다. '그치지 않는 변화', '그치지 않는 새로움', '그치지 않는 창조'[123]는 신의 법이다. 신의 원리는 의지, 긴장, 생명력처럼 본질적으로 팽창의 원리이다. 신이 만약 헤겔에서 보듯 인식이라면 '발전하며', 한층 더 '실현되는' 인식이다. 단숨에 완성되어 정복을 맛보지 않는 존재는 경멸의 대상이며, '영원한 죽음'[124]을 나타낸다.(베르그송) 마찬가지로 최초의 유일 창조에 충실한 이들도 이제 이 행위를 실질적인 것으로 제시하기에 여념이 없다. 즉 교회는 전에 없이 분명하게 모든 내재설을 비난하고 선험만을 엄중히 설교한다.[125] 신은 세계를 창조하면서 그 성질에 필요한 아낌없이 주기를 하지 않는다. 신은 권능으로(어떤 이들은 독단을 누그러뜨리기 위해 은혜에 따른다고 말한다) 신과는 분명 다른 어떤 것이 세워지는 것을 보고 그것을 장악한다. 신의 행위는, 누가 무슨 말을 하든, 세속적 팽창의 완벽한 모델이다. 현대의 지식인이 이스라엘의 옛 예언자인 듯 사람들에게 가르친다. "만군의 주 하느님을

---

122 지금까지 거의 모든 크리스트교 박사들이 지녔던 내재설에 관해서는 르누비에, 〈신의 관념〉(《철학 연보》, 1897)과 《교리 분류론(Essai d'une classification des doctrines)》, 3장 (진화, 창조)을 보라.

123 헤겔에게서 신은 계속 신의 반대를 희생시키면서 성장한다. 신의 활동은 근본적으로 전쟁과 승리의 활동이다.

124 그렇더라도 '신토마스주의'가 이 개념에 대해 강력히 항의하는 것에 주목하자.

125 예를 들어 로미니의 파문과 스승 에카르트의 파문을 비교해보자. "신 안에서는 어떤 것이든 동질적이지 않은 것이 없고 그렇게 상정할 수도 없다."(Nulla in Deo distinctio esseaut intelligi potest.) "모든 창조물은 순수한 무(無)일 뿐이다."(Omnes creaturae sunt purum nihi.) 이는 이단이 아니라고 선포되었으나 "화음이 안 되고 무모하며, 이단의 혐의가 있다."

위해 너희의 열광을 쏟아라."

 이상이 반세기 동안 그들이 보인 태도로, 민중의 현실주의를 거슬러야 하는 직분임에도 온갖 권세와 결단을 다해 그 현실주의를 부추겨왔다. 이런 이유에서 나는 감히 그 태도를 지식인의 배반으로 부르고자 한다. 이 같은 태도의 원인을 찾으면 깊은 근원이 보이며, 따라서 내일이면 끝나고 이어 상반되는 운동이 일어날, 한때의 유행으로 보이지 않는다.

 하나의 원칙은 근대 세계가 성직자를 시민으로 만든 것인데, 시민은 시민의 지위에 따르는 모든 책임에 순종하므로 지식인이 그의 선인들보다 속인의 정념을 경멸하기가 훨씬 힘들어졌다. 만약 어느 지식인에게 민족적 분쟁 앞에서 데카르트나 괴테 같은 평온함을 보이지 못한다고 비난하면 그는 이렇게 응수할 것이다. 나라가 모욕을 당하면 지식인이 배낭을 지도록 하고 나라가 승리하더라도 세금으로 짓누르니, 나라가 강력하고 존경받기를 명심할 수밖에 없다고. 또 만약 지식인에게 사회적 증오에 초연하지 못하다고 모욕을 주면 이런 답변을 할 것이다. 문예와 학술을 옹호하는 시대는 지나갔고 오늘날에는 자신의 생활 수단을 강구해야 하고, 따라서 지식인이 자신이 산출한 것을 좋아하는 계급이 유지되도록 열성을 기울여도 그의 잘못은 아니라고. 이런 해명은 진정한 지식인에게는 해당되지 않는다. 왜냐하면 그런 이는 정치도시의 법을 좇아도 그 법들에 걸려들지는 않기 때문이다. 그는 카이사르의 몫은 카이사르에게 돌린다. 다시 말해 아마도 그의 목숨을 내놓겠지만, 그 이상은 아니다. 보브나르그, 라마르크, 프레넬, 모두가 애국의 의무를 충실히 수행하였으나 눈먼 광신주의를 고취한 일은 없다. 스피노자, 실러, 보들레르, 세자르 프랑크, 모두 일상의 빵을 추구하였지만 다른 생각은 없이 아름다움과 신성함만 열렬히 사랑하였다. 그러나 그런 이들은 드물어졌다. 그의 수고를 그렇게 경멸하는 것은 지식인이라 할지라도 인간의 본성에 어긋난다. 새로운 율법은 목숨을 내놓고 투쟁하도록 선고받은 존재가 실천 정념을 지향하는 것이고, 그렇기 때문에 이 정념을 성스럽게 하는 것이다. 지식인의 새로운 신앙은 대체로 그가 어쩔 수 없는 일련의 사회적 조건이고, 오늘 개탄해야 할 진정한 악은 아마도 지식인의 배반이 아니라 지식인의 사라짐일 것이다. 즉 지금의 세상에서 지식인의 삶이란 영위할 수 없는, 불가능 자체이다. 오직 비실제적인 가치의 터전을 지키던 이 계급, 시민의 의무가 면제된 계급을 유지하지 못한 것은 근대국가의 무거운 책임이리라. (그러나 그렇게 할 수 있었는가?) 르낭의 예언이 사실이 되고 있다. 르낭은 누구나 예외 없이 사회의 전 구성원이 세속적 노역을 감당해야만 하는 사회는 내리막길을 걸을 수밖에 없다고 예고하였다. 르낭은 아무리 그러한 노역을 하더라도 하늘만 쳐다보는 유형이었다고 그의 동료는 추앙하였다.

지금의 지식인이 가진 민족 정념을 이해관계만으로 설명한다면 매우 부당할 것이다. 그 정념은 단순히 사랑이기도 하다. 누구든 지상의 집단이라면 다른 집단보다 자기가 속한 집단을 사랑하게 만드는 충동인 것이다. 그런데 바로 이 점에서도 지식인의 새로운 신앙은 19세기의 변화에 기인한다고 할 수 있다. 19세기는 민족 집단들에게 그전까지는 몰랐던 견고성을 부여했고, 그로써 많은 나라에서 그때까지는 잠재적이기만 했던 정념에 양분을 공급하기에 이르렀다. 사랑해야 할 나라가 없었을 때는 사람들이 정신의 세상만 아끼기 쉬웠다. 사실 진정한 성직자의 출현이 로마 제국의 붕괴와 시기적으로 일치하는 것은 상당히 시사적이다. 그 시기에는 큰 나라는 무너지고 작은 나라들은 아직 존재하지 않았다. 그래서 토마스 아퀴나스와 로저 베이컨, 갈릴레이, 에라스뮈스의 시대, 위대한 정신의 연인들의 시대는 유럽 대부분이 아직 민족을 모르던 혼돈의 시대였다. 순수한 관조가 가장 오래 유지된 곳이 독일과 이탈리아로 보이는 것도 시사적이다.[126] 그렇다는 것은 그곳이 가장 늦게 민족으로 된 지역이며, 민족들이 된 그날 그러한 관조는 거의 그쳤다는 뜻이다. 물론 아직도 감각의 부침이 진정한 지식인의 맥을 완전히 끊어놓지는 않았다. 조국의 불운이나 심지어 승리도 아인슈타인과 니체가 사색 이외에는 열중하지 않는 것을 막지 못했다. 쥘 르메트르가 "스당*의 상처로 이성을 잃고 있다."라고 썼을 때, 르낭은 자기는 정신을 차리고 있다면서 진정 정신의 사제라면 세속적 사안 아닌 다른 것으로 상처를 입었으리라고 답변했다.[127]

내가 앞에서 든 경우에는, 이해관계 때문이든 사랑 때문이든 민족이나 계급에 대한 지식인의 애착이 진지하다. 그러나 솔직히 말하면 이 진지함을 만나기가 쉽지 않다. 정신적 삶을 살면 필시 보편성과 영원의 감각을 갖게 되고 세속적 허구를 믿을 기운은 떨어지는 것 같다. 특히 민족적 정

---

126 1806년 헤겔이 예나 사건 직후임에도** 사색을 위한 한적한 장소를 찾는 것만 생각했음을 상기하자. 1813년에도 쇼펜하우어는 나폴레옹에 대항하는 독일의 봉기에 깨끗이 무관심했다.

127 "그 누구도 자기 나라의 재난에 무관심할 권리는 없습니다. 그렇지만 철학자는 크리스트교인처럼 언제든 살아갈 동력을 갖고 있어요. 신의 왕국에는 승자도 패자도 없습니다. 그 왕국은 만일 패자가 승자보다 더 도덕적이고 더 정신적이라면 패자가 더 높이 평가받는 그런 마음, 정신, 상상의 기쁨 속에 있습니다. 당신들의 위대한 괴테, 존경할 만한 피히테는 조국의 외적 쇠퇴 속에서도 고상한 삶, 따라서 행복한 삶을 어떻게 영위할 수 있는가를 우리에게 가르치지 않았던가요."(슈트라우스에게 보낸 첫 편지) 가르침의 성격으로 보면 니체가 선하지 않은 지식인 같지만, 정신적 정념으로만 보면 온전히 순수한 재능의 지식인으로 생각되는 것을 내가 말해야만 할지?

*1870년 프로이센-프랑스 전쟁에서 프랑스가 패배한 격전지
**1806년 나폴레옹의 예나 침공의 포성 밑에서도 헤겔은 주요한 첫 번째 독창적 작품《정신현상학》을 완성함.

념, 그중에도 문인들을 보면 이 정념의 진지함은 내 생각에는 천진한 것이다. 그런데 그들의 자아의식이라면 모를까 천진함은 이 집단의 특성이 아니라는 데 모두들 동의할 것이다. 나는 예술가들이 지닌 공적 태도가 먹고 살려는 욕구 같은, 실로 단순한 동기를 갖는다는 건 납득하기 어렵다. 그래서 나는 현대 지식인의 현실주의에서 다른 이유를 찾았고, 자연스럽지는 않더라도 그만큼 깊은 이유를 만나게 되었다. 그 이유들은 문인들, 유난히 프랑스 문인들에 해당되는 것으로 보인다. 지난 반세기에 걸쳐 작가들이 보인 태도가 그들의 선조들과 현저한 대조를 이루는 것 역시 이 나라이다.

우선 나는 그들이 출세에 관심이 있는 것을 본다. 이백 년 전부터 프랑스에서는 볼테르, 디드로, 샤토브리앙, 라마르틴, 빅토르 위고, 아나톨 프랑스, 바레스처럼 명성을 얻은 작가들이 정치적 태도를 보였음은 분명하다. 어떤 작가들의 경우는 이런 태도를 가진 때부터 진정한 영광이 시작되었던 것도 눈에 띈다. 이 법칙은 그들의 후예에서도 어긋나지 않아 오늘날 명성을, 다시 말해 진정 천부적인 문학적 재능을 인정받으려는 모든 프랑스 작가는 정치적 역할을 해보려는 의지와 욕망을 보인다.[128] 그런데 이 의지를 만드는 것은 다른 여러 가지 동기이다. 예를 들면 바레스와 단눈치오는 정적인 인간과는 다른 무엇이 되고자 하는 '행동' 욕구를 가졌고 '글쟁이'가 아니라 '영웅'의 생애를 누리려고 한다. 또는 보다 숭고하게, 르낭이 의원직을 청원했을 때의 심경처럼 공적인 것에 기여하려는 동기도 있다. 오늘날은 작가들이 정치적 역할을 하려는 것은 정치인 노릇을 하라는 여론 때문이라고 하면 변명이 될 것이다. 라신이나 라브뤼예르가 네덜란드 전

---

128 예를 들어 모리아크.(1946년 판 각주)

쟁*의 적절성이나 왕실 법정**의 합법성에 대해 소견을 발표할 생각을 했더라면 프랑스 동향인들이 단박에 웃어 버렸을 것과는 대조적이다. 이 점으로 보아도 순수한 지식인이 되기는 지금보다 예전이 수월했다.

현대 프랑스 작가가 왜 빈번하게 정치적 태도를 보이는지는 이로써 알 수 있지만, 그것은 그 태도가 왜 그처럼 어김없이, 더구나 대놓고 권위주의적인지는 설명해주지 못한다. 자유주의 역시 정치적 태도이며, 20년 전부터 작가가 그런 입장을 곧잘 택하는 게 사실인데, 여기서 제2의 요소가 개입한다. 즉 부르주아지의 마음에 들고자 하는 실질적인 작가들의 의지이다. 부르주아지는 작가들을 유명하게 만들고 상을 나눠준다. 이 부류의 작가들은 지금 그 어느 때보다도 더 공손하게 이 계급의 정념을 다루려 한다고까지 주장 할 수도 있다. 요즈음 그 계급에 대해 뻣뻣하게 나온 이들(졸라, 로맹 롤랑)의 운명이 그런 판단을 내리게 한다. 현재의 부르주아지는 적대 계급의 진전이 무서워져서 자기들에게 남겨진 특권을 유지하려는 생각뿐이고, 자유주의 교리에는 혐오감밖에 없다. 그들의 은총을 입으려는 문인들은, 그러므로 정치적 깃발이라면 '질서' 수호의 깃발을 들게 되어 있다. 이런 관점에서 바레스의 경우가 특히 교훈적이다. 그는 커다란 회의주의 지성으로 출발했는데, "필요한 편견"의 사도로 변신한 날부터 (적어도 그의 나라에서는) 세속적 영광이 백배나 더 커지는 것을 보았다. 이를 보면 프랑스 작가들의 현재와 같은 정치적 유행이 상당히 오래 지속하리라 싶고, 프랑스 부르주아지의 불안에 기인하는 이 현상은 곧 사라질 것 같지 않다.[129]

---

129 물론 여기서 사려 깊은 문학인 전체의 진지함을 의심하려는 것은 아니다. 몇몇 인사는 운이 좋아, 이로움을 택한 것이 바로 진지함을 택한 것으로 되었다.
*1672~1678년 경쟁국 네덜란드를 견제하기 위해 동맹국을 동원한 프랑스와 신성로마제국을 비롯한 4국 동맹체제 사이에 벌어진 전쟁
**루이 14세가 영토 확장 후 이 문제를 처리하기 위해 1680년대 초에 세운 법정

나는 요즈음 부르주아지가 감히 자신들의 정념을 거역한 작가들에게 가한 운명을 언급했는데, 우리를 사로잡는 아주 일반적이고 무엇보다 흥미로운 새로운 모습 중 하나이다. 그건 다시 말해 세속의 무리들이 가진 이 시대의 주권 의식이며, 또한 그들이 듣고 싶어 하는 것 외의 것을 말하면 지식인을 다스리겠다는 결단을 말한다. 이러한 속인 기질은 작가를 대하는 데서만 나타나지 않는다. (언론과의 관계에서도 마찬가지다. 독자들이 소중하게 여기는 그 잘못된 견해를 독자들에게 제공하지 않는 신문은 당장 버림받는다.) 하지만 그보다 더 주목해야 할 것은 신의 이름으로 말하는 성직 지도자들과 속인의 관계이다. 설교자가 높은 크리스트교 교단에서 감히 충심으로 민족적 정념을 공격하고 부르주아의 오만을 모욕하려 하면 유난히도 프랑스에서는 신자들이 이내 다 흩어져버리는 걸 보게 될 것이다. 어떠한 제재도 겁내지 않고 현실만 신봉하는 이 회중은 자신들이 설교자보다 훨씬 힘 있고 중요하다고 자부하고, 그러므로 설교자가 그들이 존중하는 모든 이기주의를 제재하기는커녕 오히려 펴줄 때 다 함께 머리 숙인다.[130] 현대의 인류는 인류의 박사로 자칭하는 이들이 인도자가 아니라 자신들의 하인이기를 바란다. 그 스승들도 대부분 이 점을 놀랍도록 꿰뚫고 있다.[131]

---

130 이런 태도는 최근 프랑스 부르주아지에서 분명히 나타났다. 부르주아지의 '정신적 지도자'가 자신들이 애호하는 간행물을 읽지 말도록 금지하자 그들은 마땅찮아 했다. 1백 년 전 샤를 10세 정부가 예수회 반대법을 통과시킨 일이 있었는데, 그때 교황이 프랑스 가톨릭 신도들에게 이 법을 인정하도록 명령하자 누구나 따랐던 데 비하면 얼마나 변했는지 알 수 있다.

131 에스파냐 왕위 계승 전쟁 말기 프랑스 북부를 침공할 때였다. 페늘롱은 침략을 당한 주민들에게 그들의 고통은 죄를 지었기 때문에 받는 벌이라고 여러 번 설교했다. 1914년 8월 프랑스 국민에게 그런 설교를 했더라면 설교자가 어떤 대접을 받았을지 짐작이 간다. (그럼에도 1940년에 그들은 속인의 설교는 받아들였다. 그는 사실 민주주의를 속죄한다고 말했다. ― 1946년 판 각주) ― 오늘날 사도단이, 저들이 듣고자 하는 것을 말하지 않는다면 신도들이 그 사도들을 다루는 방식에 대해서는, 30년 전 자선

현대 작가와 그들의 정치적 태도를 야기하는 원인으로 돌아와 한마디 덧붙일 것이 있다. 작가는 이들 불안해하는 부르주아에 봉사할 뿐 아니라, 자신이 점점 더 부르주아가 되어갔다. 신분에 따르는 모든 사회적 지위와 조건을 갖추었으므로 적어도 공공의 관심을 끌만한 이들 중에서는 '보헤미안'[132] 문인이란 이제 찾기 어려운 부류이다. 따라서 이들은 더욱 더 부르주아적 유형의 영혼에 도달했는데, 누구나 아는 이들 부르주아의 특징은 귀족적인 정치 감각을 가진 척하는 것이다. 그건 권위적 체제와 군사 제도 및 교회 제도에 대한 애착이고 정의와 시민 평등의 사회에 대한 경멸이며 과거를 숭배하는 것이다. 지난 50년 동안 인구에 회자되는 프랑스 작가들 중 얼마나 많은 사람이 민주 제도를 혐오하면서 귀족적이라고 자임해 왔는지! (또한, 그들 중 많은 이가 냉혹함과 잔인함을 받아들인 것, 그들에겐 그것이 위대한 영혼의 속성인 것 같음을 밝히겠다.)

지금까지 살핀 문인들의 정치적 태도는 그들의 사회적 신분이 변한 것에 기인했다. 이제부터 말하려는 태도는 불현듯 일어난 그들의 정신 구조, 문학적 의지, 미적 숭배, 도덕성의 변화에서 비롯되었다. 역사가는 앞서 밝힌 이유들보다 이에 더 주목해야 할 것 같다.

먼저 그들의 낭만주의이다. 강렬한 방식으로 문학을 추구하는 이 태도는 19세기 문학인들의 욕망을 드러낸다. (하지만 이런 욕망이 크게 진전을

바자 화재* 당시 P. 올리비에가 희생자들에 대해 설교하고 어떤 대접을 받았는지 잘 생각해보라.

132 철학자에 대해서도 마찬가지 관찰을 할 수 있다. 저명인사들을 비롯하여 오늘날 대부분의 철학자는 데카르트나 스피노자 같은 방식으로 살아가지 않는다. 결혼하고 자식을 낳고 지위를 차지하고 **생활 속에** 있다. 이 점이 그들의 가르침이 '실천'적인 것과 무관하지 않은 것 같다.(이 관점은 필자의 책, 《베르그송주의의 성공에 관해(Sur le succès du bergsonisme)》, 207쪽을 보라.)

*1897년 5월 주로 귀족 부인들이 참여하는 가톨릭 행사가 파리에서 열렸는데 대화재로 많은 여성이 사망한 사건을 말함.

본 것은 지난 30년간이다.) 문학인들은 1890년께 — 특히 프랑스와 이탈리아에서 — 단순한 영혼에 충격을 가하려면 자유주의와 인본주의의 감상성으로 되지 않고, 오만한 지위를 완강하게 누리려면 권위, 규율, 전통의 교리를 말하고 자유의 정신은 경멸하며, 전쟁과 노예제가 도덕적이라고 주장해야 한다는 것을 대번에 깨달았다. 사실 반동적이라고 할 만한 교리들은 비관적이고 경멸할 낭만주의를 불러왔는데, 이것이 속인에게 주는 인상은 뜨겁고 낙관적인 낭만주의보다 강했다. 즉 순박한 사람들에게는 미슐레나 프루동의 입장보다 바레스나 단눈치오 같은 입장이 훨씬 깊은 인상을 준다. 이에 더해 오늘날 이 교리들이 과학과 '순수 경험'에 근거한다고 자처하는 것을 덧붙이자. 그래서 이 교리가 침착한 비인간적 어조(실증주의적 낭만주의)를 띠는 것이고, 문인들의 예민한 후각은 이것이 한 무리의 사람들에게 어떤 영향을 미치는가를 놓치지 않는다. 물론 여기서 문제 삼는 것은 세련된 무리이다. 비관적 낭만주의는 민중에게는 하등 의미가 없다.

문인들의 문학혼에 보이는 또 다른 변화는 (이것이 새로운 정치적 신조를 부르는 하나의 원인으로도 보이는데) 언제부터인가 자신의 여러 능력 중에서 예술적 감각만을 존중하고, 어쩌면 모든 판단을 그런 감수성에만 의존하는 것이다. 30년 전까지는 적어도 라틴 계열, 따라서 그리스의 제자인 문학인들은 자신들의 판단 근거를 — 문학적인 것까지도 — 예술적 감각보다는 이성적인 감각에 두려고 했고, 이 점에서 자신들이 남다르다고 의식하지는 않았다. 르네상스인들과 직계 후예들(17세기 프랑스 작가들과 계승자들)은 이 점이 명백했으며, 19세기 초의 작가들에 와서도, 겉으로 나타난 것과는 달리 아직 그러했다. 1830년대 낭만주의의 특징 가운데 하나는 말할 것도 없이 이성적 감각의 약화이고 더 크게는 고도의 지성적 태도의 쇠퇴라 할지라도, 어떤 식이로든 지적 감각에 대한 경멸을 표명하지는 않았다. 빅토르 위고, 라마르틴, 미슐레, 그 누구도 오직 사물의 예술적 가치를 높이기 위해 이성적 가치를 무시하는 태도를 찬미한 바 없다. 그런데 1890년대에 와서 이에 혁명이 일어났으며, 이 혁명의 영향은 아무리 말해도 지나치지 않을 것이다. 문인들이 철학적 분석력(베르그송주의)을 갖추어 똑똑해지자 지적 감각과 예술적 감각 사이의 근본적 대립을 의식하고, 과격하게 후자를 선택하고 있다. 그들은 시대의 작품이라면 문학적·예술적 성공을 거둘 때 위대하며, 작품의 지적 내용은 흥미 없고, 무슨 주제든 지지할 만하며, 오류나 참이나 다 잘못이 아니라는 등의 선언을 한다.[133] 이 혁명은 그들의 정치적 태도에 영향을 미치지 않을 수 없었다. 우리가 우리의 예술적 욕구를 충족시키는 것만 근사하다고 하던 권위적 체제만이 근사해진다. 예술적 감각은 정의를 원하는 체제보다 힘과 영광을 세우려는 체제로 충족된다. 예술적 감성은 구체적 실재를 사랑하기 때문에 고유하며, 또 그렇기 때문에 순수 이성 및 추상 개념은 혐오한다. 그런데 정의 개념은 추상 개념의 모델이다. 예술적 감성은 특히 모든 요소의 전체적 관점으로서 충만한 만족감을 얻고, 그것은 모든 것을 능가하는 최상의 선까지 서로를 종속시킨다. 반면 아무도 으뜸이 아니고 모든 요소의 전체를 보는 민주주의 관점은 이 감각의 근본적 욕구를 좌절시킨다.[134] 더

---

133 이것이 (프랑스에서는 영원한 것 같은) 재치의 지배이다. 말브랑슈의 매혹적인 다음 구절에서 그 특징이 분명하게 표현된다. "우둔과 재치는 다 같이 진실을 가로막는다. 다만 우둔은 진실을 존경하지만 재치는 그것을 경멸하는 점이 다르다."

134 민주주의적 관점은 또 다른 예술적 감각을 만족시킬 수 있다. 민주주의적 감각이 감동을 주는 것은 그것이 특정한 질서의 견해가 아니라 대립되는 두 세력 사이의 평정(平靜)이기 때문이다.(이 구분에 대해서는 오류, 《공법 원리(Principes de droit public)》, 1장을 보라.) 어쨌든 평정의 감각은 예술 고유의 것이라기보다는 훨씬 지적인 것이다. — 노트 Q를 보라.

구나 인간을 보편 속에서 모든 인간과 공통되게 존중하는 교리는 모두 예술가에게는 개인적 모욕이다. 예술가의 특성은 적어도 낭만주의 이후로는[135] 예외적 존재로 자처하는 데 있다. 아울러 오늘날 자신의 욕망과 만족에다 권한을 위임하는 것(그것은 "천재의 권리"다)을 덧붙이자. 따라서 타인의 자유 때문에 자기 행동의 자유를 제약하는 제도는 애초에 혐오하는 것을 말하고, 마지막으로 모든 일반 존재는 예술가의 혐오를 사는 것을 말하자. (여기서 특수성에 대한 숭배가 태어난다.) 일반 존재는 감각이 아니라 개념의 대상일 뿐이라 하고,[136] 무엇이든 예술적 감각으로만 판단하려는 문인들의 결정은, 낭만주의 이후 사상은 경멸하고 감정을 고양해 온 국면일 뿐이고, 그러한 욕망 자체가 자신들의 지적 훈련을 낮춘 결과(수많은 결과 중에서)이다. 지식인들의 이 새로운 정치적 태도는 그들의 중대한 정신적 변화에 따른 것 같다.

그런 태도를 빚어내는 것은 고전문학과 인문주의 연구가 이들의 정신적 수련에서 차지하는 비중이 점점 작아지는 데 기인하는 것 같다. 이 과목들은 어떤 경우에나 이름 그대로, 적어도 스토아학파 이래 인간을 경배하기를 가르쳤다.[137] 텐, 르낭, 위고, 미슐레 또한 아나톨 프랑스와 부르제 같은 이들에 비해 바레스의 세대에서 그리스·로마적 교양이 낮아지고 있음은 부인할 수 없는 사실이다. 또한, 사실은 바레스의 계승자들에 와서

---

135 보다 정확히는 이미 언급한 저 오만한 낭만주의 이래. 자신들은 예의적 존재라는 예술가의 욕구는 플로베르에서 시작된다. 위고와 라마르틴은 결코 그런 것을 말하지 않았다.

136 이 혐오는 특히 니체에서 강하다. 니체는 (위에 인용한 《즐거운 지혜》 부분을 참조. 일반화라는 말은 단조로움, 피상성, 우둔함과 동의어이다) 진정한 예술가로서, 천체의 운동과 사과의 추락 사이의 공통성, 호흡과 금속의 연소 사이의 공통성처럼 공통성을 지각하는 것이 천재적 행위라는 것을 이해할 수 없었다.

137 그렇기 때문에 '신성한 이기주의'의 기수들은 그 점을 분명하게 추방해 버렸다. 우리는 고전적 가르침에 대한 비스마르크, 빌헬름 2세, 나우만, H. S. 체임벌린의 비난을 알고 있다.

이 점이 더 두드러지는 것이다. 한편 고전 교육이 이렇게 낮아져도 이 작가들의 고전 연구에 대한 찬양을 가로막지는 않는다. 하지만 언제 어디서나 인간성을 숭배하도록 하는 것이 아니라, 기껏해야 '프랑스적' 영혼, 아니면 적어도 '라틴적' 영혼을 뿌리부터 그 자체로 특수하다고 강화하려는 것이다. — 프랑스 작가들의 고전 교양 수준이 내려간 것이 독일의 위대한 현실주의자들, 헤겔 특히 니체를 발견한 것과 일치했음을 지적하자. 프랑스 작가들이 독일 현실주의자들의 천재성에 쉽사리 휩쓸린 것은 주요한 고전 과목이 결여되어 그들 천재에 대항할 진정한 제방을 쌓지 못하였기 때문이다.[138]

문인들의 이 새로운 태도를 부른 또 다른 원인은 감각을 찾는 갈증, 감동 받으려는 욕구인데, 이러한 태도는 얼마 전부터 확실하여 감각과 감동을 일으키느냐 아니냐에 따라 그들의 성지석 입장이 갈라진다. 《벨페고르》는 오직 문학의 하늘만 지배하지는 않는다. 우리는 1890년대에 이미 사상가로서 진지한 평가를 받았던 프랑스 작가가 어떻게 답변했는지 알고 있다. 그는 한참 동안 역사상 아연할 정도로 무정견한 정당에 가입하여 세상의 비난을 사자, "나는 팡파르에 맞춰 걷듯이 불랑제주의를 따라 행진했다."라고 말했다. 이 사상가는 그가 "민족의 혼과 만나고자 애썼음"을 시사한 것이며, 그의 행동 원리는 "잔잔히 피어오르기 시작한 감성에 불을 지피는 것"이었다.[139] 더 나아가 우리의 모럴리스트들 다수가 평화

---

138 니체가 소크라테스까지의 고대 사상만, 즉 보편적인 것을 가르치지 않은 사상만 존중함을 상기하자.
139 바로 이 바레스가 1898년 '드레퓌스주의자'에게 다음과 같이 말한 것을 인용하자. "당신들은 무엇 때문에 나에게 정의와 인류애를 말하는가! 내가 좋아하는 것? 유럽의 풍경화 몇 점, 묘지 몇 개다." 또 다른 우리의 위대한 정치적 현실주의자 모라스는 전에 근본적으로 **즐거워함** 필요가 있다고 고백했다. 이미 소크라테스는 프로타고라스에게 자신의 학설의 토대는 감각에의 갈망이라고 말했었다.

적 문명을 깎아내리고 전사의 삶을 고양하는 것은, 평화가 무미건조한 삶으로, 전쟁이 감각적 기회로[140] 보이기 때문이라 해도 틀리지 않을 것이다. "전쟁이 왜 안 되는가? 재미있을 텐데."라고 했던 1913년 한 젊은 사상가의 말이 떠오른다. 그건 젊은 탓에 나온 재담이라고들 내게 항의할지 모르지만, 50대에 특히 과학자로서(R. 캥통) 1914년의 대참극이 다가오는 것을 보면서 이렇게 외친 경우도 있다. "초원에 나가 식사를 하자!" 더구나 이 과학자는 찬탄할 만한 병사였다. 그러나 프레넬, 라마르크와 같지는 않았다. 감히 확실히 말하지만, 그들이 전쟁에 동의했다면 전쟁이 그들의 풍경 취미를 만족시킨다는 이유에서는 아니었다. 《폭력에 대한 성찰》의 저자와 가까워진 이들은 누구나 그의 교리가 주는 커다란 매력이 '재미있다'는 것이며 이 점이 곧 이성적 인간들을 화나게 만드는 것임을 알고 있다. 50년 전부터 성가신 패러독스의 분출을 '철학'의 주된 동기로 삼는 듯한 사상가들이 많이 있었는데, 그들은 자신들의 화약통이 칼처럼 떨어져 잔인함의 욕구를 만족시키면 기뻐하고, 잔인함이 고상한 정신의 표시라고 선언했다. 이 특이한 도덕성의 비하, 이러한 종류의 (매우 독일적인) 지적 사디즘은 사고 행위에서만 기쁨을 구하고 감각적인 것을 (특히 행동의 감각을) 내려다보는 진정한 지식인에 대한 심한 경멸이다. 이 점에서도 문학인들의 새로운 정치 종교는 내밀한 정신적 변화에서 오고, 언제나 마찬가지로 지적 자세의 저하이며, 그것은 지성이라고 할 수 없다.[141]

140 평화론과 인도주의, 또 애타주의가 **권태로운 것은** 부정하기 어렵다. 물론 예술과 학문, 그리고 철학은 세상에 붙박은 교리들에 의존하지 않고서도 '스스로 즐기는' 기회를 충분히 제공하지만, 이는 감각에 탐닉하지 않는 사람의 생각이다.

141 오늘날 정치적 입장을 감각의 기회로 삼는 것은 현실주의자들만이 아니다. 빅토르 위고와 미슐레에 오면 스피노자와 말브랑슈에게서 보인 인도주의의 그 순수한 지적 공명은 분명 상실되었다.(위에서 언급한 인도주의(humanitarisme)와 인문주의(humanisme) 사이의 구분을 보라.)

요즈음 많은 지식인들이 현실주의 교리를 채택하는 것은 자신들도 고백하지만 도덕적 혼란을 끝내려는 의지에서 나왔다. 그들을 그런 혼란에 빠뜨린 것은 "어느 누구도 확신을 부를 수 없다"는 철학 공연인데, 그 철학들은 허공에다 모순의 절대성을 외침으로써 서로 무너질 뿐이다. 지식인의 정치적 태도는 이 면에서도 그의 지적 자세가 심각하게 낮아진 것에 기인한다. 우리는 철학이란 어떤 확신을 가져올 수 있어야 한다는 믿음이 낮아진 것도 보았고, 또는 학파들이 몰락 앞에서도 굳건히 이성을 지키며 남지 못한 무능도 보았는데, 모든 것을 관장하고 판단하는 건 이성이다.

마지막으로 나는 현대 지식인들의 현실주의가 앞 세대의 가르침에 화가 난 것이라는 점을 인정하겠다. 내가 말하는 것은 1848년의 거장들, 계시적 이상주의, 정의와 사랑이 불현듯 민중혼의 본질이 되리라고 믿었던 이들이다. 그에 더해 뒤따른 사건들은 목가적인 예상과 전혀 딴판이었기 때문에 현대 지식인들의 화난 심정은 더 심했다. 어쨌든 여기서 새기면 좋을 것이 그때의 과오에 대한 현대 지식인들의 반응이다. 그들은 이상주의적 주장이라면 계시적이든 아니든 모두 저주했고, 그 주장이 어떤 것인지 분간할 줄 몰랐으며, 또 정념으로부터 판단으로 상승하지 못하였다. 이는 그들이 품위 있는 정신적 습속을 잃어버린 또 하나의 장면일 뿐이다.

이제 지식인들의 변모 원인을 되짚어 보자. 예외 없이 누구에게나 닥치는 정치적 이해관계의 강요, 현실주의적 정념을 키우기 알맞은 일들의 일관된 증가, 문인들이 정치적 역할을 하도록 만드는 욕망과 그러한 가능성, 자기들 계급의 이익과 영광을 위해 나날이 불안해지는 계급 게임을 해야 할 필요성, 부르주아적 상태와 허욕에 단체로 점점 접근하기, 그들 낭만주의의 완성, 고전고대에 대한 지식과 그들의 지적 자세의 저하. 이런 원인들이 이 시대를 깊고도 광범하게 특징짓는 어떤 현상들을 성립시키고 있다. 내 생각에는 지식인들의 정치적 현실주의는 다만 어느 조합 단체의 변덕에 따른 피상적 사건이 아니라 오늘날 세상의 본질에까지 이어지는 것 같다.

IV
개관, 예측

 요약하면 정치 생활에서 드러나는 도덕 상태로 현재의 인류를 판단하면 이렇게 보인다. 1. 대중이 가진 두 가지 커다란 현실주의 정념 — 계급 정념과 민족 정념 — 이 일찍이 보지 못했던 정도의 의식과 조직에 다다랐다. 2. 전에는 대중이 지닌 이러한 현실주의에 대립하던 단체가 이제는 그에 반대하지 않고 오히려 현실주의를 위대하고 도덕적이라고 선언한다. 한마디로 사람들은 이구동성으로 한 치의 양보 없이, 역사상 전례 없는 정념의 승인을 받아 현실주의에 빠져들고 있다.

 이런 상황을 다른 방식으로 확인할 수도 있다. 때는 12세기인데, 어떤 관찰자가 당대 유럽을 조감하고 있다고 상상해 보자. 사람들이 민족을 이루려고(가장 놀라운 현실주의적 의지) 마음속 깊이 애쓰고 있고 그 일에 성공하기 시작하는 것이 보인다. 집단들이 의식을 갖게 되고, 땅 조각을 차지하려 하고, 주위의 집단들과 자신들이 이로써 구분된다고 느끼는 경향이다. 그러나 동시에 관찰자는 다른 것도 보는데, 한 계급 전체가, 그것도 누구보다 존경받는 이들이 그런 운동을 반대하고 있다. 학자와 예술가, 철학자들이 민족을 무시하는 마음을 세상 사람들에게 보여주고, 또 자기들 사이에서는 만국 공통의 언어를 사용한다. 이 유럽에 도덕 가치를 세우는 이들이 민족적이 아니라 인간적인 것이, 아니면 적어도 크리스트교의 것을 경배하도록 설교하는 것이 보인다. 이들은 또 민족들에 맞서 범세계적이고 정신적 원칙을 지닌 커다란 제국을 세우려 노력하고 있다. 그래서 관찰자는 "이 두 흐름 중에서 어떤 것이 이길 것인가? 인류는 민족적일 것인가, 정신적일 것인가? 인류는 세속인의 의지와 성직자의 의지, 그중 어느 것에 속할 것인가?"라고 혼자 묻게 된다. 그런데 아직도 한참 동안 현실주의적 원칙이 완전히 승리를 거두지는 못하며, 우리의 관찰자가 의아해할 만큼 정신적 집단이 여전히 자신들에게 충실하다. 오늘날은 시합이 끝났다. 인간들은 민족적이 되었다. 세속인이 이겼다. 더구나 그 승리는 예상했던 정도를 훨씬 넘어선다. 지식인은 패배했을 뿐만 아니라 동화되었다. 과학자, 예술가, 철학자가 경작자나 상인과 마찬가지로 그들의 민족에 매여 있다. 세상의 가치관을 세우는 이들이 민족을 위해 가치를 세운다. 예수의 사제들이 민족적인 것을 수호한다. 성직자를 포함하여 사람들 전체가 세속적이 되었다. 온 유럽이 루터를 추종하며 에라스뮈스까지 이에 포함된다.

　우리는 앞서 지난날의 인류, 정확히 말해 중세 유럽은 성직자들이 강제한 가치관을 지니고, 악을 저지르면서도 선을 존중했음을 보았다. 현대 유럽은 현실주의적 본능이 아름답다고 설교하는 학자들과 함께 악을 저지를 뿐 아니라 아예 악을 존중한다고 할 수 있다. 마치 톨스토이의 단편에 나오는 악당과 같다. 은자는 악당의 고백을 듣고서 아연해 말한다. "다른 자들은 적어도 도둑놈 짓을 수치로 알았건만, 이제 그 짓을 하면서 잘났다고 하는 자를 어떻게 하랴!"

　이 같은 인류, 집단마다 그 어느 때보다 더 악착같이 자기 집단 특유의 이해관계가 특별하다는 의식에 빠져 집단 안에서는 모럴리스트들이라도 이해관계 이외의 다른 법칙은 무시해야 훌륭하다는 그런 인류, 이들이 어디로 가는지 생각해 보면 어린아이라도 답을 찾을 것이다. 인류는 민족끼리든 계급 사이에서든 세상에서 처음 보는 최대의 전면전, 최고의 파괴 전쟁을 향해 나가고 있다. 이는 스승이 "우리가 가진 근본적인 것은 광신적으로 수호해야 한다."라고 가르친다고 해서 그 스승을 격찬하는 종족 집단, 또 방어력이 없는 소수민족을 침범하고 "필요하다면 법은 없다."라고 선언하는 이웃 나라 영도자를 영접하는 집단, 그들은 동물적 전쟁을 일으키고도 남을 만큼 곪아 터져 있다. 르낭은 이런 전쟁이란 여러 종류의 설치류와 육식 동물이 하나의 먹이를 획득하려고 언제까지나 벌이는 전투와 흡사하리라고 한 바 있다. 사실 어느 집단의 사람들이 지금까지 보지 못했던 정도로 자기 아닌 이들을 미워하는 것은, 민족이라면 이탈리아를, 계급이라면 러시아를 보면 충분히 알 수 있는데, 그 증오는 의식적인 현실주의, 곧 비실질적 모럴을 결국 모두 걷어치운 현실주의에 의해 일어난다. 이 두 민족이 그들 나라의 위대성, 혹은 그들 계급의 승리를 원하는 이들에 의해 온 세상의 표본으로 찬양받고 있음을 덧붙이자. 이는 우리의 예측을 거스르지 않는 말이다.

이 불길한 예측은 달라질 것 같지 않다. 일부에서는 초국가적 법정, 분쟁국 국민들이 근래 채택한 협정 같은 확고한 전쟁 반대 행위가 있으니 그러한 예측이 달라지리라고 믿지만, 그런 경우라도 이 새로운 기구들은 국민이 원해서가 아니라 오직 이해관계 — 전쟁에 대한 우려와 전쟁이 줄 피해 — 를 고려한 끝에 각료들에 의해 국민에게 부과되지, 공공 도덕이 달라져서 일어나지는 않으며, 따라서 설령 그 나라들이 전쟁에 반대한다 할지라도 전쟁혼은 아무 영향도 받지 않는다. 오직 실질적인 이유만으로 협정을 준수하려는 국민이 어느 날 협정을 파기하는 편이 더 이롭다고 판단하면 어떻게 나올지 믿을 수 없다. 만약 평화란 것이 존재한다면 그건 전쟁에 대한 공포감이 아니라 평화에 대한 사랑에 의존할 것이다. 평화는 어떤 행위를 삼가는 것이 아니라, 어떤 마음의 상태가 도래하는 것이리라.[1] 이런 의미에서 아무리 미미한 작가라도 평화에 봉사할 수 있지만, 아무리 막강한 법정이라도 평화에 속수무책이기도 하다. 더욱이 이 법정들은 국가 간의 경제 전쟁과 계급 간의 전쟁들에는 손이 닿지 않는다.

평화는 인간이 "자기 몫으로 돌아오지 않는" 물질의 소유로 행복해하기를 그칠 때, 이기주의를 넘는 어떤 추상 원칙을 채택하고 나설 때, 바로 그때에 가능하다는 것을 이미 누누이 말했는데 또다시 말해야 할지. 달리 말하면 평화는 도덕성의 향상에 의해서만 얻어낼 수 있을 뿐이다. 그런데 우리가 지적했듯이 인간은 오늘, 정확히 그 반대에 있을 뿐만 아니라 그 이상으로, 평화의 첫째 조건은 영혼의 진보가 필요하다고 인정하는 것인데 그것이 심히 위협을 받고 있다. 19세기에 한 학파가 세워졌는데, 이 학파는 이해관계를 위해 평화를 요구하도록, 전쟁에서는 승리한다 할지라도 특히 경제적 변화, "생산의 진화"에 재난이 된다는 것을 믿도록 사람들을 인도했다. 한마디로 도덕적 개선과는 아무 상관없는 요인들이다. 게다가 이 사상가들은 경제 변화에 대해 아무 것도 기대하지 않는다는 건 진지한 태도가 아니라고 말했다. 따라서 인류는 평화에의 욕구가 좀 있다 해도 평화를 부를 단 하나의 노력을 소홀히 하라는 권유를 받았는데, 인류가 아무것도 하지 않기만을 요구한다. 평화의 대의를 막아서는 장애 요소들은 언제나 존재했지만 지금은 또 다른 요소가 나타났는데, 과학적이라

---

[1] "평화는 전쟁의 부재가 아니라 정신력에서 탄생하는 덕성이다."(스피노자)

고 우기는 평화론이 그것이다.²

나는 이에 대해 또 다른 평화론들을 지적하면서, 감히 그 평화론들 역시 대체로 평화의 대의를 약하게 만든다는 것을, 적어도 진지한 사람들에게는 그렇다는 것을 지적하겠다.

1. 먼저 속되다고 할 평화론이다. 이렇게 부르는 것은 그 평화론이 '죽이는 사람'을 비난하고 애국심이라는 편견을 조소하는 것밖에 모르기 때문이다. 솔직히 말해 몽테뉴, 볼테르라고 하든 아니면 아나톨 프랑스라고 하든 그 박사들의 전쟁에 대한 비난은 하나같이, 담을 넘는 도둑이나 군대 지휘관이나 범죄자이기는 마찬가지이며, 어떤 이는 노란색, 또 어떤 이는 파란색 옷을 입었다는 이유로 서로 죽이는 사람들이 우스꽝스럽다는 것이다. 나는 그런 단순론자들이 승자라는 주장은 치워버리는 편이며, 민족을 창설하고서 그처럼 야비하게 상처를 주는 깊은 충동에 연민을 갖는 편이다.³

2. 신비한 평화론. 전쟁에 대한 맹목적 증오밖에 모르고 그 전쟁이 정당한지 아닌지, 공격인지 방어인지, 전쟁을 일으킨 것인지 감수하는 것인지를 따지지 않는 평화론이다. 주로 민중적 평화론인데(평화론자인 대중 신

---

2 하나의 예다. "세계 평화가 언젠가는 실현되리라. 인류가 향상되어서가 아니라(그런 희망은 허용되지 않는다.) 새 질서, 새 과학, 새로운 경제적 필요성이 인류에게 평화 상태를 강요할 것이기 때문이다. 예전에는 같은 조건 속에서 사람들이 전쟁 상태에 놓이고 그 상태가 유지된 것처럼."(아나톨 프랑스, 《하얀 돌에 앉아(Sur la pierre blanche)》) 여기서 인간 정신의 향상은 가능하지 않으리라는 거부감이 주목된다.
3 이 관찰은 지금까지의 반전(反戰) 작품 거의 모두에 해당된다. 전쟁과 민족 정념의 드라마에 맞게끔 진지하고 존중심을 갖고 말하는 작가들이라면 르낭과 르누비에를 생각할 수밖에 없다.(적어도 세속적 작가들 중에서는.)

문 전체를 포함해서) 1914년 한 프랑스 작가에 의해 강력하게 구현되었다. 모든 약속을 무시하고 기습한 편과 방어를 위해 싸우고 있는 상대편, 두 민족에 대해 심판을 내려야 하자, 그는 "전쟁이 끔찍스럽다"고 염불처럼 외면서 양편을 한통속으로 몰아세우기만 할 뿐이었다. 이러한 제스처의 결과는 아무리 강조해도 지나치지 않은데, 신비한 평화론은 신비한 군사주의처럼 공격받은 사람들의 정의감을 지워버린다.

1914년에 로맹 롤랑 씨의 입장을 인정한 프랑스 작가들의 동기도 문제인데, 자기들 나라를 정당하다 하면 민족적 편파성에 빠지리라 우려한 것이었다. 만약 프랑스가 조국이 아니었다면 그 거장들은 분명 열렬하게 프랑스의 대의를 껴안았으리라. "나는 내 나라에 과오가 있다 해도 내 나라가 언제나 옳다고 생각한다."라고 말하는 바레스와는 정반대로, 이 기이한 정의의 벗들은 "나는 내 나라가 비록 옳더라도 언제나 잘못이라고 한다."라고 기꺼이 말할 것이다. 여기서도 불편부당이란, 환상이며 결국 불공정임을 볼 수 있다.

나는 또 전쟁에서 승리한 후 상대방이 일으켰던 피해를 보상하게 하고 거부하면 저당을 잡겠다는 프랑스의 태도에 대해 준엄했던 '심판자들'에게도 한마디 하겠다. 그 모럴리스트들을 그렇게 부추긴 동기를 그들 자신은 간파하지 못했지만, 그건 매우 주목할 사항이다. 그것은, 정의는 반드시 약해야 하고 손해를 입어야 한다는, 희생자의 지위란 어떤 면에서는 규정하기 나름이라는 사고방식이다. 만약 정의로운 자가 강자가 되어 정의를 구현할 수단을 갖게 되면, 그 사상가들에겐 그때 그 사람은 이미 정의롭지 않다. 소크라테스와 예수가 만약 그들의 처형 집행인을 목 조른다면, 그들은 더 이상 정의를 구현하지 않는다. 한 걸음 더 나아가면 정의를 구현하는 것은 제물이 된 그 처형 집행인들이다. 이 정의의 신앙이 불운의 신앙으로 대체되어, 그 속에 예상치 않았던 바이지만 예를 들어 아나톨 프랑스 같은 이의 크리스트적인 낭만주의가 있다. 의심할 바 없이 1918년의 사건들은 법을 옹호하는 이들의 모든 관습을 뒤집어놓았다. 이제 가장 강한 것은 위법이고 칼자루가 법복을 공격하며, 승리한 것은 쿠리아스였다. 힘을 부여받았어도 법은 여전히 법이라는 것을 인정하려면 아마 좀 냉정해야 할 것 같다. 프랑스의 평화주의자들에게는 이 냉정함이 결여되었다. 한마디로 10년 전부터 보인 그들의 태도는 오직 감정에 의해서만 고취되었다. '정신의 왕자들'의 지적 처신이 오늘날 어느 정도로 땅에 떨어졌는가를 이보다 더 잘 드러낼 수는 없다.[4]

3. 애국적이라는 평화론. 내가 여기서 뜻하는 것은 인도주의를 잔양하고 군사 정신과 민족 정념은 좀 풀어놓지만 민족 이익은 해치지 않고 외국에 대한 저항력을 늦추지 말아야 한다는 주장이다. 이 입장은 ― 의회 평화론자들 전원의 태도 ― 특히 직설적 인사들의 반감을 사는데, 그것이 결국은 이렇게들 주장해도 그들 역시 민족이 위협받는 바 없으며 인접국들의 악의란 순전히 전쟁을 염원하는 이들의 조작이라고 보기 때문인데 그건 거의 언제나 사실과 다르다. 그러나 이는 내가 관심을 갖는 일반적 실상, 중요한 대상의 한 가지 에피소드일 뿐이다.

---

4 나는 승전 직후 프랑스의 보복이 **정책적으로 졸렬하다**는 말을 하는 것이 아니다. 내가 이 자리에서 논하는 사상가들도 그들이 생각하는 **부도덕**에 관해서만 말했다.
　이 문제에 관해 위대한 교회 스승들의 평화론은 결코 감정적 고찰이 아니며, 순수한 도덕 교육으로 고취되었음을 상기하자. 성 아우구스티누스는 말하지 않았는가. "우리는 전쟁의 무엇을 비난하는가. 언젠가는 죽을 운명의 인간들을 전쟁으로 살해한다는 사실? 전쟁에 대해 그런 비난을 한다면 종교인이 아니라 비겁자이리라. 우리가 전쟁에 대해 비난하는 것은 해치려는 욕망, 불구대천, 복수의 분노, 지배하려는 정념이다."(이 주제는 토마스 아퀴나스, 《신학대전》, 2, 2, quest XL, art. i에 반복된다.)

내가 말하려는 것은 자신들의 원칙을 실제 상황에 잘 적용하고 칼의 정복을 보장하는 데 양립하도록 하는 지식인들의 의지다. 이천 년 동안 교회에 영향을 미치고 거의 모든 이상주의자들(예수 이후 실천 세계에는 능력이 없다고 밝힌 이들의 명단을 알려 달라)에 영향을 미친 이 의지가 성직자 지식인의 온갖 실패를 부른 원천이다. 성직자 지식인의 패배는 스스로 실천적이라 하는 그 순간에 시작된다고 할 만하다. 자기 역시 민족의 이익이나 기존 계급들의 이익에 무심하지 않다고 하면 지식인은 곧바로 패배하게 되어 있다. 곧 세속적인 것의 소유, 남다르겠다는 욕망에 기초한 제도를 무너뜨리지 않고서는 정신적인 것과 보편적인 것의 설교는 불가능하기 때문이다. 한 진정한 지식인(르낭)이 이 점을 뛰어나게 지적했다. "조국은 지상의 것이다. 천사의 역할을 하려는 이는 언제나 못된 애국자이리라." 또한 우리는 지상의 과업을 보장해야 한다는 지식인들은 다음 두 가지 중에서 하나를 택할 수밖에 없음을 본다. 지상의 업적을 보장하고 자신의 원칙은 모두 저버리든가(민족과 소유를 지지하려는 교회의 경우) 아니면 원칙을 지키면서 그가 지지하려던 조직은 파멸로 이끌든가.(민족적인 것을 보존하려는 인도주의자의 경우) 전자의 경우는 지식인이 의인의 멸시를 받아, 의인이 그를 교활하다고 낙인찍고 지식인의 대열에서 쫓아낸다. 후자의 경우 그는 대중의 야유에 무릎 꿇고 대중은 그를 무능력자로 취급한다. 반면 이 지식인은 현실주의자들로부터는 영렬하고 박수치는 지지 반응을 일으킨다. 지금 이탈리아에서 일어나는 현상이다.[5] 이 모든 것으로 보아 지식인은 자기의 본성과 고유의 직분을 분명하게 의식하고 또 사람들에게 그가 이를 분명하게 의식하고 있음을 보여줄 때만 힘

---

5 이 첫 번째 판이 나올 때에는 아직 히틀러주의가 출현하지 않았다.

이 있다. 다시 말해, 그의 왕국은 이 지상이 아니며, 실질적인 가치가 결여되었다는 것이 바로 그의 가르침을 위대하게 만드는 것이고, 지상의 왕국들을 번영하게 하는 것은 카이사르의 모럴이지 옳은 지식이 아니라고 선언할 때이다. 이런 입장을 지닌 지식인은 십자가에 못 박히지만 존경받고, 그의 말은 사람들의 뇌리에서 떠나지 않는다.[6] 현대의 지식인들에게 이 진리를 일깨워야 하는 것이(유토피아주의자로 취급해도 분노하지 않는 지식인 외에) 우리의 주제에 비추어 가장 시사적인 확인 가운데 하나다. 이것은 실질적인 존재 의지가 얼마나 일반화되었는지, 오늘날 조금이라도 청중을 얻으려면 이런 주장이 얼마나 필수적인지, 아직도 자기 임무를 수행하려는 지식인들조차 지식인의 신분 관념이 얼마나 흐릿한지를 가리킨다.

성직자 지식인이 세상을 다스리기를 바라는 이들, 르낭과 함께 철학자의 지배를 꿈꾸는 이들과 나는 아주 다르다는 것을 알 수 있으리라. 내 생각에는 지식인이 신처럼 되기 전에는, 즉 인간으로서 멸하지 않고서는 인간사는 진정한 지식인의 종교들을 받아들일 수 없는 것 같다. 그것은 인간적인 것의 파괴는 원치 않으면서 신적인 것을 사랑하는 모든 연인들이 목격했다. 그 연인들 가운데 한 사람이 예수가 제자에게 그처럼 심오하게 말하도록 할 때 놀랍게 표현되었다. "내 아들아, 나는 네게 네 실체에 대한 분명한 개념을 줄 수가 없구나. … 그 까닭은 만약 네가 무엇인지를 뚜렷이 알게 되면 너는 네 육신과 그처럼 바짝 하나가 될 수 없기 때문이

---

6 "나의 왕국은 지금의 세상이 아니다." 이 말은 실질적인 목표를 추구하지 않고 행동하는 모든 이들, 학문은 결과가 아니라 **시행 과정에서 만족을 구하는 것**이라고 믿는 모든 이들, 예술가, 형이상학자, 학자들이 할 수 있다고 내가 생각했던 것이 떠오른다. 자기 구원을 위해 정의와 자선이란 사상을 껴안는 크리스트교인보다 차라리 이들이 진정한 성직자라고까지 많이들 말하리라. 그러나 실질을 넘어 이런 관념을 믿고 지키는 이들이 있고 크리스트교인이 있다는 건 아무도 부정하지 못하리라.

니라. 그러면 너는 네 생명을 보존하도록 너를 돌보지 않으리라."[7] 나는 성직자의 종교가 세속 세계를 소유하는 것이 잘못이라고 믿는다. 그러나 그보다 훨씬 더 두려운 것은 이 종교가 세상에 대한 설교는 그치고, 그리고는 아무런 수치감도 없이 또 비록 위선일망정 조금이라도 실천 정념을 초월하려는 뜻이 없이 정념에 탐닉하게 되는 그것이다. "그들은 나를 잠들지 못하도록 하는 몇몇 정의의 인간들"이라고 예전의 어느 현실주의자 박사는 말했다. 이와는 전혀 반대로 니체, 바레스, 소렐은 어떤 현실주의자의 잠도 방해하지 않는다. 이것이 내가 지적하고자 한 새로움이며, 내게는 이것이 중대해 보인다. 그 어느 때보다도 더 지상의 정념에 사로잡힌 인간들이 정신적 지도자들의 명령에 따라 "지상에 충실하라"고 하는 것은 중대한 문제 같다.

 이러한 완전한 현실주의를 받아들이는 것이 결정적인가, 아니면 단지 일시적일 뿐인가? 어떤 이들이 믿듯이 우리는 새로운 중세의 도래를 보고 있는가? — 어쨌든 처음보다 훨씬 야만적인 중세이다. 그 까닭은 먼저는 현실주의를 실천은 했어도 적어도 예찬은 하지 않았기 때문이다. — 이 중세로부터 새로운 르네상스, 초연함의 종교로의 새로운 회귀가 나타날 것인가? 우리가 현재의 현실주의에서 찾아내는 요소들로 미루어 보면 그러한 희망을 가질 수 없다. 사람들이 진심으로 자기들은 남다르다고 느끼지 않는 것에 적응하리라고는 상상하기 힘들다. 또는 적응하더라도 계급이라는 인간끼리의 증오를 억누르려고 그렇게 하지는 않는다. 신자들이 진정 힘 있는 도덕을 되찾도록 하고, 신자들이 뜻은 있더라도 마음에 안 들어 하는 진실도 가차 없이 말해 버리는 성직자란 상상하기 힘들다. (나날이 중

---

7 말브랑슈,《크리스트교인들의 명상(Méditations chrétiennes)》, IX, 19.

요해지는 것이 집단적 행동이므로) 어느 문인 집단이 부르주아 계급에 아부하는 대신 항거를 시작한다는 건 상정하기 어렵다. 더욱 상상하기 힘든 것은, 자신의 지적 타락의 물결에 거스르고, 이성적 도덕을 비웃고 역사 앞에 무릎 꿇으면서 이것이 수준 높은 문화적 표시라고 믿는 그런 태도가 그치는 날이다. 그렇지만 '신성해진 이기주의'와 서로 비난하는 상호 간 살육에 지쳐서 어느 날인가는 무기를 버리고 이천 년 전에 그러했듯이 인간보다 저 높은 곳에 있는 선(善)을 다시 껴안는 인류, 이렇게 돌아오기 위해 얼마나 많은 피와 눈물을 흘렸는가를 통감하며 전보다 더 힘차게 그것을 포용할 인류는 생각해 볼 수 있다. "정념이 사람들에게 이성을 가르쳤다"는 보브나르그의 찬탄할 말이 다시 한 번 증명될 것이다. 그럼에도 그러한 운동은 오랜 시일이 지난 뒤, 전쟁이 일어나서 지금까지보다 훨씬 혹독한 불행을 세계가 겪은 후에야 가능할 것으로 생각된다. 고작 50개월 정도로 끝나는 전쟁, 각국에서 2백만 명 정도만 죽이는 전쟁들로는 사람들이 가치관을 수정하지 않을 것이다.[8] 더구나 전쟁을 하는 이들이 전쟁을 좋아하는 이들은 아니기 때문에, 전쟁이 전쟁을 좋아하는 이들을 낙담시킬 만큼 충분히 끔찍해질 것인지 그것도 의심스럽다.

우리의 비관적 견해에 이런 제한을 두고 또 재생이 도래하리라 인정하면 우리는 그러한 일이 반드시 가능하리라 믿게 된다. 우리는 이미 새로 태어나고 있다든가, '문명은 인류에 달려 있으니' 분명 그러리라는 견해를 추종하려는 것이 아니다. 내가 여기서 뜻하는 문명 — 정신적인 것을 존경하고 보편적인 것을 일깨우는 데 도덕적 우위를 두는 — 은 인간 발달의 행복한 우연으로 보인다. 삼천 년 전에 상황들이 맞물려 문명이 꽃피었으

---

[8] 외관상 5년간이나 지속하고 이천만 명이 죽은 전쟁들로도 안 된다.(1946년 판 각주)

며, 역사가는 그것의 우연성을 깊이 깨닫고서 그것을 그리스의 '기적'이라 명명했다. 내 생각에는 그것은 인간성이라는 조건에 힘입어 인간들이 원인이 되어 일어난 일은 아니다. 그 문명은 너무도 희소해서 여러 지역(고대의 아시아 세계, 근대의 게르만)에서 불가능했고, 그것은 확실히 그대로인 것 같다. 다시 말해 인류가 그런 치장을 할 장식을 잃어버렸다면 다시 찾을 가능성은 거의 없고 오히려 다시는 찾지 못할 가능성이 많다. 누가 깊은 바다에서 보석을 발견하고서 방심하여 떨어뜨렸다면 다시 그 보석을 되찾을 기회는 거의 사라지는 것과 같다. 예술과 철학은 여러 번 발견되고 여러 번 상실되었으리라는 아리스토텔레스의 말처럼 확실한 것은 없는 듯하다. 나의 입장과는 반대로 문명은 부분적인 쇠락에도 불구하고 인류가 상실할 수 없는 어떤 것이라고 하는 건 신앙으로나 가치 있을 뿐, 다른 가치는 — 지키려고 하는 선(善)의 보존을 위해서도 다른 가치가 중요하다 — 없는 것 같다. 고대 세계의 붕괴로 상실된 문명이 다시 부활하지 않았느냐고 우리를 설득하려는 것은 진지한 이의 제기가 아니라고 생각된다. 그리스·로마의 정신 형태가 중세 동안 진정 꺼지지 않았고, 16세기에는 소멸하지 않았던 것이 소생했음은 누구나 알고 있다. 이 외에도 이 정신 형태가 무에서(ex nihilo) '소생'했다고 해도, 그것으로 나의 견해가 흔들리지는 않는다. 그것은 단 한 번뿐이었을 터이므로 나를 안심시킬 수는 없다.

이 점에서 역사로부터 인류의 과거와 미래에 두루 쓰일 만할 '법칙'들로 추려 낼 것이 정말 몇 안 되는 것에 충분히 주목하지 않았음을 지적하고자 한다. 어떤 이(비코)는 역사는 진보의 시기와 퇴보의 시기가 연속해서 교대하는 것이라고 선언하며 두 가지 예를 든다. 역사는 생명의 시대와 위기의 시대의 일련의 진동이라고 말한 역사가(생시몽)도 두 가지 예를 든다. 세 번째(마르크스)로는 역사는 일련의 경제 체제이며 그 체제는 폭력으로 앞선 체제를 제거한다. 그는 한 가지 예를 든다! 그들은 나에게 적어도 우리가 알고 있는 역사는 그 지속성이 얼마나 짧은지를 고려하면 이러한 예가 더 많을 수는 없다고 응수할 것이다. 사실은, 또한 이런 답변이 정확히 의미하는 바는, 과거로부터 미래를 추론할 법칙을 찾아내기에는 역사의 지속 기간이 너무 짧다는 것이다. 이런 작업을 하는 역사가들이란 간신히 곡선이 될 형태만 발견했을 뿐인데 곧 그로써 곡선의 성질을 결정하려는 수학자와도 같다. 수천 년이 걸려야 인류사가 시작된다고 시인하려면 범상치 않게 머리가 돌아가야 하는 것은 사실이다. 온통 인류의 발전이 최고도에 달했다고 믿으려는 세기에 다음 구절을 쓰고 있는 라브뤼예르 같은 이가 얼마나 희귀한 두뇌인지는 아무리 말해도 부족하리라. "만일 세상이 1억 년 동안 간다면 지금 세상은 모든 것이 신선하고 이제 갓 시작한 것이리라. 우리 자신도 최초의 인류, 구약의 족장에 가깝다. 수 세기 후에 《구약》에 나오는 이들과 우리를 누가 혼동하지 않을 것인가? 이렇듯 과거를 놓고 미래를 판단한다면 예술, 과학, 자연, 그리고 (감히 말하지만) 역사에 우리가 모르는 것이 얼마나 많은지! 우리는 아무것도 발견하지 못한 것인지! 지구 곳곳에서 제국들 안에 무슨 갖가지 혁명이 일어나게 될 것인지! 우리는 얼마나 아무것도 모르는지! 육칠천 년의 경험이란 얼마나 얕은 것인가!"

한 걸음 더 나아가, 만일 과거를 검토하여 인간의 미래에 영향을 줄 어떤 유효한 예측이 나온다면 그 예측이 전혀 우리를 안심시키지 않을 것이다. 고대 그리스의 합리주의가 정말로 세상을 밝힌 것은 7백 년에 지나지 않고, 이어 열두 세기 동안은 어두워졌으며 (이 최소한의 판정이 허용되리라) 겨우 4세기 전부터 다시 빛을 발하기 시작했음을 사람들은 잊고 있다. 그러니 인간사에 추론의 토대를 세울 수 있을 만큼 연속되었던 가장 긴 시대는 결국 지적·도덕적 암흑기이다. 더 종합적으로 역사를 보면, 사라진 후에도 빛을 남기는 창공의 별인 듯, 그렇게 환했던 시기는 아주 짧았고 그것도 두세 번 있었을 뿐 인류는 대개 암흑 속에서 지냈으며, 마찬가지로 문학은 대개 타락 속에서, 조직체는 혼란 속에서 살았다고 말할 수 있다. 덧붙여 말하면, 인류가 이 오랜 계절의 동굴 체제에 그런대로 적응한 것 같아 보여도 나는 여전히 불안하다.

나와 동시대인의 현실주의, 초연한 존재에 대한 그들의 경멸로 다시 돌아오면 가끔씩 나의 마음을 떠나지 않는 괴로운 문제가 있다. 인류가 오늘날 이 체제에 자리 잡음으로써 진정한 법을 발견하지 못하고 결국, 본질이라 할 진정한 가치들의 차림표를 택하지 않는 것인지 의아하다. 나는 앞서 정신적인 것을 숭배한 것은 인간사의 행복한 우연으로 보인다고 했는데, 더 나아가 그것이 하나의 역설 같다고 말하겠다. 인간 실체의 자명한 법칙, 그건 사물의 정복이며, 그것을 보장해 주는 운동을 찬양하는 것이다. 한 줌이나 될 사람들이 책상 앞에 앉아 정신적 자산이 최상의 가치라고 인간들이 믿게끔 한 것은 둘도 없는 권력 남용이었다. 이제 그들이 이 신기루에서 깨어나 진정한 자기 본성과 참된 욕망을 인식하고, 수 세기 동안 그들에게서 전쟁을 빼앗아 갔던 이들에 맞서 전쟁을 외치고 있다. 전쟁의 찬탈자들은 자기들의 제국이 멸망한 것에 분개하는 대신 (누가 남아 있다면) 그 제국이 그처럼 오래 지속됐다는 것에 놀라워하는 편이 보다 옳지 않을까. 오르페는 시간이 다 가도록 야수들이 자기 음악에 홀리기를 바라지 않았다. 그렇지만 우리는 오르페가 아마 야수가 되지 않으리라고

개관, 예측

기대할 수 있었다.

 이 현실주의적 의지와 그것의 과격한 완성을 확인하는 것이 오늘날 관습과 법에 각인된 부드러움, 정의, 사랑의 놀라운 증대를 무시하는 것이 아님을 새삼 말할 필요가 있을까. 그건 분명 무척이나 낙관적이었던 우리 선조들이라 할지라도 어리둥절하도록 증대되었다. 서로 싸우는 집단들 내부, 특히 안전이 잘 지켜지고 불의는 물의를 일으키는 국가 내부에서의 사람과 사람 사이 관계의 엄청난 부드러움은 말하지 않아도 된다. 우리는 이 문제에 관심이 있기 때문에 좀 더 살핀다면 국가 간 전쟁에서는 포로에 대한 처우, 또 어느 군대나 적군 부상자를 간호하는 것, 계급 관계에서는 공적·사적 구호 제도들이 믿을 수 없는 문명의 증거임을 우리가 아마 충분히 깨닫지는 못하리라. 이러한 진전을 부정하고, 야만스러운 마음이 지금처럼 사악한 적이 없었다고 하는 것은 불평분자와 시인이라면 낭연한 주제이며, 아마 진보에도 필요할 것이다. 역사가들이라면 국가 간 전쟁을 살피든 계급 간 투쟁을 보든 4세기 전만 해도 전쟁 포로를 빵 가마에 굽게 하고, 두 세기 전에도 노동자들의 노년을 위한 구호 기금 창설을 저지했던 인류, 이 인류의 변모가 경탄스럽다. 그렇지만 나는 사정이 이렇게 완화된 것은 지금 시대에서 비롯된 것이 전혀 아님을 깨닫게 된다. 그것들은 '현대 사상의 거장'들이 항의한 18세기의 가르침에서 비롯되었다. 전시의 야전병원, 공공 원조의 광범한 발전은 프랑스 제2제정의 업적이며 지난 반세기간 모럴리스트들이 경멸해 마지않았던 빅토르 위고, 미슐레 같은 '인도주의 당파'에 결부되어 있다. 그런 업적들은 어떤 점에서 이 모럴리스트들에도 불구하고 태어났다. 그들 중 아무도 정작 인간적인 운동은 벌이지 않았기 때문이다. 그중에도 주요 인사인 니체, 바레스, 소렐이 볼테르처럼 이렇게 말하려면 낯 뜨거우리라.

나는 약간의 선행을 했다. 이것이 내 최대의 작품이다.

이 선행의 업적들은 오늘날 관습에 지나지 않는다. 습관에 따른 행위라서 의지가 개입할 여지가 없고 정신적 의미를 반추할 것도 없다. 때문에 우리 현실주의자들이 이에 생각이 미친다면 어느 날 금지시키는 것도 가능하다. 나는, 어느 국민이 적국의 부상자들을 간호하지 않기로 결정하는 다음번 전쟁, 부르주아들이 자기 계급을 파산시켰거나 파괴하기로 결정한 계급은 병원에서 받아들이지 않는다고 규정한 파업이 훤하게 떠오른다. 나는 또 '바보 같은 인도주의'를 초월한 것을 서로서로 자랑하며 니체와 소렐을 찾아 치하하는 그들의 제자들을 그린 듯이 상상한다.[9] 이탈리아 파시스트들이나 러시아 볼셰비키들이 그들의 적을 대하는 태도를 보면 내 생각이 틀리지 않았다. 현대 세계는 아직도 순수한 실천은 실패라는 것, 이상주의의 얼룩은 그 때문에 언제든 씻겨 나갈 수 있다는 것을 보여 준다.

우리는 앞에서 오늘의 인류가 공언하는 완전한 현실주의는 이치상 결국에는 민족들, 또는 계급들로 조직된 상호 간의 살육으로 끝나리라고 말했다. 다른 결론을 생각할 수도 있으니, 그와 반대로 그들이 화합하는 것이다. 소유할 재산이 이 지구 자체라는 것을 알고 이 땅을 잘 개간하려면 그들이 뭉쳐야만 가능하다는 것을 인류가 마침내 깨닫는 것이다. 그 사이에 자기는 남다르다는 의지가 민족에서 인류로 자리를

---

9 1939년 전쟁의 잔인함을 여기서 보는 것 같다.(1946년 판 각주)

옮기고, 그러면 그런 인류는 자기 아닌 모든 것에 맞서 오만스럽게 일어선다. 사실 그런 운동이 존재한다. 계급과 국가들을 넘어 사물의 주인이 되려는 인류의 의지가 있는 것이다. 사람이 이쪽 끝에서 저쪽 끝으로 몇 시간 안에 지구를 날아다니는 시대이니 인류 전체가 자만심에 전율하며 이렇게나 돋보이는 창조물인 것을 자부한다. 덧붙이면 이 인간류의 제국주의는 결국 현대적 의식을 지닌 위대한 지도자들이 설교하는 것이다. 니체, 소렐, 베르그송이 그들의 그 천재성으로 지구의 주인이 되도록 고양시킨 주체는 민족이나 계급이 아니라 인류이다. 오귀스트 콩트가 자의식에 함몰하도록, 그래서 마침내 그의 종교의 대상이 되도록 초대한 것은 인류의 일부분이 아니라 인류이다. 우리는 가끔 그런 운동이 나날이 더 확실해지고, 그에 따라 인간 사이의 전쟁들이 사라지리라 그려 본다. 그로써 어떤 '보편적 우애'에 도달하리라. 그러나 그것은 탐욕, 오만을 가진 민족정신이 폐지되는 것이 아니라, 반대로 민족의 이름이 '인간'이라 불리며 적의 이름은 '신'이라 불리는 최후의 형태를 띨 것이다. 그때부터 하나의 거대한 군대, 하나의 거대한 공장에 통합되어 영웅주의와 규율, 발명밖에는 모르고, 자유롭고 초연한 모든 행위는 고갈시키고 선함은 현실 세계 너머로 치워 버리고 자신과 욕망만이 신(神)일 때 인류는 마침내 위대해 지리라. 그 위대함은 다시 말해 인류를 에워싼 물질을 진정 막강하게 장악하고 그 권능과 웅대함을 진정 즐거워하는 위대함이다. 그러면 역사는 소크라테스와 예수 그리스도가 이러한 인간류를 위해 죽었음을 생각하며 미소 지으리라.

1924~1927

노트

노트 A
오늘날엔 정치 정념이 전보다 훨씬 많은 사람들을 감동시킨다.

군중이 자기 시대의 정치적 사건에 어느 정도로 마음이 동하는가를 알기는 아주 어렵다.(물론 민중 고유의 운동은 제외하고.) 군중은 자기들의 회고록을 쓰지 않고, 자기 회고록을 쓰는 인물들은 군중에 관해 언급하는 일이 거의 없기 때문이다. 그렇긴 해도 우리의 명제는 쉽게 반박을 받지 않으리라고 믿는다. 프랑스에 한정하여 두 가지 예를 들겠다. 이 나라에서 종교전쟁과 같은 대혼란이 다시 일어나더라도 그 농촌이 어떤 편이든 간에[1] 다수 농민이 군사들만 증오하는 그런 정념은 볼 수 없을 것이다. 또한 교양 있는 부르주아 층이 잡다한 사건 기사들 틈에 루터의 설교가

---

1 바보(Babeau), 《구체제 하의 촌락(Le village sous l'ancien régime)》, IV, iii. 그레구아르 (L. Grégoire), 《브르타뉴의 동맹(La Ligue en Bretagne)》, VI. 루프넬(Roupnel), 《17세기의 도시와 농촌(La ville et la Campagne au XVIIᵉ siècle)》, I, i. — M. L. 로미에는 말한다. "농민들은 그렇게 해야 할 이해관계가 있을 때, 즉 무엇보다 현지의 영주가 새로운 종교에 영향을 미칠 때, 가톨릭 사제가 교구를 완전히 버렸을 때가 아니면 실제로는 개종하지 않는다. 내전 동안에 사제관과 영주관 약탈에 가담했던 모든 촌사람들을 개신교도로 간주하는 것은 신중해야 한다."《메디치가 카테리나, 드 메디치 왕국(Le Royaume de Catherine de Médicis)》, II, 194쪽. 로미에는 당대인의 이 말을 인용한다. "모든 평지의 지방은 이 새로운 교리가 무엇인지 모른다."

한두 줄 끼어 있는, 그런 신문을 애독하지도 않을 것이다.² 바스티유 함락극이 일어난 지 겨우 한 달 만에 프랑스를 여행하는 외국인이 이렇게 다시 기록한다는 것도 믿기 어렵다. "1789년 8월 13일. 클레르몽을 떠나기 전에 이삼십 명의 상인, 도매업자, 장교들과 어울려 대여섯 번 저녁을 먹을 기회가 있었다. 그 무의미하고 공허한 화제는 이루 다 말할 수도 없다. 정치 아닌 다른 것은 생각도 못할 때, 정치 이야기라고는 한 마디도 안 꺼냈다."(아더 영)³

국가 사이 전쟁에 대한 사람들의 태도는 볼테르가 다음과 같이 말하기 훨씬 전부터 그랬을 것이다. "제후마다 이 많은 병사들을 끊임없이 거느리고 있는 것은 나쁜 일이며 솔직히 말하면 개탄할 일이다. 하지만 이미 지적했듯이 이 나쁜 일에는 좋은 점도 있다. 민중은 주인들이 하는 전쟁에 섞여 들지 않는다. 포위당한 도시의 시민들이 흔히 한 명도 목숨을 잃지 않고 다른 주인의 지배로 넘어간다. 다만 병사와 대포와 금전을 가장 많

---

2 《니콜라스 베르소리 씨의 이성의 책(Le Livre de raison de M. Nicolas Versoris)》(파리 역사협회 회고록, XII). 파리 고등법원의 변호사인 저자는 부르봉가 원수(元帥)의 배신, 마드리드 조약 조인 같은 사실을 단 두 줄로 처리했다. 이런 태도는 《어느 파리 부르주아의 일기(Journal d'un bourgeois de Paris)》(1515~1536)에서도 똑같이 보인다. 저자는 자신이 우리에게 보여준 공공의 불행에 대단히 무관심하다. 파비의 재난에 저자는 한 줄의 논평도 하지 않는다. 마드리드 조약에 대해서는 "평화의 발표에 크게 기뻐하거나 화를 낼 일이 없다. 우리는 하나도 동의하지 않기 때문이라고 어느 당대인이 썼다."(라비스, 《프랑스사(Histoire de France)》, V1, 49) 당대인들은 베스트팔렌 조약, 로스바크 날에 대한 파리 민중의 무관심을 말했다. 그 외에 발미의, 나바르의 날들에 대해서도 "발미 사건은 처음에는 별 흥분을 일으키지 않았다."(켈레르만)*

3 미슐레는 자기가 젊었을 때 어떤 노인에게 1793년**의 인상에 대해 물었다가 이 한마디를 들었을 뿐이라고 전한다. "그 해에는 종이가 나빴어."

*베스트팔렌 조약은 1648년 30년 전쟁을 종결시킨 국제조약. 로스바크 날은 프랑스 군대가 1757년 11월 5일 독일 작센 지방의 작은 마을인 로스바크에서 프로이센 군에 패한 날. 발미는 1792년 9월 프랑스 혁명군이 대륙연합군을 물리친 승전의 날, 나바르의 날은 그리스 독립전쟁기인 1827년 10월 오토만과 영국·프랑스·러시아군이 나바르에서 벌인 전투를 말함. 켈레르만은 프랑스 혁명군을 지휘한 장군임.
**프랑스 혁명기인 1793년은 자코뱅 정부 아래 벌어진 공포정치 시기임.

이 소유한 제후가 비용을 댄다."《풍속론(Essai sur les mœurs)》) — 1870년만 해도 프로이센 농가의 하녀는 그 농가에 고용된 프랑스인 포로에게 말했다. "전쟁이 끝나면 나는 당신하고 결혼할 테야. 내가 이런 말을 하니 놀라겠지. 하지만 당신도 알잖아. 우리한테 애국심이란 게 뭐 중요하겠어." 1914년에도 프로이센이든 다른 나라든 많은 하녀들의 심중에 애국심이라고는 없었고 위와 같이 행동했으리라고 생각된다. 그러나 감히 말하지만 애국심이 없다고 스스로 드러내고 표시하는 경우는 거의 없었을 것이다. 오늘날 진정 새로운 사실은 아마도 대중이 정치 정념을 느끼는 것이 아니다. 그 정념을 느낀다고 주장하는 것이다. 그런데 이 느낀다는 것이 대중을 움직이게 하고 또한 지도자들이 실컷 이용할 소지를 준다.

노트 B
루이 14세는 알자스를 합병하면서 그 지방에서 독일어 사용을 금지시킬 뜻이 전혀 없었다.

프랑스 왕정은 1768년이 되어서야 알자스에 "프랑스어를 가르칠 학교"를 창설한다는 데 생각이 미쳤다. 이 얘기를 전하는 비달 드 라 블라슈는 《동부 프랑스(La France de l'Est)》(Ⅰ, vi)에서 이렇게 덧붙인다. "언어 문제에 대한 이 무관심에 큰 충격을 받지 않기 바란다. 오히려 그 사실에서 교훈을 깨닫자. 이 교훈은 언어를 구실로 국민 대 국민이 맞서도록 하는 편협한 질투 개념을 우리가 초월하도록 해준다. 이 교훈은 지금과는 다른 정신이 지배하던 시대로 사람 관계를 옮겨놓는다. 그때는 언어 문제란 것이 없었다. 전쟁이 발생해도 지속적 증오는 일어나지 않고 민족적 적대감이라는 독이 주입되지 않고, 또 학교를 포함하여 오늘날 국가가 가진 모든 수단으로 그 적대감이 공연히 격화되는 일이 없던 행복한 18세기여!" 이 저명한 역사가는 국가가 그 모든 수단을 사용하는 것은 국민의 동의를 받았다는 것을 잊고 있다. 자기들 문필가들의 지휘 아래 1백 년 전부터 언어와 문화면에서 오만하게 상호 대치하고 있는 것은 바로 국민 대중이며, 혹은 그중 교양 계급이다. 그들은 프랑스가 지금 알자스 관계에서 겪는 혼란 같은, 그런 태도로부터 예기치 못한 결과들이 파생하리란 것을 각오하고 있었다.

노트 C
자본주의, 반유대주의, 반민주주의와 민족주의의 동맹에 대해

이 동맹들 중 어떤 것은 얼마나 견고한지 착각하지 말자. 만일 보수주의 정념들이 민족 정념과 하나가 되고 그러면 대중의 인기를 누려 막대한 이득을 얻는 것을 깨닫고, 또 그 정념이 자기들 손에 달렸음을 의식하고 공공연히 운동을 벌인다 할지라도, 보수주의(주로 자본주의)는 근본적으로는 애국심과 아주 다른 어떤 것이다. 역사의 흐름 속에 나타난 이 차이는 더 이상 셀 수도 없지만(부르주아지는 자기들한테 이익이면 얼마나 여러 번 외국과 손을 잡았는가!) 어느 날인가 새삼 실감이 나리라.[4] 우리는 프랑스 부르주아지의 일파가 대대로 전해 내려온 자기들의 유산이 공화국

---
4 필자는 이 구절들을 읽으면서 그러한 예견에 등골이 오싹했다.(1946년 판 각주)

의 입법으로 심각하게 위협받는다고 보고 프랑스에 등을 돌리는 경우를 얼마든지 상정할 수 있다. 그렇지 않아도 수년 전부터 외국에 재산을 도피시키는 가문들에서 이 점을 똑똑히 보고 있다. 왕당파의 정념에 대해서도 같은 얘기를 할 만하다. 이 정념을 채택한 이들이 어느 날 자기들이 요구하는 정체(政體)를 깨끗이 거부당한다면 자신들의 국가를 해치는 편에 서는 것도 충분히 떠올릴 수 있다.[5] 왕당파 작가들이 "슈프레*에서 메콩강**까지 전 세계는, 프랑스가 붕괴 직전의 취약한 상태에 있음을 알고 있다."(J. 뱅빌)라고 발표하는 것을 보고 나는 이미 이 점을 확인했다. 그렇긴 해도 그러한 움직임은 아직 예외적이며 실제로 그렇게 움직이는 사람들도 진심으로 자기들이 국가를 해치려 한다는 생각은 없을 것이다.

그 밖에도 부르주아지가 민족주의, 전쟁 공포를 놓지 않는 데는 또 다른 이해관계가 있으니 이렇게 일어난 감정은 그 나라에다 항구적인 군사주의 기질을 창출한다. 보다 구체적으로는 국민이 쉽사리 기존 서열을 인정하고 쉽게 명령을 따르고 상급자들을 인정하게 하는 데, 그것은 곧 계속해서 그들이 봉사하도록 만들려면 그들에게 요구해야 하는 속성들이다. 진실에 내포된 이 어두운 감정은 어떤 형태든 정부에서 자기들에게 국제적으로 화해하도록 시도하면 부르주아지의 기분이 묘하게 뒤틀리는 이유이다. 그들은 민족적 증오가 사라지리라고 믿는 것은 천진하고 경솔한 생각이기 때문에 기분이 나빠진다고 해명하지만 사실은 그 기분은 증오의 근절을 원치 않는 데서 연유한다. 그들은 이 증오를 붙잡고 있으면 그들 자식들의 목숨을 대가로 내놔야 한다는 것을 알고 있다. 그렇더라도 그 대

---

5 1937년 11월 《프랑스 신평론》에 실린 편지를 보라.(1946년 판 서문)
*독일 베를린으로부터 체코 국경 쪽으로 흐르는 강
**인도차이나 반도의 큰 강

가로 재산을 보존하고 하인을 장악할 수 있다면 그들은 이 희생까지 서슴지 않고 받아들인다.[6] 이것이 이기주의가 지닌 위대성이며, 아마 이 점을 정당화할 수는 없을 것이다.

노트 D
민족주의를 거북하게 하는 가톨릭에 대한 오늘날 가톨릭 신자들의 태도에 관해

이것의 좋은 예는 20년 전부터 독일 가톨릭 신자들이 취하는 태도이다. 에드몬드 블로우트(Edmond Bloud)의 우수한 연구, 〈신중앙당(nouveau Centre)〉과 가톨릭교에서 그러한 태도가 바람직하게 자세히 묘사되었다.[7] 이상하게도 독일인 아닌 수많은 가톨릭 교인이 현재 보이는 태도가 그것과 닮았다.

'중앙당'은 "크리스트 교리의 원칙(가톨릭 세계관)에 합치하면서 공적 생활 전 분야에서 민족의 이익을 대표하여 책임을 지는 정당"이라고 첫발부터 선언했다. 그들은 이어서 "크리스트교적 토대"(가톨릭적 세계관)를 가진 정치행동을 예고했는데, 그 정신을 한 사도는 이렇게 정의내렸다.(브라우바일러 박사, 1913년 4월) "실천 활동의 영역에서는 개념은 목적에 따라 결정된다. 정치 개념의 형성은 법 개념의 형성을 지배하는 것과 비견된다. 법관은, 오직 필요한 것 외에 다른 사항은 고려하지 않고 추구하는 목적에 따라 개

---

[6] 마키아벨리가 군주에게 주는 심오한 충고에 대해 탄복하자.(ⅩⅦ장) "다른 무엇보다도 신복(臣僕)의 재산을 탈취하지 않기를. 왜냐하면 사람이란 부친의 사망은 잊어버릴지라도 그 상속 재산의 상실은 잊지 않기 때문에."

[7] 《크리스트교 양심 앞에서의 독일과 동맹국들(L'aaemagne et les Alliés devant la conscience chrétienne)》(Bloud et Gay, 1915)이라는 제목의 논문집에 삽입되어 있다.

넘들을 만든다. 아무도 그 법관에게 이런 사법 개념이 잘못이라고 비난할 수 없다. 정치적으로 크리스트교 및 교리에 대해 같은 말을 할 수 있다."

마침내 1914년 쾰른의 칼 바헴(Karl Bachem)은 《중앙당, 가톨릭 교리, 실천 정책》이란 제목의 책자를 간행하고 '보편 크리스트교' 교리는 주로 의회의 가톨릭과 프로테스탄트의 협력을 위한 정치적 표명일 뿐이라고, 종교적 관점으로는 이 정책이 유물론, 무신론, 허무주의에 대항하려는 소극적 의미라고 선언하였다. 아울러 적극적 내용을 보면 프로이센 헌법에 의해 규정되었고 헌법 14조부터 18조까지 "크리스트 종교"를 "국가 제도의 근간"으로 제시하였다.

따라서 에드몬드 블로우트는 신앙의 규약이 되는 것은 프로이센 헌법이라는 타당한 결론으로 바헴 박사를 지지한다. 프로이센 헌법 대신에 민족이익을 삽입해 보라. 그러면 여러분은 지금의 많은 프랑스 가톨릭 교인의 정신 상태를 파악할 것이다. 독일 가톨릭 교인이 오늘날 다른 나라들과 같은 가톨릭주의를 가진 것은 다음과 같은 선언문이 잘 나타낸다.

> '중앙당'의 가톨릭 당원들은 개인적으로는 가톨릭 교인으로 남는다. 그러나 당은 당이므로 가톨릭 세계관을 기반으로 세워질 필요가 없다.

다른 구절도 있다.

> 교황과 추기경들은 종교적으로는 통치자들이다. 그러나 정치적 사건이 문제가 될 때는 우리는 교황이나 추기경들의 권위에 영

향을 받아서는 안 될 것이다.(E. 블로우트는 여기서 1914년 4월 《프랑크푸르트》에 실린 어떤 대화를 암시한다. 그 자리에서 혼성 조합의 한 지도자가 "독일 가톨릭 교인들은 최정상에 교황을 두고 있다"고 선언했던 것 같다.)

우리는 또한 E. 블로우트가 "중앙당의 비성직화"라고 부르는 것이 우리 이웃들만 하는 것이 아님을 보고 있다. 그 운동은 "국가의 가톨릭 이념이 국가화를 지향하고 교황지상주의를 배격하고 있음을"[8] 확인하고 독일의 중요한 민족주의 기관지《프로이센 연감》가 기뻐하는 것에서도 보게 된다.

마지막으로, 다른 나라의 일부 가톨릭 교인의 태도와 공통되는 독일 가톨릭 교인들의 태도, 그것은 E. 블로우트가 인용한 다음의 격렬한 항의문에서 뚜렷이 부각되는 것 같다.

하나는 바이스 신부가 작성했는데 이 저명한 신학자는 이렇게 말한다.

> 정치적 가톨릭주의에는 몇 종류가 있다. ⋯ 그중에서 최악의 것은 순수한 정책, 사회 정책, 국가적 정책을 종교적 관점과는 상관없는 것으로 보지 않고 기독교나 가톨릭교를 공적 생활의 실용화 정도를 결정짓는 잣대로 보는 것이다.

또 하나는 당시 풀다*의 사제이던 코프 추기경이 1887년에 작성한 서

---

8 E. 블로우트 씨가 인용한 독일 민족주의자의 이 말은 라인 강의 우리 편에서도 발언되리라. "가톨릭을 강화하려면 가톨릭 교인들을 민족적으로 만들어야 한다." 그가 독일에서 로마 가톨릭에 대립해 "게르만 가톨릭"이 대담하게 거론된다고 부언하는 것을 볼 때도 우리는 어리둥절하다.

*독일 중앙 지대에 위치한 오래된 수도원 도시이며, 신학대학이 유명하다.

한이다.

불행히도 우리들 사이에서 광란의 돌풍이 불고 있다. 예전의 우리는 '먼저 신앙을, 그 다음으로 정치를'이라는 원칙을 준수했다. 지금은 이렇게들 말한다. 정치 먼저, 교회와 신앙은 그 다음으로.

이 점을 보면 악시옹 프랑세즈의 프랑스 가톨릭 교인들은 그다지 창조적이지도 않다.

노트 E

지식인이 정치 정념을 채택하면 예술가라면 감수성을, 사상가라면 실득력을 크게 증대시킨다. 그리고 두 경우 모두에 도덕적 위엄의 탄탄한 거점이 마련된다.

이런 위엄은 그 자체로 적어도 우리가 아는 한 역사상 처음 본다. 드레퓌스 사건 당시 '지식인'들의 개입으로 프랑스에서 일어난 결과, 또는 1914년 이른바 독일 지식인들의 선언이 그 나라들뿐 아니라 전 세계에 미친 영향은 과거에는 보지 못한 일이다. 로마 공화국이 카르타고를 침공하면서 테렌티우스나 바로의 동의로 지지를 받는다고 느끼는, 또는 루이 14세의 궁정이 네덜란드 전쟁을 벌이면서 라신이나 페르마의 승인을 얻어 군대를 증강시킬 구실을 찾는, 그러한 발상은 상상할 수 없다. 그러나 오늘날에는 어떤 명분이 사상가들이나 그렇다고 하는 이들의 인정으로 강력해지면 현대 세계의 큰 영광이다. 인류가 아직까지 보여주지 않았던 정신에 대한 숭배이다.

이 정신적 위엄은 당연히 이중의 효과를 빚어낸다. 현대의 지식인이 찬성표를 던질 때 명분이 강화된다면, 거부하는 경우 그 명분은 중대한 타격을 입게 된다. 만약 1915년에 오스트발트나 마흐가 자기들 국가의 행위를 인준하지 않았더라면* 그 국가를 심히 해쳤을 것이다. 오늘 자기가 소속된 나라의 현실주의를 비난하는 지식인은 그 나라에 진정 피해를 주는 것이다.[9] 따라서 국가는 이익을 지켜야 하기도 하지만 실질적인 이익을 위해 지식인을 강타할 권리가 있고, 아마 그래야 할 의무도 있을 것이다. 그것이 사물의 바른 질서이리라. 본질에 충실한 지식인은 국가의 현실주의를 배척하고, 이에 대해 역시 자기 본질에 충실한 국가들은 그 지식인에게 독배를 마시게 한다.[10]

우리는 이 무질서 옆에 또 하나의 무질서를 가리킬 수 있다. 그것은 지식인이 국가의 현실주의를 고발할 때 그 지식인을 국가가 처벌하지 않는 것이다. 프랑스의 드레퓌스 사건 당시 그런 일이 일어났다. 사물의 질서는 지식인이 예전처럼 추상적 정의를 주장하기를 바랐다. 그러나 국가는 지식인의 이상주의로 자신이 위태로워졌으니 그러한 지식인을 투옥시키기를 바랐다. 성직자가 세속인의 임무를 수행하면 무질서 상태이다. 그러나 세속인이 성직자처럼 행동하고 발언해도 역시 무질서이다. 또한 국가 방어의 임무를 지닌 이들이 국경의 폐지, 보편적 사랑, 또 다른 정신적인 것을 선언하는 이들을 숭배해도 무질서이다.[11] 철학자들은 대거 국가 안보에 전념

---

9 또한 그렇게 하려면 그에게 예전보다 훨씬 큰 용기가 필요하다.
10 졸라, 로맹 롤랑, 아인슈타인은 어쨌든 독배를 마셨다.

*Friedrich Wilhelm Ostwalt, 1909년 노벨 화학상을 수상한 독일 화학자. Ernest Mach, 1838~1916, 주요한 물리학, 광학 원리를 정립한 오스트리아 물리학자, 철학자.

하는 반면에, 우리의 어떤 각료들은 인간 사회에 사랑을 적용하려는 것을 보면 단테의 시구가 생각난다.

칼을 차기 위해 태어난 너희들이 신앙심을 갖게 되면,
설교자가 될 운명의 너희들이 제왕의 흉내를 낸다면,
그때 모든 것은 본래의 길에 어긋나리라.

그러나 이 두 번째 무질서는 나의 고발을 기다리지 않는다. 그것을 물리치는 것은 나의 직분이 아니다.

노트 F
교회의 고위 인사들이 오늘날 군 복무를 쉽사리 수락하는 태도에 대해 유념하기를

그 기꺼이 하려는 마음, 그것은 확실히 역사가의 주의를 끌 만하다. 땅 위의 모든 관계를 위해 죽음을 불사하는 것이 그들의 법칙이긴 해도, 그런 태도는 자기 나라에 어떤 진심의 애착이 있다는 것이기 때문이다. 게다가 지난 세계대전에서 무기를 들게 되었던 예수 그리스도의 사제들은 대부분 조국의 방어 자체에 기뻐했던 것 같고 그들 나라가 어떤 나라든, 자기들의 명분이 순수하다지만 어떤 이념인지 그런 것은 개의치 않았다. 상당히 시사적인 일이 있다. 전쟁 선포 당시 해외에 있던 벨기에 수도 교

---

11 "전하, 전하의 왕국은 **이 세상에 있습니다.**"라고 튀르고를 통해 루이 16세가 말할 때나 그들의 말이나 마찬가지이다. **세속인의 배반** 역시 존재한다.

단의 일부는(다른 교단들도 있었다고 한다) 현지에 남으라는 정부의 허가에도 불구하고 군 복무를 수행하기 위해 굳이 수도로 왔다. 이들 교인들의 행위는 애국심 때문이 아니라, 만약 달리 행동할 경우 동포들의 가혹한 심판이 두려웠던 것이라고 변명할 수 있다. 현대의 지식인들은 그들 직분에 진정 어울리는 행동은 속인들 사이에 인기가 없다는 것을 깨닫지 못한다.

더구나 역사가가 가장 주목하는 것은 성직자들에게 군 복무가 강요되어도 교회 측에서는 더 이상 아무런 항의도 하지 않는 듯한 것이다. 심지어 어떤 신학자는 "병역 의무의 합법성에 대해서는 일체의 의구심이 제거되었다."[12]라고 규정한다(바티폴(Battifol) 주교, 《교회와 전쟁의 권리(L'Eglise et le Droit de la guerre)》). 《가톨릭 신앙호교사전》('평화와 전쟁' 항목)에서 성직자들이라 해도 총기 휴대가 크리스트교 계율에 하나도 위배되지 않는다고 저자(브리에르(Brière) 신부)가 열심히 쓰는 것 역시 기이하다. 그래도 교회 고위 당국은 적어도 공식적으로는 이런 신학자들의 견해에 가담하지 않는 것 같다. 왜냐하면 성직자가 총기를 드는 것은, 금기 사항을 발설하면 당장에 성직을 박탈당하던 예전의 성직자와 다름없이 금단의 대상이기 때문이다.

지식인의 애국심, 전쟁 수행에 대한 동의를 현대의 세속인들은 성직의 영예로 돌린다.(바레스의 글을 보라.) 그러나 예전에는 세속인이 오히려 그것을 성직의 수치로 여기고 성직자는 성직자다운 감정을 갖도록 일깨웠으리라. 요한 12세*와 율리우스 2세**의 열광적인 호전성은 동시대인들에 의

---

12 바티폴 주교의 글들은 여기서 지지되는 명제를 너무도 정당화해서 이 글을 인용하기가 주저된다. 예를 들어, 크리스트교 정신이 자신의 판결을 번복시키지 않고서 전쟁의 도덕성 교리에 귀착된다는 것을 정립한다.

*재위 기간: 955~963
**재위 기간: 1503~1513

해 엄중한 비난을 받았다. 문인의 전형인 에라스뮈스는 성직자의 고매한 직분을 통찰하고 끊임없이 주지시켰으며 ("성직자의 삭발례(削髮禮)는 그들이 마땅히 세속의 모든 정념을 초월하고 천상의 일만을 생각해야 함을 경고해주지 못한다.") 그 외에도 이탈리아인 티지오(Tizio)는 이렇게 썼다. "평화적 독립적 임무를 가진 주교단이 크리스트교인들의 피가 흘러내리는 데 협력하는 것이 놀랍다." 프랑스 시인 장 부셰(Jean Bouchet)는 율리우스 2세에게 교회가 비탄에 빠져 휴전을 간청하는 것을 보여준다. (율리우스 2세가 프랑스에 전쟁을 벌인 것이 사실이다.)

당신의 수호자인 성 베드로 전하는 매우 세속적이어도 싸우지 않았다.

14세기 프랑스의 일상 도덕을 가르치는 교리집《과수원의 꿈(Le Songe du Verger)》에는 기사와 성직자 사이의 대화가 나온다. 후자가 자기 계급에게 전쟁의 권리가 있다고 주장하자, 기사는 "성직자의 무기는 웅변과 눈물임"을 상기시킨다. 무사가 정신의 사제에게 직분의 준수를 권고하고, 또 이것이 지켜져야 세상이 제대로 돌아간다는 사실을 깨닫고 있는 것은 시사적이다. 현대의 세속인들에게서는 군인이 아니라도, 특히나 군인이 아닌 경우 거의 찾아볼 수 없는 성직의 본뜻과 사회적 가치가 보이는 것이다.[13]

---

13 사제들의 애국적 충성심을 현대의 세속인들이 대부분 얼마나 격렬하게 표현하는지 보여주는 한 페이지가 있다. "프랑스 지식인은 열렬한 애국자다. 그는 포화 밑에서 용감하게 복무한다. 병사의 모든 행동을 용서하고 찬양한다. 병역 의무를 이행치 않았다는 비난을 치욕으로 여기고 벌을 받는다. 복음서의 규정에 맞는 다는 건 우리가 말할 일이 아니다. 우리는 오직 프랑스 군인이고 애국자다. 오직 애국적 프랑스인인 사제와 수사(修士)만을 인정하고 칭송한다. 프랑스 사제는 독일인을 용서하지 않고 독일의 사제나 목자는 프랑스인이라면 용서가 없다. 무엇보다 조국을! 죽여라! 죽여라! 크리스트교

노트 G
진실을 느끼고 오직 진실만 유념하는 인간 존재의 재현 앞에서 모든 관객이 자신을 돌아보게 되는 이 자기 성찰

이러한 재현의 문명적 효과에 대해 다음의 멋진 페이지를 인용하자.

인간에게 바쳐진 이 인간의 광경은 중요한 도덕적 효력을 갖는다. 우선 그처럼 해서 자신에게서 벗어 나와 타인 속으로 들어가 보고, 그들의 행위를 이해하고 그 감정 세계에 결합하고 그 고통에 공감하고 타인들의 행위의 동기를 높이 평가하는 습성이 몸에 배면, 귀중한 지적 수련, 반추 대상의 확대, 모든 방향의 시야의 확대가 가능하다. 청중이나 관중에게 자신을 터놓는 예술가의 능력, 이기주의에 맞서서 세워진 이 참여와 동화의 능력은 관용과 친절, 또 흔히는 정의까지를 우러나게 만드는 하나의 필수 조건이다. 그 다음으로 이 역시 적지 않게 효율적인 덕의 가르침이 관객에게 제시되었다. 여기서 자신에게 직접 관계된 사건이나 이해관계에 따라 어떤 행동이나 사상을 찬양 또는 비난하게 된 상황 자체는 문제가 아니다. 그때의 그는 자기와 마찬가지 인간으로 서사시를 읊조리는 배우, 자발적이며 열렬한 대리인에게서 자신의 영상을 인정하는 것이고, 그 대리인의 경험은 아마

신의 이름으로 우리는 크리스트교인을 죽이는 너희들을 용서한다. 찬양한다!" (위르뱅 고이에(Urbain Gohier), 〈오래된 프랑스(La Vieille France)〉, 그리요 드 지브리(Grillot de Givry), 《그리스도와 조국》, xii쪽에서 인용됨.)

과장된 면은 있겠으나 자신의 경험에 비춰 생소한 것은 아니다. 따라서 타인이란 인물에게 자신이 연출됨을 예리하게 파악하는 인간에게서 인간성의 자각과 도덕성을 특징짓는 근본적 현상이 자연스레 일어난다. 자아에 맞선 자아의 초탈적인 객관화, 정념, 동기, 금언의 일반화, 보편성에 근거한 판단, 의무를 다 하려는 자기반성, 의지의 향방에 대한 선명하고 확고한 감정이 그 현상들이다.

그렇다고 해서 시인이 공리성이나 도덕성을 그의 목표로 삼는다고는 생각지 말자. 오히려 예술적 감정에서 결여되어야 하는 것이 바로 그 점들이다. 가르치고 바로 잡는 것, 예술가로서 그러한 목적은 간접적이다. 즉 체계적으로 존재하지 않는다. 바꿔 말한다면 그 목표를 자처하지 않을 때 도달할 뿐이고 때때로 도달한 경우에는 그는 목표에서 빗나간 것 같다. 그가 원하는 것은 마음을 적시고 감동을 주는 것이다. 그럴 때 그는 고상해지고 순수해지고 설교한다. 물론 시인이란 만인에게 말을 건네는 자이며 그렇기 때문에 우리도 시인에 대해 말한다. 다시 말하면, 그가 모아놓은 말들이 아무리 야릇해 보일지라도 그는 보편적인 것만을 노래해야 한다. 그 보편성을 특정한 형태로 노래하는 건 상관없다. 그렇지 않다면 인생에 허구란 없을 테니까. 또한 시인이 무슨 이야기를 한다면 순수한 개인적인 것, 이해할 수 없고 설명할 수 없는 것, 보고서가 아니라면 진실이 없는 것이 제외되지 않는다.[14] 정념을 일반화하여 결국 그 정념을 고상하게 만들고 동시에 그 정

---

14 르누비에의 '개인주의'가 어떤 의미인가를 여기서 분명하게 본다.

념을 객관화, 명상, 초연한 감정의 주제로 삼는 것이다. 지나치게 개인적이거나 지나치게 현실적인 어떤 기대나 두려움을 품지 않고 청중이 저열한 사적 관심사에서 벗어나 인류 공통의 정념이란 차원 높은 영역에서 감격한다고 스스로 인식하게 되면 그 때 그는 영혼이 비상하는 은혜를 맛본다. 그의 의식은 잠시 이기주의에서 해방된다.(르누비에,《분석적 역사철학 입문(Introduction à la philosophie analytique de l'histoire)》, 354쪽.)

노트 H
나폴레옹은 치안 장관에게 프랑스 역사가
그의 제위에 적합하게 기술되는지 감시하는 임무를 맡겼다.

다음은 1808년 보르도에서 나폴레옹이 받아쓰게 한 비망록의 단편이다. 이 비망록이, 필요한 변경을 가한다면, 과거에 많은 역사가들이 실천하던 역사 개념을 공포한 것이 아닌가 한다.

나는 치안 장관의 각서에 표명된 원칙들에 동의하지 않는다. 20년 전에는 그러했고, 또 60년 후에도 그럴 것이다. 그러나 지금은 아니다. 벨리는 프랑스사에 관해 어느 정도 상세히 기술한 유일한 역사가이다. 에노 의장의 연대기 요약은 훌륭한 고전이다. 두 가지를 함께 계속하면 매우 유익할 것이다. 가장 중요한 것은 그들을 계승하는 역사가들이 어떤 역사정신으로 역사를 쓸 것인지를 확실하게 하는 것이다. 나는 치안 장관에게 미요의 서술을 감시하도록 맡겼다. 두 장관이 화합해서 벨리와 에노 의장의 정신을 계승시키기 바란다.

앙리 4세, 루이 13세, 루이 14세, 루이 15세에 대해 공정해야 한다. 그러나 아부해서는 안 된다. 9월 학살*과 대혁명의 끔찍함**을 종교재판이나 16인 학살***과 같은 필치로 묘사해야 한다. 혁명에 관해 말할 때는 누구도 반감을 갖지 않도록 조심해야 한다. 학살당한 사람들, 살아남은 사람들에게 비난이 돌아갈 수 없다. 사물과 상황의 성질에서 태어난 사건들에 관해 개인적 힘으로는 그 요소들을 바꾸거나 예측할 수 없었다.

항구적인 재정 문란, 지방 삼부회의 혼돈, 고등 법원의 요구, 행정의 규율과 인력 결핍을 주지시켜야 한다. 법과 행정 조직의 통일이 없이 얼룩덜룩한 이 프랑스는 하나의 국가라기보다는 차라리 스무 개 왕국의 집합이었을 것이다. 그 결과 사람들은 법, 행정조직, 영토 통일의 혜택을 누리는 시대에 이르자 안도하게 되었다. … 치안 장관이 표명한 견해는, 만약 그대로 준수된다면 그런 과업을 개인의 재량과 일부 서점의 투기에 맡길 것이니 옳지 않고, 곤란한 결과만 만들 것이다.

물론 역사를 자기들 이익에 봉사하도록 통달한 것은 권위주의자들만이

---

*1792년 9월 파리 민중이 감옥에 수감된 이들을 학살한 사건
**1792년 9월부터 1794년 7월까지 계속된 테러
***1540년 남부 프랑스 엑스 고등법원은 메랭돌(Mérindol)의 주요 인사 16명을 화형에 처하는 명령을 내렸다. 그들의 부모들은 추방되고 재산은 몰수되었으며 읍은 완전히 파괴되었다. *Histoire de l'inquisition en France*, Vol. 3 par Etienne Léon de La Mothe-Langon

아니다. 콩도르세의 《인간정신 진보의 역사적 개관(Tableau historique)》(제 10기)에서도 그것이 보인다. 역사는, "감히 재간행 되고자 한다면 이성의 무게 밑에 있는 미신의 싹, 또 전제정을 간파하고 그것이 영원히 나타나지 않도록 능동적 감시를 하는 데 소용이 되어야 한다."

노트 I
인도주의와 인문주의

다음은 이를 어떻게 구분하는지 고대인이 흥미롭게 기술한 텍스트다.

라틴어를 창제하고 그 말을 능숙하게 구사하던 사람들은 후마니타스(humanitas)라는 말에 그리스어 필란드로피아(φιλανθρωπια)와 같은 의미인, 모든 사람에 대한 적극적 호의, 따뜻한 온정이란 세속적 의미를 부여하지 않았다. 그들은 오히려 이 말에 교육, 예술에 관한 지식이라는 파이데이아(παιδεία) 의미를 부여했다. 이러한 학업에 취미가 많고 소질이 있는 사람이 가장 후마니시미(humanissimi)라고 불릴 만했다. 왜냐하면 모든 창조물 중에서 인간만이 후마니타스라고 불렸던 이 학업을 연마할 수 있었기 때문이고, 그 때문에 이 연구가 후마니타스라고 불렸다. 고대인 특히 바로와 키케로가 이 말에 부여한 의미가 그것이며 그들의 거의 모든 작품이 이 말의 증거이다. 바로의 《고대의 신적인 것과 인간적인 것들(Des choses humaines)》 제 1권의 첫 구절을 그 예로 골라보았다. "프락시텔레스의 그 놀라운 예술적 재능은 모든 사람이 예술에 대해 어느 정도 깨우치도록 했다." 여기서 후마니오르(humanior)는 문예는 모르면서 무엇이든 쉽게 생각하고 다루기 쉽고 친절한 세속인을 의미하지 않고, 그런 의미라면 저자의 의도를 표현하지 않는다. 그것은 학업이 있고 지식이 있고 책과 역사를 통해 프락시텔레스를 아는 사람을 의미한다. (아울루스 겔리우스, 《아티카의 밤(Noctes Atticae)》 XIII, xvi.)

노트 J

우리는 자유와 토론에 입각한 제도를 그들이 충분히 비난하지 않았던 것을 보았다.

여기서 열정적으로 분개하면서 토론의 자유를 비난하는 것이 새롭다. 역사상 이른바 자유주의자 사상가는 그렇지 않았고 대부분 주권자의 판단에 순종할 필요가 있다고 양해해 왔다. 스피노자는 "누구나 자신의 권리, 타인의 권리를 각각 지키려 든다면 정부는 있어야 할 필요가 없다."라고 공언했다. 데카르트의 서한들에서도 국가 이성을 지지하는 문건이 보인다.

프랑스의 옛 절대주의자들은 주권의 주요 기능이 법이라고 보았지만 충분히 주목받지 않았을 것이다. "왕권 중에서도 가장 큰 것은 왕국의 치안을 위해 법과 일반칙령을 제정하는 것이다."(기 코키유, 《프랑스인의 법률제도(Institution du droit des Français)》, 1608) "영주권의 공적 관습은 사법에 의해 규정되어야 한다."(루아조, 《영주권(Des Seigneuries)》, 1608) 또 보쉬에는 (《루이 14세에게 바치는 지침서(Instruction à Louis XIV)》에서) 이렇게 말한다. "왕이 재판을 하거나 또는 법대로 재판이 실행되도록 하면 왕의 중대한 임무를 행하는 것이다." 현대의 절대주의자들은, 프랑스인이라 해도, 이렇게 말하는 독일 이론가로부터 고무되는 것 같다. "두 기능이 국가에 부여되어 있다. 재판을 하고 전쟁을 하는 것이다. 그러나 전쟁이 훨씬 더 근본적이다."(트라이치케)

또한 보쉬에의 이 유명한 페이지를 상기하자.(《성서에서 발췌한 정치론》 8권 2항 1조)

> 정부가 절대적이라는 것과 독단적이란 것은 별개의 문제다. 절대적 정부란 강제력이 어느 정도이냐는 문제이다. 즉 주권을 강제할 힘이 없는 정부라면 인간적인 권위도 없는 것이다. 그렇다고 그 정부가 독단적이란 것은 아니다. 모든 것이, 우리가 방금 독단적이라고 한 정부도, 신의 심판에 따른다는 것 외에는, 제국에도 법이 있고 그 법률에 위반해서 이루어지는 것은 일체 권리가 없다.

프랑스 학자들 사이에서 전제적인 것을 변호하는 것은 보쉬에와 비교하더라도 새로운 정도이다.(보쉬에의 실제 자문이 아니라 이론에 대해 하는 말이다.)

노트 K
이것이 니체의 가르침이다.

이 책 내내 내가 니체의 가르침을(헤겔의 가르침도) 위대한 도덕적 설교의 소재로 간주한 것은 환기할 게 없겠지만, 나는 그 가르침이 실제로는 상당히 복잡한 것임을 모르지 않는다. 어떤 철학자들의 경우에는, 그들의 진정한 사상을 사람들이 제대로 모르는 책임이 그들 자신에 있다는 것, 그에 대해 이 공정한 관찰을 인용한다.

니체주의는 헤겔주의와 마찬가지의 시련을 겪었다. 물론 두 경우 모두 철학적 주제는 특히 야만성의 공격적 귀환을 덮을 구실로 사용되었다. 그러나 그 주제들이 이용되었다는 사실, 또 이렇게 이용이 되었다는 것은 의미가 있고 재론하지 않을 수 없다. 어떤 유보나 애매함도 없이 합리적이라고 불릴 철학의 규준, 그 규준이란 매수당하지 않고 계속 자신에 충실한 것이 아닌가? 반대로 모순을 받아들이기 시작하는 철학 체계들은, 그 모순을 극복하거나 또는 체현한다는 유보를 남기면서 그들의 적이 그들과 함께 숙박하도록 한다. 그들이 벌을 받아야 하는 것은 반명제가 그들에 더 흡사하다는 것이다. 그것이 니체에 일어난 일이다.(브륀슈비크, 《서구철학에서의 의식의 진보(Le Progrès de la conscience dans la philosophie occidentale)》, 431쪽. '헤겔 주제'와 '니체 주제'가 정치적 특허가 되었다는 점을 이 저서는 탁월하게 해설하고 있다.)

노트 L
텐과 오귀스트 콩트의 제자들에 훨씬 앞서

이 글이 처음 잡지에 발표되었을 때 일부에서는 현대의 지식인에 대한 우리의 모든 공격은 《현대 프랑스의 기원(Les Origines de la France contemporaine)》의 저자(이폴리트 텐)를 다루지 않았으니 오판이라고 선언했다. 그들은 지난 50년의 "현실주의 지식인의 대가"가 이 저자이고, 반면 우리가 선정한 인물들은 잔 부스러기에 지나지 않는다고 주장한다.(어떤 이들이 여기서 바레스와 모라스의 사상을 헐값으로 치는 것은 분명 놀랄 일이다.)

분명히 현실주의란 말의 오용이다. 텐은 현실의 진정한 성질 정확히 말해 정치적 현실을 밝힌 것이며 보편주의자에게 그것이 그의 관할 영역이 아님을 환기시켰다. 그는 결코 보편적인 것을 희생시키고 이 현실을 찬양한 적이 없고, 내가 여기서 비난하는 것은 오직 현실주의이다. 반대로 그는 자신의 영역에 머무르는 보편주의자(스피노자와 괴테에 대한 그의 존경을 보라)가 위대한 인간의 모델이라고 가르쳤다. 보편주의자라면 비정치적일지라도(무한론자*와 범신론자) 깊이 경멸받아야 한다는 모라스와 비교해 보라. 또 나는 텐에게서, 법조인과 학자를 경멸하고 군인을 찬양하는 자들,[15] "이성과는 완전히 담을 쌓고"(바레스) 편견을 키우도록 대중을 이끄는 자들, 사회적인 것은 개의치 않고 지성을 야만 행위로 만드는 자들의

---

15 수학자 프란츠 보에프케(Franz Wœpfke)에 대한 그의 찬양을 보라.
*지식은 이성의 무한 연쇄에 의해 정당화된다는 인식론의 하나

대부 같다는 흔적을 찾기 어렵다. 나는 텐이 기꺼이 그의 말이라고 주장하는 자들에 대해 "그 신사들은 아주 독창적이다."라고 말하리라 믿는다. 베르그송이 어떤 제자들에게 한 말을 빌려.

그렇지만 두 가지 점에서는 텐이 현대 현실주의의 선도자로 보인다. 첫째, 개인주의, 보다 정확히는 시민의 도덕적 자유를 비난하는 것이다.(이런 뜻에서 그는 결국 예전의 조합을 그리워하고 더 넓게는 집단주의를 호소한다. 국가에 대한 개인의 자율성을 인정하지 않고 개인의 영혼을 단체가 도야하게 하려는 것이다.) 둘째는 이상주의적 교육을 비난하는 것인데 프랑스의 대가로서는 첫째 것보다 더 낯설다. 《근대적 정치 제도(Régime moderne)》(이폴리트 텐)의 마지막 부분이 보여주는 것은 분명 《뿌리 뽑힌 자들(Déracinés)》(모리스 바레스)과 《여정(Étape)》(폴 부르제)의 교육관이다.

그 젊은이는 때때로 자기처럼 지쳤고 기진맥진한 친구들과 함께 우리에게 이렇게 말하고 싶었다. "당신들은 당신들의 교육을 받아 우리가 세계는 어떤 방식을 갖춘 것이라고 믿게끔 했다. 그러나 당신들은 우리를 속였다. 적어도 우리의 감수성과 상상력으로는 세계는 훨씬 추하고 단조롭고 더럽고 슬프고 힘든 것이다. 당신들은 그건 지나치게 격앙되고 잘못된 판단이라고 하지만, 그렇다면 그건 당신들의 잘못이다. 우리가 당신들의 세계 전체를 저주하고 조소하는 것은 그 때문이다. 우리는 당신들의 이른바 진실을 거부한다. 우리에게는 그것은 거짓이다. 거기에는 당신들이 명백히 일반상식이라고 하는 기본적이고 우선적인 진실들이 포함된다. 그런데 그 진실을 바탕으로 당신들은 당신들의 법, 제도, 당신들의 사회, 당신들의 철학, 과학, 예술을 세웠다." ㅡ 이것이 바로 이 시대의 젊은이들이 문학과 예술과 인생에 대한 취향, 견해, 생각을 통해 15년 전부터 우리에게 소리 높여 말하는 것이다.

명백하게 실천 교육을 지지하는 이 변론과 몽테뉴, 파스칼, 몽테스키외의 진정한 후예가 토하는 항의를 대조해보자.

모든 분야의 인문 교육에 지침이 되는 고전 정신, 또한 이성과 철학의 원초적 진실에 대한 증오로[16] 텐은 마침내, 고대문학의 가르침에 적대하는, 그것과 떨어지지 않는 보편개념, 심지어 초연한 문화에 적대하는 자들과 비슷한 언어를 사용하게 되었다. 이제는 사람들이 경험 세계를 위한 주제만 목표로 하고[17] 있는 그대로만 세계를 인식하고 세상이 되어 가는 대로 두도록 배울 것이다. 그러나 이 학파의 법칙은 너무도 최근의 것이어서 이 시대의 악을 마땅히 그들의 책임으로 돌릴 수는 없다. 권태로운 자, 힘없는 자, 낙오자들이 무절제하게 사회에 쏟아내는 경멸과 증오의 원인을 당연히 그들의 탓이라 하기는 무리이다. 그렇긴 하지만 이성과 도덕, 미의 일반원칙들을 경험적 삶이 돌아가는 것과 비교하면 과거 어느 때보다도 더 현실에 대한 혐오가 일어

---

16 명백히 쥘 르메트르가 이 적대자일 것이다.
17 경험적 프랑스라면 바레스와 부르제가 선명하게 설명할 것이다.

나는 것이 사실이다. 그렇다고 시선을 높이 두고 이상을 가지기를 가르치는 것은 이 위기에 대한 처방이 아니라고 하면 슬픈 역설이다." (르누비에, 《분석적 역사철학(Philosophie analytique de l'Histoire)》, IV, 541쪽.)

노트 M

이 종교(경험에 근거한 정치의)는 바로 19세기의 획득물로 보이는 단순 일변도의 정신을 부각시킨다.

이 단순 일변도의 정신은 또 다른 형태를 띠고 있다. 정치에서 중력이나, 전기의 법칙처럼("정치는 하나의 과학이다") 확실한 인과 관계를 갖는 정치적 법칙을 찾으리라고 믿는 것이다.(모라스에 의해 엄밀하게 공식화되었다.) 도덕의 영역을 포함하여 모든 영역에서 과학이 유능하다는 과학 맹신이며 그 맹신은 19세기의 산물임을 거듭 말하겠다. 하지만 이 독단론을 휘두르는 이들이 과연 이를 믿는 것인지 아니면 그들의 심정적 정념이 정념일 뿐이란 걸 잘 알면서도 과학의 외양으로 권위를 세우려는 것인지는 알 수 없다. 역사가 과학적 법칙을 따른다는 이 독단론을 특히 권위의 신봉자들이 설교하는 것에 주목해야 한다. 그들이 그렇게 하는 것은 당연하다. 그것이 가장 두려운 두 가지 — 인간의 자유와 개인의 역사적 행동 — 를 치워버리기 때문이다.

노트 N

이 시대는 정신적 설교자들이 집단 형태의 사고방식을 찬양하고
개인의 사고방식은 경멸해야 한다고 가르치는 것을 보았다.

개인주의에 대한 이 십자군(모라스가 그 십자군의 최고의 사도이다)이 새로운 것은 "개인은 추상일 뿐"이며 개인이 대체로 민족, 환경, 국가, 즉 자기 자신이 아닌 수많은 요소에 의해 결정된다고 인식하는 것이 아니다. 새로운 것은 이 예속에 대한 숭배이며, 예속을 전적으로 감수하라는 명령, 또 그로부터 해방되려 하면 가하는 치욕이다. 프랑스 사상가들로서는 참으로 기이한 일이지만 인간의 숙명적 부분을 숭배하고 자유로운 부분을 증오하는 것이 새롭다.

오늘날 정신의 복종을 설교하는 사람들이 교양 없는 대중 집단뿐 아니라 사색인들, 특히 사색인들의 복종을 요구함을 예의 주시하자. 드레퓌스 사건의 반개인주의자(유대인 포병 대위 드레퓌스의 재심에 반대한 파를 말함)들이 반대한 것은 학자와 작가, 철학자들의 독자성 ― "일부 지식인의 격분한 자부심" ― 이었다. 어쨌든 무엇보다 기이한 것은 그들이 복종을 요구하는 것이 아니라 얻어낸 것이다. 마리탱이 "누구나 다 사색할 수는 없으니 사람에게 중요한 일은 주인을 고르는 것"이라 하고, 모라스가 대부분 사람의 기능이란 "하인이 되어" 주인의 사상을 반추하는 것이라 할 때, 이 박사들은 한 무리의 사색인들이 그 말에 갈채를 보내고 그 말을 지지하여 자기들의 자유는 버리는 것을 보았다. 18세기 사상가들은 "민중에게는 신앙이 있어야 한다"고 했는데 이 시대의 사상가들은 "우리 자신을

노트

위해 신앙이 있어야 한다"고 한다. "스승이라면 우리 자식들이 국가적 행진에 열을 맞추도록 프랑스의 관습과 편견을 정당화하는 자"라는 바레스의 속뜻은 자신과 동료들이 진군하겠다는 것이었다. 여기서 내가 이미 논한 규율에의 갈증을 다시 보며 몽테뉴와 르낭의 후예로서 규율은 주목받아 마땅하다. 나는 이 규율이 어떤 '강력한 집단'에 속하려는 의지라고 말했다. 또한 그것은 집단의 편성과 멋진 '행진'에 내포된 예술적 감정에 연유하며 지배당하고 스스로 사고해 보려고 노력하지는 않는 허다한 인간의 기쁨에 기인한다. — 물론 이른바 사색가들에게는 이상한 기쁨이다.

집단정신에 대한 숭배는 멘 드 비랑의 다음 페이지에서 감탄할 만큼 비난 받는다. 그것은 인간의 양심에 어긋난다는 것으로.(브륀슈비크,《질서의 사회학(La Sociologie de l'ordre)》, 526쪽에서 인용.)

드 보날 씨에 따르면, 중심이 되는 것, 여기서 문제인 진정한 내재적 관념의 주제, (보편적) 진실은 인간 정신이나 개인의 이해력이 아니다. 그것은 사회이다. 개인의 이해력과는 다른 일종의 집단적 이해에 뛰어난 사회. 이 사회는 처음부터 언어의 소질 덕분에 집단성에 물들었고 또 그 기적 같은 영향은 어떤 부문에 속했든 상관없이 대중에게만 행사된다. 개인, 인간은 아무것도 아니며 다만 사회만이 존재한다. 그것이 도덕 세계의 영혼이다. 그것만이 남고 개인은 현상에 지나지 않는다. 누가 이 사회 형이상학을 이해할 것인지. 만약 저자 자신 이것이 무엇인지 분명히 안다면 우리가 잘못이다. 그렇다면 이제 더 이상 철학을 논해서는 안 된다. 지적이고 도덕적인 인문과학의 허무함을 인정해야 한다.

의식의 원초적 사실에 근거를 두는 모든 심리학은 거짓일 뿐이라고 고백해야 한다. 그리고 학문 자체를 끊임없이 우리를 속이고 헤매게 하는 환상으로 간주해야 한다. 모든 것을, 우리의 존재 자체까지도 거짓되고 허황된 이미지로 그림으로써 그렇게 하는.

브륑슈비크는 아주 타당하게 이렇게 덧붙인다. "이 이상 정확한 반명제가 없을 것이다. 애초에 의식이 있든가 언어가 있든가. 소크라테스이든가 보날이든가."

소크라테스 아니면 보날. — 바레스와 모라스는 선택했다.

노트 O
철학들이 "치열하게 싸울 때만"[18] 철학을 존경하는 페기

지적인 미덕보다 행동의 미덕을 보고 철학자들을 찬양하겠다고 마음먹는 건 오늘날 사상가들 사이에서 흔한 일이다. 《쥘 라뇨에 관한 추억(Souvenirs concernant Lagneau)》에서 알랭은 스승의 고매한 사상을 알리기 위해 스승의 지성뿐 아니라 활력과 단호함을 찬양한다. 또한 문학 하나만 보더라도 도덕학 교수(자크 바르두)가 프랑스 문학인들로 보브나르그, 비니, 페기와 같이 군인이었던 이들을 유난히 높이 사는 것도 눈에 띈다. 이런 문학인들은 스스로, 그 무리에서도 박수 받는 한 사람만 예를 들자

---

18 〈베르그송과 베르그송주의 철학에 관한 노트〉, 《카이에 드 라 캥젠》, 필자의 저술, 《베르그송주의의 성공에 관해》, 158쪽 참조.

면, 얼마 전에 자기는 단눈치오를 장교답기 때문에 존경하는데 문학으로 복귀한 것이 유감이라고 밝혔다.[19] 율리아누스 황제*는, 자신이 막강한 페르시아를 파괴한 것보다 《신학개론》을 쓴 것을 자부한다고 말해 아리스토텔레스에게 명예를 안겨 주었다. 군인이라면 아직 이런 판단을 지지할 사람이 프랑스에 있겠지만 문인 중에서는 보기 어려울 것이다. 나는 나아가 전사의 삶을 찬양하고 안정된 삶을 경멸하는 이 기이한 문필가들이 어떤 뜻을 가졌고 왜 그랬는지를 설명하려 했다.(《크리티아스의 감정》, 206쪽.) 지금 작가들의 이러한 특징은 1914년 전쟁 훨씬 전부터 그 징후가 보였으며, 또 누구보다 공공연하게 그런 태도를 표명한 이들이 반드시 전쟁에 나간 이들은 아닌 것을 주목하자.

다시 말할 것도 없지만, 문인들이 보이는 행동적 삶에 대한 찬양, 정주 생활에 대한 경멸은 그 자체가 새로운 것이 아니다. 거기서 느껴지는 천진함의 결여, 현학적 어조가 새롭다. 롱사르는 이렇게 적는다.

책에만 매달려

삶을 겪어보려는 뜻이 없는 이들을

칭찬하려는 못된 신들[20]

---

19 라마르틴이 바이런에 대해 이렇게 말한 대목에서 같은 충동을 본다. "열에 떠, 무장한 채 미솔롱기**의 텐트에서 잠든 그에게는 그의 모든 작품보다 더 진실하고 불멸인 시혼이 있다."(두 번째 명상에 관한 비평) "모든 정신 활동보다 영웅적인 죽음이 더 시적이다." 이것이 바레스, 쉬아레스, 페기(어떻든 페기는 모범을 보였다)에 의해 선언된 가르침이다. 모든 낭만파가 이런 입장은 아니었음을 주목하자. 위고, 비니, 미슐레는 행동의 시학을 강렬히 느꼈으나 높은 지적 생활보다 더 우수하다고는 보지 않은 것 같다. 위고는 라마르틴이 바이런에게서 찬양한 것 같은 초연한 영웅을 받아들이기 위해 호메로스와 갈릴레이를 나폴레옹에게 내줄 생각은 추호도 없었다. 심지어 오슈에게도.***

*재위 기간: 361~363
**Missolonghi, 1820년 그리스 독립 전쟁의 전투지
***Louis Lazare Hoche, 1768~1797. 프랑스 혁명기의 저명한 장군. 혁명 군대를 쇄신하고 청렴한 군인이었다는 평을 듣는다.

베르트랑 드 보른(Bertrand de Born)은 "지체 높은 가문이라면 머리와 팔을 잘라 버려야 한다는 데 유감이 없기를" 바란다. 프루아사르는 기사의 영광을 노래하고 부르주아에 대한 경멸을 쏟아낸다. 그러나 그들은 당당한 자세였고 교리란 말이 있는지도 몰랐다. 누구라도 이 천진한 리라 켜는 이들을 오늘날의 심각하고 호전적 미학을 지닌 교수들의 시조로 생각하지는 않는다. 《민족주의의 현장과 교리》의 저자(모리스 바레스)가 그들 소박한 정신을 지녔던 이들의 후손으로 받아들여질 것 같지 않다.

정신적 삶에 대한 경멸은 — 그것도 독단적 어조로 극명하게 표현된 — 17세기의 한 문인에게서 발견된다. 칼 앞에서 빈번하게 법관을 비하하는 (이 17세기 문인이 별 볼일 없지만 아무튼 소귀족이었음은 사실이다) 그의 태도는 현대의 어떤 스승들을 연상케 한다.

> 꿋꿋한 용기를 무르게 하는 데는 분명 느슨하고 이동하지 않는 훈련보다 더 좋은 방법이 없다. 한가함을 세련된 국가에다 입장시키는 데는 섬세하고 위험하지 않은 문필만한 것이 없다. 상업과 농업을 파멸케 한 것은 부분적으로는 한가하고 게으른 사람들에 책임이 있고 우리나라의 허약성과 이 시대의 무기력은 그들에게 원인이 있다.(J.-L. 드 발자크, 《군주》(1631). 문학과 과학은 조국을 강하게 하고 미화시킬 때만 시테(cité)에 권리가 있다.)

이와는 반대로 위대한 시대의 프랑스에서는 거장이 행동적 삶 대신에 정신적 삶을 찬미한 것이 보인다. 많은 현대인들이 그 시대를 숭배하지만

---

20 롱사르가 '책벌레'형 인간임에 유의하자.

그것을 비준할지는 의문이다. (나는 특히 조르주 소렐의 사상을 존경하는 이들을 생각하게 된다.)

프랑스에서 맡은 일이나 직업이 없이 지내려면, 틀어박혀 아무것도 하지 않으려면 상당한 결단력과 폭넓은 정신적 시야가 필요하다. 세속인들이 돈벌이라고 부르는 게 없이 위신 있게 이 역할을 할 만한, 또 시간의 공백을 메꿀 만큼 속이 찬 사람은 거의 없다. 그렇긴 하지만 현자의 무위(無爲)는 그보다 나은 이름을 가져야 한다. 묵상하고 말하고 글을 읽고 평온하게 있는 것이 일하는 것으로 불려야 한다.(라브뤼예르, 《개인 인격의 가치에 관해(Du mérite personnel)》

노트 P
〈지성당 선언문〉 (《피가로》, 1919. 7. 19.)

54명의 프랑스 작가가 서명한 이 선언문은 우리가 여기서 수행하는 조사의 중요한 자료이다. 서명자 중에는 동향인들 사이에서 높은 평판을 받는 학자들이 여럿 있다. 우리는 이 자료에서 교회의 임무에 관해 이미 인용한 이상한 대목 외에도 다음과 같은 내용을 읽게 된다.

민족주의는 지적 개념들이 정치 행위에나 세계 질서에 부과하는 것으로, 합리적이고 인간적인 체계이다. 더구나 프랑스적이다.

조금 더 내려가면,

문학이란 민족적이 되어야 더 보편 가치를 갖고 더 넓은 인간적 관심을 갖는 것이 아닌가?

또한

우리는 우리의 인종(race)이 숙명적으로 인류의 정신적 이익을 수호할 임무를 지녔다고 — 세계도 우리와 함께 — 믿는다. 우리가 염려하는 것은 유럽이며, 세계에서 살아가는 인류 전체이다. 프랑스적 인류가 그에 대한 최상의 보증이다.

또한 특히,

승리한 프랑스는 정신의 질서 속 자신의 자리를 되찾고자 한다. 정당한 지배는 오직 그 질서에 의해서만 이루어진다.

여기에 당 창설의 의지가 있다.(선언문은 강조한다.)

승리한 프랑스, 문명 수호자의 보호 아래 있는 유럽과 세계의 지적 연맹.

지적 질서에 지휘권을 위임하는 무기로 얻은 승리, 오늘날 프랑스 사상가들이 공언하는 것이다! 로마의 작가들을 생각하게 된다. 그 로마 작가들은 군사적으로는 패배한 그리스를 정신적 지도자로 간주했는데, 이 사상가들은 스스로 그들의 후계자라고 한다. 우리는 또 1871년의 독일 학자들도 생각한다. 그들 역시 '승리한' 자기 민족을 위해 지적 헤게모니를 요구했고, 그들 역시 "문명의 수호자"임을 주장했다.[21]

 이 성명서가 발표되던 당시 우리의 큰 작가 중 한 사람은 이런 질서에 대해 성찰한 것 같다. 마르셀 프루스트는 이 문건에 관한 편지에서[22] 그 문건이 "무엇보다도 '프랑스적(Frankreich über alles)'인 것, 모든 민족의 문학 치안관"으로 선언하는 것을 탄식했다. 그는 진정한 정신적 설교자로서 덧붙였다. "문학이란 분야에서 무엇 때문에 다른 나라들에 대해 그처럼 단호한 어조를 취하는지, 문학은 설득으로만 지배한다." 우리는 이 기회에 이 진정한 '지식인'에게 경의를 표한다. 프랑스에 아직도 철의 미덕만 믿는 작가 아닌 다른 작가들도 있다는 것을 밀하게 되어 기쁘다.

노트 Q
판단의 근거를 예술적 감수성에서 구하려는 이들에 대해

 그처럼 많은 문인들의 정치적 태도에서 들어 있는 예술적 기원이 모라스 씨에게서 무척이나 섬세하게 나타난다는 것은 다니엘 알레비

---

21 "독일이 유럽 문명의 수호자이고 기둥이다."(람프레히트) "전쟁이 끝나면 독일은 유럽의 심장부로서 유럽적 인류를 준비하는 역사적 임무를 다시 시작하리라."(빌헬름 2세, 《르 탕》, 1915. 9. 14.)
22 로베르 드레퓌스, 《마르셀 프루스트의 추억(Souvenirs sur Marcel Proust)》, 336쪽 참조.

씨에 의해 지적되었다. 그는 오래된 평론《위대한 프랑스(La Grande France)》(1902))에 모라스의 《앙티네아(Anthinéa)》로부터 질그릇 항아리를 이고 평형을 유지하는 여인들의 자세를 그린 이 아름다운 페이지를 인용한다. "젖가슴은 탱탱 부풀어 꽃병 모양이 되고 꽃처럼 활짝 핀다. 목은 꼿꼿하고 허리는 바짝 당겨 있다. 걸음걸이는 더 무게 있고 더 유연해지고 말할 수도 없이 정숙하게 절제되어 음악이 흐르듯 나아간다. 살아있는 원주는 갑자기 멈추는 일도 없고 금이 가서 힘들어하지도 않고 앞으로 나아가며 미끄러지고 이동한다. 그 원주는 섬세한 흙 모양과 합일을 이루면서 지극히 미세한 굴곡을 조성한다. 그래서 땅으로 기면서도 반듯하게 풀려난 아름다운 관목 줄기와 흡사하다. 끝없는 반 박자의 물결이 충돌은 느끼지 못하게 하고 박자만 연속 의식하게 한다. 곡선을 공중에 놔두는 연속 화음…." 다니엘 알레비 씨는 이렇게 덧붙인다. "이 글을 길게 인용한 건 거기서 샤를 모라스의 사상을 보기 때문이다. 그의 고전적 관념으로는, 사물이 아름다운 것은 돌연한 감정과 정념에 의해서가 아니라 사물에 연속성을 주는 형태와 리듬에 의해서다. 더 정확히 말하면 그것이 사물에 말 그대로의 인간적 존재성을 부여한다. 샤를 모라스 씨는 형태에 관한 이 취향을 역사 지식에 적용하며, 그것이 곧 그의 '사회학'이다."

사물은 예술적 감성을 만족시킬 때만 보기 좋다는 유형의 인간을 그 이상 정확히 정의할 수는 없을 것이다. 이에 대해 이와는 정반대의 유형을 대비시키고 어느 쪽이 '지성'이라고 자처할 수 있을지는 독자의 판단에 맡기자.

노트

… 사물의 완벽성은 마땅히 그것의 성질로만 측정되어야 하기 때문에, 사물은 그것이 우리의 감각에 아부하느냐 상처를 주느냐에 따라 완벽성이 달라지는 것이 아니니.(스피노자)

쥘리앙 방다의 저술 목록

《비잔티움에서의 대화》 *Dialogues à Byzance*. Editions de la Revue Blanche, 1900.

《나의 첫 번째 유서》 *Mon premier testament*. Les Cahiers de la Quinzaine, 1911 (Gallimard, 1928).

《엘로이테라의 대화》 *Dialogue d'Eleuthère*. Les Cahiers de la Quinzaine, 1911 (Emile-Paul, 1920).

《서품식》 *L'Ordination*. Les Cahiers de la Quinzaine, 1911 et 1912 (Emile-Paul, 1912). 첫 번째 소설. 1913년 영어로 번역되고 런던과 뉴욕에서 간행됨.

《비장한 철학》 *Une philosophie pathétique*. Les Cahiers de la Quinzaine, 1913.

《베르그송주의 또는 유동성의 철학》 *Le Bergsonisme, ou Une philosophie de la mobilité*. Mercure de France, 1912.

《베르그송주의의 성공에 관해》 *Sur le succès du bergsonisme*. Mercure de France, 1914.

《크리티아스의 감정》 *Les Sentiments de Critias*. Emile-Paul, 1917.

《글리세르 꽃다발》 *Le Bouquet de Glycère*. Emile-Paul, 1918.

《벨페고르》 *Belphégor*. Emile-Paul, 1918. 당대 작가들에 대한 문학 평론.

《아모랑드》 *Les Amorandes*. Emile-Paul, 1922. 두 번째 소설.

《장미의 십자가》 *La Croix de roses*. Grasset, 1923.

《시리우스의 지폐》 *Billets de Sirius*. Le Divan, 1925.

《철학 교육을 위해 멜리잔드에게 보내는 편지》 *Lettres à Mélisande pour son éducation philosophique*. Le livre, 1925 (Grasset, 1928).

《영원의 종말》 *La fin de l'éternel*. Gallimard, 1929.

《날인》 *Appositions*. Grasset, 1930.

《신과 세상의 관계에 대한 일관론 에세이》 *Essai d'un dicours cohérent sur les rapports de Dieu et du Monde*. Gallimard, 1932.

《하나의 민족이고자 하는 욕망으로 본 프랑스인들의 역사 초안》 *Esquisse d'une histoire des Français dans leur volonté d'être une nation*. Gallimard, 1932.

《유럽 민족에게 주는 연설》 *Discours à la nation européenne*. Gallimard, 1939.

《엘로이테라의 환락》 *Délice d'Eleuthère*. Gallimard, 1935.

《어느 성직자의 젊은 날》 *La Jeunesse d'un clerc*. Gallimard, 1936.

《이 시대의 수도 성직자》 *Un régulier dans le siècle*. Gallimard, 1938.

《상론》 *Précision*. Gallimard, 1937.

《어느 진지한 반유대주의자》 *Un Antisémite sincère*. Comité national des écrivains, 1944.

《칸트의 불멸의 지면들》 *Les Pages immortelles de Kant*. Corrêa, 1944.

《민주주의의 크나큰 시련》 *La Grande épreuve des démocraties*. Le Sagittaire, 1946.

《산 채로 매장된 자의 단련》 *Exercice d'un enterré vif*. Editions des Trois Collines, 1945.

《비잔틴 프랑스》 *La France byzantine*. Gallimard, 1946. 말라르메, 발레리, 지드, 지로두 같은 작가들에 대한 비판적 평론

《시인이 아니라 인류의 의견에 따른 시적인 것에 대해》 *Du Poétique selon l'humanité, non selon les poètes*. Editions des Trois Collines, 1946.

《이제는 그만. 몇몇 근대시에 관해》 *Non possumus. À propos d'une certaine poésie moderne*. Editions de La Nouvelle Revue Critique, 1946.

《위리엘의 보고》 *Le Rapport d'Uriel*. Flammarion, 1946.

《실존주의의 전통 또는 생의 철학》 *Tradition de l'existentialisme, ou, Les philosophies de la vie*. Grasset, 1947.

《사상의 스타일에 관해》 *Du style d'idées*. Gallimard, 1948.

《사법적 감정적 평화를 위한 두 십자군》 *Deux croisades pour la paix juridique et sentimentale*. Editions du Temple, 1948.

《세 개의 낭만적 우상》 *Trois idoles romantiques*. Mont-Blanc, 1948.

《어느 지식인의 수첩》 *Les Cahiers d'un clerc*. Emile-Paul, 1949.

《합리주의의 위기》 *La Crise du rationalisme*. Editions du Club Maintenant, 1949.

《엘로이테라의 꿈》 *Songe d'Éleuthère*. Grasset, 1949.

《인간 정신의 몇몇 상수에 관해》 *De Quelques constantes de l'esprit humain*. Gallimard, 1950.

《묘지 밑 회상록》 *Mémoires d'infra-tombe*. Julliard, 1952.

인명 해설

가로디, 로제(Roger Garaudy, 1913~2012) 프랑스의 공산주의 정치인, 작가, 대학인. 최근에는 반시오니즘 활동을 했음.

가비이, 마르셀(Marcel Gabilly) 20세기 프랑스의 언론인. 《두 세계 평론(Revue des Deux Mondes)》 등에 정치평론 기고.

각소트, 피에르(Pierre Gaxotte, 1895~1982) 프랑스의 기자, 역사학자. 우익 언론 《주쉬파르투(Je Suis Partout)》, 《악시옹 프랑세즈(Action Française)》에 기고.

게에노, 장(Jean Guéhenno, 1890~1978) 프랑스의 작가, 문학비평가. 2차 대전 시기 대독일 저항 활동. 《어두운 해들의 일기(Journal des années noires)》(1940~1944) 저술.

게클랭, 베르트랑 뒤(Bertrand du Guesclin, 1320~1380) 프랑스 브르타뉴 출신의 귀족이며 백년전쟁 당시 지휘관. 카스티야 왕국도 섬김.

구세 추기경(Cardinal Gousset, 1792~1866) 프랑스의 종교인. 《도덕 신학(Théologie morale)》(1845) 저술.

구아요, 조르주(Georges Goyau, 1869~1939) 프랑스의 역사가, 평론가. 로마학파에 속하며 《프랑스 종교사(Histoire religieuse de la France)》(1921) 저술.

괴레스, 요한(Johann Joseph von Görres, 1776~1848). 독일 작가, 언론인, 가톨릭 지도자. 《그리스도의 신비(Christliche Mystik)》 저술.

귀차르디니, 프란체스코(Francesco Guicciardini, 1493~1540) 프랑스 이름 기샤르뎅(François Guichardin)으로도 불리는 피렌체 출신의 역사가, 외교관, 정치가.

그르나르, 페르낭(Fernand Grenard, 1866~?) 프랑스의 아시아, 티베트 지질 역사 연구자.《아시아의 위대함과 몰락(Grandeur et décadence de l'Asie)》(1939) 저술.

기조, 프랑수아(François Guizot, 1787~1874) 프랑스의 정치가. 루이 필립 시대 각료 역임.《왕정복고 하의 프랑스 정부론(Du gouvernement de la France depuis la Restauration)》(1820) 저술.

나도, 마르탱(Martin Nadaud, 1815~1898) 프랑스 크뢰조 지방의 석공. 파리에 와서 노동 세계를 보고 독학한 공화파.《레오나르의 회상(Mémoires de Léonard)》(1895) 저술.

나부코도노소르(Nabuchodonosor) 기원전 12세기의 이신(Isin) 왕조, 바빌로니아의 왕. 1세와 2세로 연속됨.

니장, 폴(Paul Nizan, 1905~1940) 프랑스의 철학자, 소설가, 평론가. 파리 고등사범학교 출신. 공산주의자였고 공산당으로부터 비판 받음. 2차 대전 시기 됭케르크 전투에서 사망.

단눈치오, 가브리엘(Gabriele d'Annunzio, 1863~1938) 이탈리아의 시인. 1919년 이탈리아의 미수복 영토인 피우메(Fiume)를 점령하고 18개월 간 통치.

도르메송, 블라디미르(Wladimir d'Ormesson, 1888~1973) 러시아 상트페테르부르크 출생의 프랑스 작가, 외교관. 프랑스 학술원 회원 지냄.

뒤발 추기경(Cardinal Léon Etienne Duval, 1903~1996) 로마 가톨릭 교회의 프랑스 대주교. 1954년부터 1988년까지 알제 대주교를 지냈으며 알제리 전쟁기 시기에 프랑스군의 고문 사용에 반대.

뒤아멜, 조르주(Georges Duhamel, 1884~1966) 프랑스 의사, 작가. 프랑스 학술원 회원.

디미에르, 루이(Louis Dimier, 1865~1943) 예술 비평가, 우익 악시옹 프랑세즈의 당원.《악시옹 프랑세즈 20년(Vingt Ans d'Action française)》(1926) 저술.

인명 해설

라마르틴, 알퐁스 드(Alphonse de Lamartine, 1790~1869) 프랑스 시인, 정치가. 1848년 2월 혁명 후 각료에 임명됐으며, 1851년 나폴레옹 3세와 대통령 선거에서 대결해 패배함.

라미, 에티엔(Etienne Lamy, 1845~1919) 프랑스 정치인, 법관. 공화파이고 가톨릭.

라발, 피에르(Pierre Laval, 1883~1945) 프랑스 정치가. 나치 점령기에 수립된 비시 정부의 주요 인물. 협력 개념을 제시.

라브뤼예르(Jean de La Bruyère, 1645~1699) 프랑스의 평론가, 모럴리스트. 《시대의 성격 또는 풍속(Les Caractères ou les Mœurs de ce siècle)》(1688) 저술.

라비스, 에른스트(Ernest Lavisse, 1842~1922) 프랑스 역사가.《프로이센 역사 연구(Étude sur l'histoire de la Prusse)》(1879) 저술.

라비주리 추기경(Cardinal Charles Martial Lavigerie, 1825~1892) 피레네 지방에서 태어나 알제에서 사망. 아프리카선교회 창설. 알제와 카르타고 대주교 역임.

라크루아, 장(Jean Lacroix, 1900~1983) 프랑스 철학자. 가톨릭 좌파의 구축에 한몫을 함.

랑게, 프리드리히(Friedrich Albert Lange, 1828~1875) 독일의 역사가, 철학자.《유물론의 역사 및 우리 시대의 중요성에 대한 비판(L'Histoire du matérialisme et critique de son importance à notre époque)》(1866) 중 1권이 칸트까지의 유물론의 역사이다. 초판은 1866년에 출간됐으며, 1910년쯤 프랑스어 번역본이 출간됨.

랑주뱅, 폴(Paul Langevin, 1872~1946) 프랑스의 저명한 물리학자. 반파시스트 지식인 감시위의 창설자 가운데 한 사람. 인권동맹 의장을 지냄.

레싱, 고트홀트(Gotthold Ephraim Lessing, 1729~1781) 계몽주의를 대변하는 독일의 작가. 철학자, 극작가. 독일의 첫 번째 이념 드라마,《현자 나탄(Nathan der Weise)》 저술.

레비브륄(Lucien Lévy-Bruhl, 1857~1939) 프랑스의 철학자, 사회학자, 인류학자. 《열등한 사회에서의 두뇌의 기능(Les fonctions mentales dans les sociétés inférieures)》(1910) 등 저술.

레스피네스 양(Mlle Lespines, 1732~1776) 18세기의 진보적 사상가인 콩도르세, 달랑베르 등과 편지를 교류한 지식인 여성.

로맹, 쥘(Jules Romains, 1885~1972) 프랑스의 시인, 작가. 《프랑스-독일 커플(Le couple France-Allemagne)》(1934) 저술. 2차 대전 시기 미국으로 망명. 학술원 회원 지냄.

로미니, 안토니오(Antonio Rosmini, 1797~1855) 이탈리아의 사제, 철학자. 자선기관을 설립했고 저서가 로마 교황청의 금서 목록에 올랐다가 2006년에 복권됨.

로미에, 루시앙(Lucien Romier, 1885~1944) 프랑스의 언론인, 정치인. 페탱 정부의 자문. 《민족과 문명(Nation et Civilisation)》(1926) 저술.

루아조, 샤를(Charles Loyseau, 1566~1627) 프랑스 왕정의 법률자문.

루스탕, 데지레(Désiré Roustan, 1873~1941) 프랑스의 철학자. 《심리학 강론(Leçons de psychologie)》(1912) 등 저술.

루지에, 루이(Louis Rougier, 1889~1982) 프랑스의 철학자. 《합리주의의 잘못된 추리들(Les paralogismes du rationalisme)》(1920) 저술.

루프넬, 가스통(Gaston Roupnel, 1871~1946) 농촌 문제 전공의 프랑스 역사가. 《17세기의 도시와 농촌(La Ville et la Campagne dijonnaise au XVIIème siècle)》(1922) 저술.

르 냉 드 티유몽, 루이 세바스티앙(Louis-Sébastien Le Nain de Tillemont, 1637~1698) 프랑스의 역사가.

르누비에, 샤를(Charles Renouvier, 1815~1903) 프랑스 철학자. 《과학에 의한 진보(Le Progrès par la science)》(1869), 《분석적 역사철학(Philosophie analytique de l'histoire)》(1896~97) 저술.

인명 해설

르메트르, 쥘(Jules LeMaitre, 1853~1914) 프랑스 작가, 희극 평론가.

르페브르, 앙리(Henri Lefèbvre, 1901~1991) 프랑스 철학자이며 또한 사회학자, 지리학자. 마르크스주의에 관한 저술 등이 있음.

리구오리, 알퐁세 드(Alphonse de Liguori, 1696~1787) 귀족 교육을 받고 변호사가 되었으나 종교로 귀의하여 어려운 사람들과 함께 하고 자신의 교파를 세운 이탈리아 출신의 가톨릭 성자.

마돌, 자크(Jacques Madaule, 1898~1993) 프랑스의 작가, 가톨릭 지식인, 정치인. 《시테 안의 기독교도들(Les Chrétiens dans la Cité)》저술.

마르보 장군(Jean Baptiste Antoine Marcellin de Marbot, 1782~1854) 나폴레옹 시대와 7월 왕정기를 산 프랑스의 군인. 《마르보 장군의 회상록(Mémoires du Général Baron de Marbot)》(1891)으로 유명.

마리탱, 자크(Jacques Maritain, 1882~1973) 프랑스 철학자. 20세기의 중요한 신토마스주의자. 《크리스트교와 민주주의(Christianisme et démocratie)》(1943) 저술.

마비용, 장(Jean Mabillion, 1632~1707) 베네딕트 수도회의 수도승. 프랑스의 학자, 역사가.

마상스, 장 피에르(Jean-Pierre Maxence, 1906~1956) 프랑스 작가, 기자. 가톨릭. 악시옹 프랑세즈 지식인들과 가까워짐.

마송-우르셀, 폴(Paul Masson-Oursel, 1882~1956) 프랑스의 오리엔트 전문가, 철학자. 《인도 철학사 시론(Esquisse d'une histoire de la philosophie indienne)》(1923) 저술.

마이에르슨, 에밀(Emile Meyerson, 1859~1933) 프랑스에 귀화한 폴란드 철학자. 독일에서 수학. 1925년 《상대적 추론(La Déduction relativiste)》(1925) 출간.

마흐, 에른스트(Ernst Mach, 1838~1916) 오스트리아의 물리학자, 철학자.

말브랑슈, 니콜라(Nicolas Malebranche, 1638~1715) 프랑스의 철학자, 사제, 신학자.

망주노, E. 유진(E. Eugène Mangenot, 1856~1922) 알프레드 바캉과 함께 《가톨릭 신학사전(Dictionnaire de théologique catholique)》저술.

멘 드 비랑(Maine de Biran, 1766~1824) 프랑스의 철학자. 《내밀한 일기(Journal intime)》(1792~1824) 저술.

메스트르, 조제프 드(Joseph de Maistre, 1753~1821) 사부아 출신의 프랑스 정치가, 법관, 역사가. 《프랑스에 관한 성찰(Considérations sur la France)》(1796), 《상트페테르부르크의 저녁(Les Soirées de Saint-Pétersbourg)》(1821) 저술.

모니에, 티에리(Thierry Maulnier, 1909~1988) 프랑스의 기자, 평론가. 악시옹 프랑세즈에 관계함. 2차 대전 후 프랑스 학술원 회원. 주요 저작에 《뿌리(Racine)》(1934).

모라스, 샤를(Charles Maurras, 1868~1952) 프랑스의 언론인, 평론가, 정치인, 순수민족주의 제창. 악시옹 프랑세즈 창설. 1945년, 비시 정권에 대한 협력 혐의로 반역죄 선고 받음.

모랭, 에드가(Edgar Morin, 1921~) 프랑스의 사회학자, 철학자. 대독 항쟁에 참여. 프랑스가 해방되던 해 당시 독일인들의 실정을 그린 《독일 영년(L'An zéro de l'Allemagne)》(1946)을 출판함.

모블랑, 르네(René Maublanc, 1891~1942) 프랑스의 철학자. 반파시스트 운동에 참여.

몸젠, 테오도르(Theodor Mommsen, 1817~1903) 독일의 역사가. 고대 로마 전문가.

바레스, 모리스(Maurice Barrès, 1862~1923) 프랑스의 현대 민족주의 이론가이자 작가, 정치가. 《뿌리 뽑힌 자들(Les Déracinés)》(1897) 《피, 관능, 죽음에 관해(Du sang, de la volupté et de la mort)》(1894) 저술.

바로(Marcus Terentius Varro, 기원 전 116~27) 로마 기사 계급의 작가이자 학자.

인명 해설

바르두, 자크(Jacques Bardoux, 1874~1959) 프랑스의 정치인, 작가. 비시 정부의 국무회의(Conseil national) 위원 지냄.

바르톨로메, 라스 카사의(Bartolome de Las Case, 1474~1566) 에스파냐의 사제. 식민지 정복지에 정복지 원주민들에 대해 관대한 태도를 취할 것을 설교.

바슐라르, 가스통(Gaston Bachelard, 1884~1962) 프랑스의 철학자. 과학과 시의 관계에 새로운 인식론을 세움. 《새로운 과학 정신(Le nouvel esprit scientifique)》(1934) 저술.

바캉, 알프레드(Alfred Vacant, 1852~1901) 외젠 망주노와 함께 《가톨릭 신학사전(Dictionnaire de théologique catholique)》저술.

바커, 어니스트(Ernest Barker, 1874~1960) 자유주의적인 영국의 정치학자. 《사회정치론 원리(Principles of Social and Political Theory)》(1951) 저술.

반데이폴, 알프레드(Alfred Vanderpol, 1854~1915) 프랑스의 신학자, 중세 종교법 학자. 1911년 《크리스트교 앞에서의 전쟁(La guerre devant le christianisme)》(1911) 출간.

발자크, 장 루이 구에즈 드(Jean-Louis Guez de Balzac, 1597~1654) 프랑스의 작가. 프랑스어의 혁신에 주요하게 기여. 《군주(Le Prince)》(1631) 저술.

뱅빌, 자크(Jacques Bainville, 1879~1936) 프랑스의 역사가. 《평화의 정치적 결과(Les Conséquences politiques de la paix)》(1920) 저술.

베로, 앙리(Henri Béraud, 1885-1958). 프랑스 소설가, 대기자. 1944년 해방 후 첩보 혐의로 유죄 선고를 받음.

베르그송, 앙리(Henri Bergson, 1859~1941) 프랑스 철학자. 《창조적 진화(L'Évolution créatrice)》(1907), 《도덕과 종교의 두 원천(Les Deux sources de la morale et de la religion)》(1932) 저술.

베를리오즈, 엑토르(Hector Berlioz, 1803~1869) 프랑스의 작곡가, 작가, 비평가.

보날, 루이 드(Louis de Bonald, 1754~1840) 귀족 작위를 가진 프랑스의 정치인, 철학자. 프랑스 혁명기에 선포된 인간과 시민의 권리 선언, 루소의 사회계약론에 반대. 왕정주의 저작인 《정치와 종교 권력론(Théorie du pouvoir politique et religieux)》(1796), 《초기 입법(Législation primitive(3 volumes))》(1802) 외 다수의 정치 평론 저술.

보니에, 앙드레(André Beaunier, 1869~1925) 프랑스의 문예, 연극 평론가. 《폭력의 의무(Les Devoirs de la violence)》 저술.

보르도, 앙리(Henri Bordeaux, 1870~1963) 프랑스의 작가, 법률가. 가족의 해체를 연구한 작품 등 저술.

보브나르그, 마르키 드(Marquis de Vauvenargues, 1715~1747) 프랑스의 평론가, 모럴리스트.

보쉬에, 자크 베니뉴(Jacques-Bénigne Bossuet, 1627~1704) 프랑스의 교회인, 설교가, 문필가. 《루이 14세에게 바치는 지침서(Instruction à Louis XIV)》, 《성서에서 발췌한 정치론(La Politique tirée de l'Écriture sainte)》(1679) 저술.

볼라르디에르, 자크 드(Jacques de Bollardière, 1907~1986) 프랑스의 군인. 알제리전쟁에서 프랑스군의 고문 사용에 반대하여 장성 직 물러남.

봉쿠르, 폴(Paul Boncour, 1873~1972) 프랑스의 법관, 정치인.

부르제, 폴(Paul Bourget, 1852~1935) 프랑스의 작가. 주요 소설에 《여정(Étape)》 등이 있음.

부셰, 장(Jean Bouchet, 1476-1550?) 푸아티에 출신의 프랑스 시인.

부트루, 에밀(Emile Boutroux, 1845~1921) 프랑스의 철학자, 철학사학자. 《현대철학에서의 과학과 종교(Science et religion dans la philosophie contemporaine)》(1908) 저술.

불랑제, 자크(Jacques Boulenger, 1870~1944) 프랑스 소설가. 《프랑스의 피(Le Sang français)》(1943) 저술.

뷔를루, 알베르(Albert Burloud, 1888~1954) 프랑스 심리학자.《성향 심리학 논고(Essai d'une psychologie des tendances)》(1938) 저술.
브누아, 샤를(Charles Benoist, 1861~1936) 프랑스의 기자. 외교관, 하원의원을 지냄.
브라지야크, 로베르(Robert Brasillac, 1909~1945) 프랑스의 작가, 영화비평가. 2차 대전 중 비시 정부에 대한 협력으로 재판받고 처형됨.
브롤리, 루이 드(Louis de Broglie, 1892~1987) 왕족이며 후에 공작 작위를 받은 프랑스 수학자.《물질과 빛(Matière et Lumière)》(1937) 저술.
브뤼노, 페르디낭(Ferdinand Brunot, 1860~1938) 프랑스의 언어학자, 문헌학자, 급진주의 개혁가. 인권동맹의 초기 회원. 대저인《프랑스어 역사(Histoire de la langue française)》(1905~1938) 집필.
브륀슈비크, 레옹(Léon Brunschvicg, 1869~1944) 프랑스 철학자이자 물리학자.
브뤼니에르, 페르디낭(Ferdinand Brunetière, 1849~1906) 프랑스 문학사가, 비평가. 반유대주의자 아닌 반드레퓌스파.
브리송, 앙리(Henri Brisson, 1835~1912) 총리를 지닌 프랑스 급진공화파 정치가.
비달 드 라 블라슈, 폴(Paul Vidal de La Blache, 1845~1918) 프랑스 제3공화정의 중요한 지리학자.《프랑스 주위의 유럽 국가와 민족들(États et Nations de l'Europe autour de la France)》(1889),《프랑스 지리 일람(Tableau de la Géographie de la France)》(1903) 저술.
빙켈만, 요한 요하힘(Johann Joachim Winckelmann, 1717~1768) 독일의 고대예술사가, 비평가. 고대 예술 연구에 있어 양식과 시기의 구분으로 예술사 비평의 선구적 저작을 남김.《그리스인들 사이에서의 고대예술사(Geschichte der Kunst des Alterthums)》(1764) 저술.
샤르댕, 피에르 테야르 드(Pierre Teilhard de Chardin, 1881~1955) 프랑스의 신학자, 철학자, 고문헌학자.《과학과 크리스트(Science et Christ)》(1965) 저술.

세뇨보스, 샤를(Charles Seignobos, 1854~1942) 프랑스 역사가. 에른스트 라비스와 공저로 《프랑스 현대사(Histoire de la France contemporaine)》 (1921) 저술.

세르방 슈레베르, 장 자크(Jean Jacques Servan-Schreiber, 1924~2006) 프랑스의 언론인, 정치가. 시사주간지 《렉스프레스(l'Express)》 창간. 《아메리카의 도전(Le Défi Américain)》(1967) 저술.

소렐, 조르주(Georges Sorel, 1847~1922) 프랑스 사상가, 사회학자. 혁명적 생디칼리슴의 이론가. 《폭력에 대한 성찰(Réflexions sur la violence)》 (1908), 《소크라테스 재판(Le Procès de Socrate)》(1889) 저술.

슐라이어마허, 프리드리히(Friedrich Daniel Schleiermacher, 1768~1834) 독일의 철학자, 고전주의자, 신학자. 해석학에 기여.

슈만, 모리스(Maurice Schumann, 1911~1998) 프랑스의 언론인, 정치가. 레지스탕스에 참여했고 유럽연합의 기초를 세움.

슐레겔(Karl Wilhelm Friedrich Schlegel, 1772-1829). 독일의 시인, 비평가. 독일 낭만주의의 주요한 지도자.

쉬아레스, 앙드레(André Suarès, 1868~1948) 프랑스 시인, 작가. 프랑스 신평론 운동에 참여.

스피르, 앙드레(André Spire, 1868~1966) 프랑스 작가, 시인. 시온주의자.

시에예스, 에마뉘엘-조제프(Emmanuel-Joseph Sieyès, 1748~1836) 가톨릭 사제이자 정치사상가. 1789년 프랑스혁명 전야에 혁명적 팜플렛 《제3신분이란 무엇인가(Qu'est-ce que le Tiers-État?)》를 작성

실러, 퍼디낸드(Ferdinand Canning Scott Schiller, 1864~1937) 독일 출생의 영국 철학자. 《플라톤인가 프로타고라스인가(Plato or Protagoras?)》 (1908) 저술.

알랭(Alain, Emile Chartier, 1868~1951) 알랭으로 불리지만 이 이름은 작가의 별명이다. 프랑스의 철학자, 기자. 《논평》 발간.

인명 해설

알레비, 다니엘(Daniel Halévy, 1872~1962) 프랑스의 역사가, 평론가. 《자유의 퇴락(Décadence de la liberté)》(1931), 《위원회 공화국(La République des comités)》(1934) 저술.

알레비, 엘리(Elie Halévy, 1870~1937) 영국사 전공인 프랑스 역사가. 《19세기 영국인의 역사(L'Histoire du peuple anglais au XIXe siècle)》 (1912~1932) 저술.

앙들레르, 샤를(Charles Andler, 1866~1933) 프랑스의 독일학 창설자 중의 한 사람. 《범게르만주의의 기원(Les Origines du pangermanisme)》 저술.

에리오, 에두아르(Edouard Herriot, 1872~1957) 프랑스의 공화파 정치가, 급진당 지도자. 내각 총리를 역임.

에카르트 스승(Maître Eckart, 1260~1327) 라인지방의 신비주의자인 도마니크파 신학자. 종교재판을 받음.

엘뤼아르, 폴(Paul Eluard, 1895~1952) 프랑스의 시인, 초현실주의에 참여, 평화주의자, 2차대전시 내독 저항운동가.

오리우, 모리스(Maurice Hauriou, 1856~1929) 프랑스의 법률가, 법학자. 《공법론(Principes de droit public)》(1910) 저술.

오스왈드, 모슬리(Oswald Mosley, 1896~1980) 영국의 정치인. 영국파시스트동맹 창설자.

우나무노, 미구엘 드(Miguel de Unamuno, 1864~1936) 에스파냐의 철학자, 작가, 시인. 《생의 비극적 감정(Del sentimiento trágico de la vida)》 (1912) 저술.

위고, 빅토르(Victor Hugo, 1802~1885) 프랑스 소설가, 작가, 공화주의자. 1872년에 간행된 위고의 시 선집《끔찍한 해(L'Année terrible)》는 1870년의 프랑스-프로이센 전쟁, 1871년의 파리 코뮌을 시의 소재로 다룸.

위그 드 리온(Hugues de Lionne, 1611~1671) 루이 14세 치세 하의 외교가, 재상.

자네트, 폴(Paul Janet, 1823~1899) 프랑스 철학자. 《정치사상사(Histoire de la science politique)》(1872) 저술.

장빌, 이스라엘(Israël Zangwill, 1864~1926) 영국의 작가, 극작가이자 시오니즘 운동가.

제임스, 윌리엄(William James, 1842~1910) 미국의 심리학자, 철학자. 미국 정신분석학의 태두로 간주됨.

조레스, 장(Jean Jaurès, 1859~1914) 프랑스의 의회 정치인. 사회주의자. 《새로운 군대(L'Armée Nouvelle)》(1910) 저술. 《사회주의적 프랑스 혁명사(l'Histoire socialiste de la Révolution française)》총서기획, 편집.

조아네, 르네(René Johannet, 1884~1972) 프랑스의 기자, 평론가. 《프랑스 부르주아 찬양(Éloge du bourgeois français)》(1924) 저술.

쥐유빌, 루이 프티 드(Louis Petit de Jullevile, 1841~1900) 프랑스의 문학인. 중세문학과 프랑스어 교수 역임.

지그프리드, 앙드레(André Siegfried, 1875~1959) 프랑스의 역사가, 지리학자. 《제3공화정 하 서부 프랑스의 정치 지형(Tableau politique de la France de l'ouest sous la troisième république)》(1913) 저술.

지로두, 장(Jean Giraudoux, 1882~1944) 프랑스의 작가, 외교관. 희곡《엘렉트라(Électre)》(1937) 저술.

차라, 트리스탄(Tristan Tzara, 1896~1963) 루마니아 출생의 시인, 작가. 다다이즘의 창설자 중 1인.

카렐, 알렉시(Alexis Carrel, 1873~1944) 프랑스의 의사, 생리학자. 1912년 노벨의학상 수상. 우생학을 주장한 비시 정부의 이론가.

카르노, 사디(Sadi Carnot, 1837~1894) 의회 중심인 프랑스 제3공화정에서 대통령(1884~1894)을 지냄. 1894년 대통령 재직 중 암살.

카사노바, 로랑(Laurent Casanova, 1906~1972) 프랑스 정치가. 프랑스 공산당 소속 하원의원을 지냄.

인명 해설

칸토로비츠, 알프레드(Alfred Kantorowicz, 1899~1979) 파시즘에 반대한 독일의 작가.

코니오, 조르주(Georges Cogniot, 1901~1978) 프랑스 정치가. 공산당 의원을 지냄.

코키유, 기(Guy Coquille, 1523~1603) 프랑스의 법률자문이자 시인. 《프랑스인들의 법제도(Institutions au droit des Français)》(1590) 저술.

콩도르세, 마르키 드(Marie Jean Antoine Nicolas de Caritat, marquis de Condorcet, 1743~1794) 프랑스의 사상가, 정치인. 공교육을 지지하는 선구적 저술을 남김. 혁명기에 《인간정신의 진보를 위한 일반조직론(Esquisse d'un tableau historique des progrès de l'esprit humain)》(1793) 저술.

콩트, 오귀스트(Auguste Comte, 1798~1857) 프랑스 철학자. 실증주의 철학의 창시자. 《실증주의 철학 강론(Cours de philosophie positive)》(1830~1842) 저술.

쿨랑주, 퓌스텔 드(Fustel de Coulanges, 1830~1899) 프랑스 역사가. 《고대도시(La Cité antique)》(1864) 저술.

퀴빌리에, 아르망(Armand Cuvillier, 1887~1973) 프랑스 철학자. 《철학 강론(Cours de philosophie)》(1986) 저술.

클로드, 조르주(Georges Claude, 1870-1960) 프랑스의 엔지니어 화학자. 네온 광선을 발명함. 2차대전 동안 비시 정부에 협력.

클라우디아누스(Claudianus, 기원전 370?~404?) 로마의 시인. 《에피그람(Epigrammata)》저술.

클레르보, 베르나르 드(Bernard de Clairvaux, 1090/91~1153) 프랑스의 수도승, 시토 교단의 개혁가.

키네, 에드가(Edgar Quinet, 1803-1875) 프랑스의 역사가, 작가. 공화파. 《혁명(La Révolution)》(1865) 저술.

테미스토클레스(Themistocles, 기원전 524~459) 아테네의 정치가, 장군.

테오도리쿠스, 플라비우스(Flāvius Theodoricus, 454~526) 동고트 왕국의 초대 왕. 로마제국 군인, 이탈리아 군주였음.

텐, 이폴리트(Hippolyte Taine, 1828~1893) 프랑스의 문학비평가. 《현대 프랑스의 기원(Les Origines de la France contemporaine)》(1875~1893) 저술.

토마생 신부(Père Louis Thomassin, 1619~1695) 프랑스의 종교인, 신학자. 《보시론(Traité de l'aumône)》저술.

티르타이(Tyrtee) 기원 전 7세기 스파르타의 시인.

티보데, 알베르(Albert Thibaudet, 1874~1936) 프랑스의 문학 비평가.

페기, 샤를(Charles Péguy, 1873~1914) 프랑스의 작가, 시인. 가톨릭. 1차 대전 종군 중 전사.

페늘롱, 프랑수아(François de Salignac de La Mothe-Fénelon, 1651~1715) 프랑스의 교회인, 신학자, 작가.

페르마, 피에르 드(Pierre de Fermat, 1610년대~1665) 프랑스 법률학자, 수학자. 헬레니즘에 소양이 깊었던 학자.

폴랑, 장(Jean Paulhan, 1884~1968) 프랑스의 작가, 비평가, 출판인. 《프랑스 신평론(Nouvelle Revue Française)》주간 역임.

퐁슈빌, 샤누완 텔리에 드(Chanoine Thellier de Poncheville, 1875~1956) 프랑스의 수도승, 연사.

퐁트넬, 베르나르 드(Bernard Le Bouyer de Fontenelle, 1657~1757) 프랑스의 작가. 《우화의 기원(De l'origine des fables)》(1684) 저술.

퓌르티에르, 앙투안(Antoine Furtière, 1619~1688) 프랑스의 교회인, 시인, 소설가.

프랑스, 아나톨(Anatole France, 1844~1924) 프랑스 소설가, 작가. 드레퓌스사건에서 재심파로 나선 공화주의자. 《하얀 돌에 앉아(Sur la pierre blanche)》(1905)는 인간의 불평등, 인종주의 등 문명 전반에 대해 대화를 나누는 형식이며 2270년에 남녀, 사람들 사이의 평등과 화해가 존재하는 유토피아 소설임.

프레레(Nicolas Freret, 1688-1749), 지리, 신화, 종교, 연대기를 서술한 프랑스의 역사가, 언어학자.

프시카리, 에른스트(Ernest Psichari, 1883~1914) 프랑스의 군인. 악시옹 프랑세즈 지지.《태양과 잠의 땅(Terres de soleil et de sommeil)》(1908) 저술.

피히테, 고트프리드(Johann Gottfried Fichte, 1762-1814). 독일 철학자.

호어 경, 사무엘(Sir Samuel Hoare, 1880~1959) 영국의 정치가.

홀베크, 베트만(Bethmann Hollweg, 1856~1921) 독일의 정치가. 1차 대전 시기에 독일 수상을 지냄.